Esoterik

Herausgegeben von Gerhard Riemann

Uwe Gardein schrieb zunächst Stücke für Jugendtheater und Drehbücher fürs Fernsehen. 1985 erschien sein Roman »Begegnungen mit Ruth«. Neben Gedichten, Kurzprosa und Vorträgen, Hörbilder für den Bayerischen Rundfunk und Artikel für die Süddeutsche Zeitung. Intensive Beschäftigung mit alten Mythen. 1994 veröffentlichte er zusammen mit Matthias Mala das Buch »Walpurgisnacht und Zungenreden«.

Matthias Mala, Jahrgang 1950, ist seit 1977 als freischaffender Künstler und seit 1986 überwiegend als Schriftsteller tätig. Neben Arbeiten für den Rundfunk hat er um die 30 Bücher in den Bereichen Kinderbuch, Spiele und Esoterik veröffentlicht.

Dieses Buch wurde auf chlor- und säurefreiem Papier gedruckt.

Deutsche Erstausgabe Oktober 1996
© für die deutschsprachige Ausgabe
Droemersche Verlagsanstalt Th. Knaur Nachf., München
Das Werk einschließlich aller seiner Teile ist urheberrechtlich
geschützt. Jede Verwertung außerhalb der engen Grenzen des
Urheberrechtsgesetzes ist ohne Zustimmung des Verlages
unzulässig und strafbar. Das gilt insbesondere für
Vervielfältigungen, Übersetzungen, Mikroverfilmungen und
die Einspeicherung und Verarbeitung
in elektronischen Systemen.
Umschlaggestaltung: Peter F. Strauss
Zeichnungen: Matthias Mala
Satz: Ventura Publisher im Verlag
Druck und Bindung: Ebner Ulm
Printed in Germany
ISBN 3-426-86118-6

2 4 5 3 1

Uwe Gardein
Matthias Mala

DAS JAHR HAT
13 MONDE

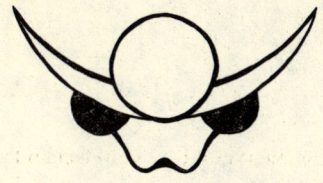

Das Wissen um die Macht des
Mondes in Geschichte
und Gegenwart

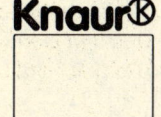

Inhalt

Vorwort der Autoren

Déjà vu, »schon einmal gesehen«, denken wir, wenn uns ein fremder Ort plötzlich bekannt vorkommt und wir wissen, daß wir ihn noch nie gesehen haben. An solche Déjà-vu-Erlebnisse, etwas aus einer anderen Zeit zu kennen und/oder erlebt zu haben, fühlt man sich erinnert, wenn man sich mit der Geschichte und Verbreitung der Mondkulte und Mondverehrung intensiv beschäftigt. Überall auf der Erde gab es gleiche oder ähnliche Riten, gleiche oder ähnliche Mythen um den Mond.

Und doch ist alles, was sich an historischen Dokumenten einsehen läßt, nicht kopiert oder voneinander abgeschaut worden, sondern hatte sich individuell und unabhängig entwickelt. Die Baumeister des Turms zu Babel hatten keine Kommunikation mit ihren aztekischen Kollegen im Hochland von Mexiko. Trotzdem bauten sie ähnliche Pyramiden, um den Kosmos zu beobachten, und schufen ähnliche Mondkalender. Was sich wie eine Wiederholung ausnimmt, ist in Wahrheit die global-historische Mondverehrung der Menschheit, die zu der einfachen Frage führt: Wie kann es denn sein, daß die Völker der Frühzeit eine dermaßen ähnliche Mondbezogenheit hatten? Hatte es ein »Déjà vu« gegeben, das zurückreichte bis zum großen Knall, bis zur Entstehung von Mond und Erde? Häufig hat man wirklich den Eindruck, daß die Menschen der präklassischen Hochkulturen Amerikas, Asiens und Europas, die vor drei- oder zweitausend Jahren lebten, alle gleichen Ursprungs waren. Wie sollte es sonst möglich sein, daß der Mond im Zentrum all dieser Kulturen stand?

»Mond trat auf und betrachtete mich eisig aus gelbsilbernen Wolkenlidern«, schrieb der Dichter und Mondfetischist Arno Schmidt. Genauso haben die Menschen immer empfunden. Der Mond befindet sich nicht einfach nur am nächtlichen Himmel, er hat uns im magischen Visier. Vor allem wird dies von Mondfetischisten empfunden. Die schützende Zauberkraft des Mondes wähnen die Menschen der Frühzeit in einer Reihe von Gottheiten, von denen jede ihr eigenes Bild und Ritual beanspruchte. Die Verehrung der großen Mutter war von der der Mondgöttin oft kaum zu unterscheiden. Immer aber lagen tiefe Zuneigung und Angst dicht beieinander.

Der heutige mondbezogene Mensch glaubt nicht mehr an die Mondgöttin, aber seine psychische Situation ist häufig die von Dr. Jekyll und Mr. Hyde. Zwischen himmelhoch jauchzend und zu Tode betrübt liegt oft kaum eine Vollmondnacht. Und genau das war auch den Menschen der Frühzeit bewußt, die der Mondgöttin Tribut zollten, indem sie ihre Lust auslebten, gleichwohl aber glaubten, daß sie dabei ständig auf des Messers Schneide zur »Anderswelt« balancierten. Sensible Menschen, nicht nur Künstler, müssen diese Zwiespältigkeit durchleben. Daß solche Zustände nicht ungefährlich sind, können wir bei C. G. Jung nachlesen, der von einer Patientin, die »in ihrem gegenwärtigen Zustande auf der Grenze zwischen Diesseits und Jenseits«[2] stand, berichtet. Der rationale Skeptiker wird diese Möglichkeit bezweifeln. Aber seit es Menschen gibt, die Spuren ihrer Mondbeziehung hinterlassen haben, wissen wir um den diesseitigen und jenseitigen Aspekt der Mondverehrung. Für den Chronisten bleibt festzustellen, daß der Mond, sowohl in der Kulturgeschichte als auch im Erleben der Menschen, immer eine Rolle gespielt hat. Geht es um die subjektive Empfindung des Mondeinflusses, kann es weder eine historische noch gegenwärtige Wahrheit geben. Hier muß jeder für sich selbst entscheiden. Daß von einem Einfluß des Mondes auf die Menschen stets ausgegangen wurde, beweisen die Kulte und Religionen; nahmen sie doch in vielfältiger Weise Bezug auf den Mond und versuchten ihn zu deuten.

Inwieweit der Leser sowohl den historischen Wegen als auch Auslegungen des Autors folgen möchte, muß ihm freigestellt bleiben. In diesem Sinne zeichne ich auch offensichtlich für meine Kapitel dieses Buches: 1, 3, 5, 7, 9, 11, 13.

Historisch gesehen ist die Beziehung der Menschen zum Mond erstaunlich intensiv gewesen, und sie ist es bis in unsere Zeit geblieben – gleichgültig, ob der Leser an Mondeinflüsse »glaubt« oder nicht.

Uwe Gardein

Wie jedem anderen Menschen war mir der Mond als Nachtlicht stets bewußt, ich schwärmte ihn verliebt an, schickte ihm meine Melancholie oder machte ihn nach ausgelassenen Festen für so manchen Fauxpas verantwortlich. Als ich jedoch damit begann, mich mit dem Mond intensiver zu beschäftigen, war ich auf der Suche nach meinem innersten Weg und lauschte dabei einem Rhythmus, nach dem ich offensichtlich lebte. Da ich die meiste Zeit meines Lebens in Großstädten verbrachte, fiel es mir anfänglich sehr schwer, im Mond den eigentlichen Taktgeber für diese Bewegung erkennen zu sollen. Gespräche mit Freunden und die eigene ständig währende Beobachtung meiner physischen, psychischen und mentalen Verfaßtheit ließen mich schließlich aber doch die Synchronizität zwischen Mondlauf und persönlicher Befindlichkeit wie auch von Entwicklungsperioden erkennen. Durch diese Erkenntnis erfuhr ich nicht nur die Bestätigung meiner Sichtweise, sondern erwarb auch zusätzlich die innere Festigkeit auf meinem Weg. Und so fand ich schließlich zu meinem ureigensten Rhythmus beziehungsweise entdeckte meinen »inneren Mond«, wie ich heute zu sagen pflege.

Manchmal aber dünkt es mir in meiner so gefundenen Befindlichkeit, als lebte ich in einer verkehrten Welt. Scheint mir doch diese Welt im Gegensatz zu meiner inneren Gefaßtheit mehr und mehr aus den Fugen zu geraten. Wobei ich dies keinesfalls schwarzmalen möchte, gerät die Welt doch seit Menschengedenken immer wieder aus den Fugen. Allerdings erleben wir heute eine besondere Dimension: Uralte Rhythmen und Gepflogenheiten, die auf einem intuitiven Natur- und Weltverständnis gründeten, werden als einschränkend verworfen. So halten wir beispielsweise die Uhr nach Bedarf an oder ordnen uns einem Zeitdiktat in Arbeit und Freizeit unter, das soziale Bindungen auflöst und Familien und Freunde bald nur noch über Terminplaner zusammenführt. Daß eine solche Lebensführung insgesamt destruktiv wirkt, spüren viele von uns.

Auf dem Weg zurück zu einem menschlicheren Rhythmus kann der Mond uns durchaus wieder zum Begleiter werden. Dies kann aber nur in gewandelter Form geschehen. Das Wissen um den Mondeinfluß auf die Forstwirtschaft etwa mag zwar als verklärte Rückbesinnung von Nutzen sein, um aber in unserer beinahe weltweiten städtischen Kultur ein inneres Gleichmaß wiederzufinden, hilft uns dies nur wenig weiter. In diesem Sinne aber Hilfestellung zu geben und für ein neues selbstbewußteres Mondverständnis zu werben, war Anlaß für meinen Beitrag in diesem Buch, der sich dem Leser auch offensichtlich darstellen wird.

Matthias Mala

1

WELTGESCHICHTE DES MONDKULTS

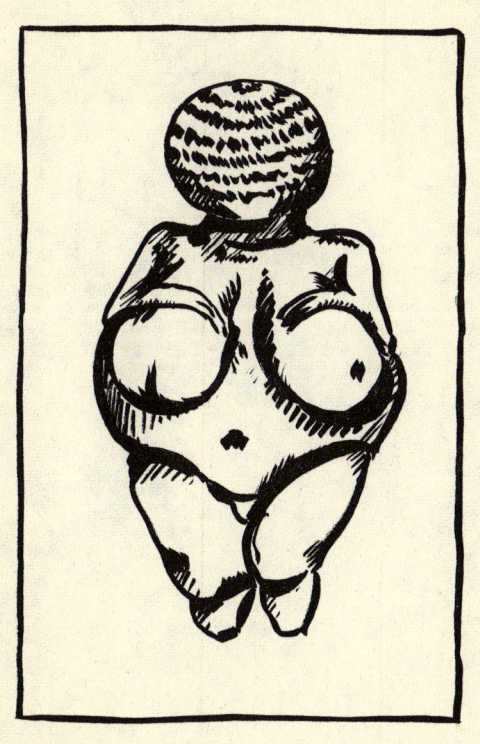

Der Mond
ist aufgegangen.

Mit dieser Zeile, die so unscheinbar eine einfache Wahrheit auszudrücken scheint, hat der Dichter Matthias Claudius gleichzeitig auch alles über die Faszination dieses abendlichen Wunders am Himmel, das der Mond für die Menschen ist, gesagt. Auch in unserer Zeit, die alles zu wissen und erklären zu können glaubt, hat sich daran wenig geändert. Niemand, ob er nun am nächtlichen Strand sitzt oder vor einer Hütte auf einem Berg steht, wird sich des Zaubers des Augenblicks entziehen können, wenn der Mond erscheint. In solchen Situationen werden die Menschen still und blicken wie verzaubert hinauf zum Firmament. Sie spüren, daß da etwas in ihnen ist, was sie nicht erklären können. Nichts auf der Welt ist von Dauer, sagt man. Doch der Blick zum Mond, der magische Augenblick seines Erscheinens und seine regelmäßige Wiederkehr, das war für den Menschen zu allen Zeiten etwas Besonderes und Bleibendes. Bereits vor mehr als 12 000 Jahren haben Menschen in Höhlen Mondzeichen in den Stein geritzt, was Wissenschaftler vor Jahren in Frankreich entdeckten.

Ob es nur sensible Menschen sind, die auf den Mond reagieren, mag dahingestellt sein. Tatsache ist, daß sehr viele »große Köpfe« Mondmenschen waren. Oder wie der Schriftsteller Alfred Andersch einmal sagte: »Mond-Fetischismus ist eine sehr edle Form von Besessenheit.«

Hat ein Mensch erst einmal den Mond in sich entdeckt, läßt ihn dieser sein Leben lang nicht mehr los.

Menschen stiegen auf Berge oder bauten Türme, um ihm

nahe zu sein. Und nicht erst gestern und heute, sondern rund um den Erdball, so lange es Menschen gibt:

> »*Todesfurcht überkam mich, nun lauf ich herum in der Steppe;*
> *Zu Utnapischtim hin, dem Sohn Ubara-Tutus, hab den Weg ich genommen, zieh eilig dahin. Zu den Pässen des Berges gelangt' ich des Nachts. Löwen sah ich und fürchtete mich, hob empor mein Haupt, betend zu Sin.*«[3]

Die Kultur Babyloniens, eine der größten und wohl prägendsten Kulturen der Weltgeschichte, bescherte uns die erste Schrift und Literatur der Menschheit, geschaffen vor ungefähr 4000 Jahren. Wir hören von Sin, dem Mondgott, zu dem in großer Not das gottähnliche Wesen Gilgamesch betete.

Zur Zeit der Sumerer nannte man den Mondgott Nanna. Gleichwohl hatte er zwischen Euphrat und Tigris unter beiden Namen dieselbe Bedeutung. Sein Hauptkultort war die Stadt Ur, von den Sumerern Urim genannt. Von dort stammte übrigens Abraham, der Stammvater Israels. Die Zikkurat[4] von Ur, einer der mächtigsten Stufentürme Mesopotamiens, war dem Mondgott geweiht. Über das ganze Land verteilt gab es diese siebenstöckigen Türme, auf denen sich die Hochtempel der Stadtgötter befanden. Etemenanki, der Turm, auch »Turmbau zu Babel«[5] genannt, war nur eine Zikkurat von vielen. Nicht menschliche Hybris war es, die diese Türme bis zum Himmel wachsen ließ. Wer die vielen Stufen hinaufgestiegen war, sich erschöpft niederließ, der kannte keinen Hochmut, sondern sah hinauf zu seinem Gott, dem er so nahe sein wollte, damit er seine Gebete besser hören konnte.

»So möge denn Sin, der heilige Gott, der Herr des Diadems, das Licht der Menschheit, der erhabene Gott, dessen Befehl gerecht ist, sich über mein Werk freuen.«[6]

Die Menschen hatten die Götter zu fürchten. Sie waren es, die beschenkten oder straften. Die elfte Tafel des Gilgamesch-Epos erzählt von der Sintflut, die die Menschen hinwegriß und zu einfacher Erde werden ließ. Utnapischtim baute ein Schiff und strandete auf der Spitze des Berges Nißir, im heutigen Kurdistan. Diese Geschichte ging in die Bibel ein und wurde bearbeitet. In der Urfassung der Geschichte von der Sintflut finden wir das Schiff auf einer Bergspitze. Und Zikkurat bedeutet im übertragenen Sinn nichts anderes als Bergspitze. Worum es ging? Es ging um die Nähe zu einem Gott, der hoch oben im Himmel wohnt. Wie anders als von einer Bergspitze aus konnte der Mensch ihm nahe sein?

»Sin, der Herr des Himmels, der Gott, der mich geschaffen hat, dessen Glanz unter den Göttern erstrahlt.«

Diese wenigen Zeilen zeugen für die Bedeutung des Mondgottes für die Menschen im Zweistromland. Ihm nahe zu sein war heilig, verehrungswürdig, denn er entschied über Tag, Monat und Jahr, also über das gesamte Leben. Wenn sein Sohn, Schamasch der Sonnengott[7], unbarmherzig seine sengenden Flammen über das Land gebracht hatte, dann hofften die Menschen auf Sin, dessen Güte ihnen den Abend und die Nacht versüßte. Mußte das nicht ein mächtiger Gott sein, der gehen und wiederkommen konnte, und der ständig sein Äußeres veränderte? Wenn das Zwielicht der Dämmerung den hitzegepeinigten Kreaturen eine Atempause gönnte, warteten die Astronomen bereits auf ihre Stunde. Sie versuchten zu lesen, was die Götter ihnen am Himmel sagten.

Sterndeuter, das waren in Babylonien, das eine Gestirns-religion hatte, in erster Linie Priester. Diese betrieben in ihren Observatorien auf höchstem Niveau Astrologie und Astronomie, wie es ihnen kaum einer bis zum euro-päischen Mittelalter gleichtun konnte. Ihre Berechnun-gen waren erstaunlich präzise, und es wird vermutet, daß ihnen die Nähe zu den Göttern, also der Platz auf den »Spitzen« ihrer Tempeltürme, dabei sehr genutzt hatte. Die Beobachtung der Sterne galt der göttlichen Vorse-hung. Astrologie und Astronomie wurden Schwestern, und die Sternendeuter suchten den Einfluß der Planeten auf die Menschen auszulegen. Zu allen Zeiten wollten die Menschen »die Himmlischen« verstehen und für sich gewinnen. »Wenn Sin an der Seite von mir und dem Heer schreitet, werden wir den Feind besiegen«, hoffte der Soldat, und die werdende Mutter betete, daß ihr Kind zu der Zeit geboren werden möge, in der Gott Sin am Himmel erschien, damit es ein glückliches und langes Leben haben würde. Aber der Gott des Himmels, so überlegten die Menschen, wird nur dann das Geschick auf Erden positiv gestalten, wenn Menschen sich ihm hingeben und ihm ihr Leben weihen. Nicht irgend-welche Menschen durften das sein, nur Hochgeborene. Königliche Töchter waren es, die sich als Bräute des Gottes Sin verstanden, ihre Leben seiner Verehrung weihten und mit ihrem Gefolge abgeschieden und keusch lebten.

Die Babylonier, die den Mondkalender schufen und Son-nen- und Mondfinsternisse (Seite 69) berechnen konnten, glaubten an den Einfluß des Sternenhimmels auf die Menschen. Gott Sin, der erst gegangen war, trat wie neugeboren als Mondsichel seinen Weg am Himmel wieder an. Also setzten sie die Wiedergeburt des Gottes Sin gleich dem Beginn eines Monats. So entstanden die zwölf Mondmonate, im Rhythmus des Kommens und Gehens des Mondgottes Sin, und dieser Rhythmus hat Bestand bis in unsere Zeit.

Vor ungefähr 4000 Jahren führten die Babylonier zu astrologischen Zwecken den 360-Grad-Tierkreis ein. Diesen teilten sie in zwölf Tierkreiszeichen ein. Aus dem Stand der Sterne deutete man die Zukunft, stellte den Menschen ihre Horoskope.[8] Priestern »dienten« die Bewegungen des Mondgottes Sin als Orakel.[9]

Eines Nachts lag König Schamasch-umukin in unruhigem Schlaf, denn der Mondgott Sin kam in seinen Traum und verkündete ihm das Scheitern der geplanten Revolte. Auch die Träume standen unter dem Einfluß der Götter, so glaubte man, und die Traumdeutung wurde zur Entscheidungshilfe für die Politik der Könige.

Aber es gab zwischen Euphrat und Tigris noch etwas anderes, was die Menschen bewegte und was sich bis in unsere Tage erhalten hat, die Zahlenspiele. Gleichgültig, ob die Zahlen als wissenschaftlich-mathematische Grundlage oder zum Glücksspiel dienten, die Palette war groß, der Umgang mit ihnen sehr populär. Auch Götter hatten ihre Zahlen. Der Mondgott Sin trug die Zahl 30.[10]

Man erklärt sich diese Zuordnung aus dem Zeitraum zwischen seinem Erscheinen und Weggehen, zuzüglich der Tage der Unsichtbarkeit, was einer Anzahl von

30 Nächten entspricht. Waren die heiligen Zahlen, die den Göttern zugeordnet waren, deshalb Glückszahlen? Man weiß es nicht genau, aber es ist zu vermuten.

Wie schwierig es für uns ist, dies alles nachzuvollziehen, zeigt sich z. B. am Begriff Sabbat. In Babylon gab es das Wort »Sabattu« für den Tag, an dem der Vollmond die Mensis der Göttin Ischtar (auch Inanna) verursachte, so daß sie unpäßlich war. Um Ischtar nicht zu reizen, wurde an diesem Tag nicht gearbeitet. Es wird vermutet, daß aus dem Wort »Sabattu«[11] zunächst der Sabbat und schließlich unser Samstag wurde. Daß die Göttin Ischtar ihre Periode zu Vollmond bekam, bewies nach Meinung der babylonischen Gelehrten, daß alle menschlichen Säfte, auch die der Männer, mit den Mondbewegungen in Zusammenhang stünden. Durch Beobachtung des Meeres sah man sich darin bestätigt. Wenn der Mondgott das riesige Meer seinem Willen unterwerfen konnte, dann bestimmte er auch bei den Menschen »die Gezeiten«. Eine Überzeugung, die sich bis weit in unsere Zeiten gehalten hat. Immerhin besteht der Mensch ungefähr zu 85 Prozent aus Wasser. Bemühen wir unsere Phantasie und reisen für einen Moment in das alte Ägypten.

Vom Euphrat kommend, stand der Kaufmann Esas am Bug eines Bootes, das ihn über den Nil zu der Stadt Theben bringen sollte. Menschen am Ufer blickten der kommenden Nacht in der Hoffnung entgegen, daß sie der Mondgott nicht allein ließ mit ihren Problemen. Denn wenn die Wasser des Nils nicht bald die Weiten der Ebene überschwemmten, dann würde es wieder zu einer Hungersnot kommen. Esas hatte die Wüste durchquert und sich den Gefahren des Meeres ausgesetzt, und beschützend hatte ihn der Mondgott am Himmel begleitet. Nun wollte er ihm Dank zollen. Am Ufer mußte er sich durch eine Schar Händler zwängen und dann am Tiermarkt vorbei auf den Tempel zugehen. Eine Gruppe von gefangenen Nubiern und Syriern starrte auf den Beginn ihrer lebenslangen Sklaverei in den Tempeln. Esas überkam immer eine gewisse Furcht, wenn er den Tempel betrat, dessen schwere Säulen von zwei ausgewachsenen Männern nicht umfaßt werden konnten. So war es auch heute. Erst vor der Statue des Mondgottes beruhigte sich sein altes Herz wieder, und er genoß die kühle Luft dieses Augenblicks. Der Mondgott trug seinen Falkenkopf stolz erhoben, diesen geschmückt mit Mondscheibe und Sichel. In der einen Hand hielt er sein Kreuz und in der anderen seinen Wanderstab. Esas dachte an seine Reise und betete, er möge immer vom Licht und Schutz des Mondgottes begleitet werden.

Versetzt man sich in diese Zeit zurück, kann man den Glauben der Menschen von damals eher verstehen. Chons, so hieß der Mondgott Ägyptens, gehörte zu den mächtigsten Göttern des Himmels. Er trug das Kreuz, das Zeichen des Lebens, in der einen Hand, und den Stab des Wanderers in der anderen. Er hatte, wie vielen Göttern nach der Vermenschlichung eigen, einen Tierkopf. Sein Falkenkopf symbolisierte den Glauben an die Seelenwanderung. Nach diesem machte sich die Seele nach dem Tod eines Menschen auf die Reise durch die Körper von Vögeln, Fischen und Landtieren, um eines fernen Tages wieder in einen Menschenkörper zurückzukehren. Chons begleitete diese Reise. Chons bedeutet im Ägyptischen »der Wanderer«. Der neunte ägyptische Monat war ihm gewidmet. Er hieß Paschons, dem »Chons-geweiht«. Seinen Rat suchten die Menschen, weil er zu ihnen durch das Orakel sprach, ihnen die Augen öffnete. Auch in Ägypten diente der Wechsel des Mondes zunächst als Berechnungsbasis eines Kalendersystems. So war der Mondgott Chons involviert in das tägliche Leben der Menschen. Sie glaubten an seine Kraft und seine Macht über den Nil, und sie rechneten deshalb nach Monden, um die Zeit von der Saat bis zur Ernte zu bestimmen. Chons, der Wanderer, begleitete die Menschen im Leben wie im Tod. Kommen und Gehen, Wachsen und Gedeihen, Geburt und Tod, all diese Erfahrungen verband der Mensch mit dem Mondgott. An der Seite Chons' findet man Thoth, den Gott der Zahlen und der Rechenkünste, der Sternenkunde und der Buchstaben. Das bedeutet, daß der Mondgott Chons, ähnlich wie Sin in Babylon, ein Gott der Wissenden und Gelehrten gewesen sein muß. Trotzdem war seine Popularität auch im einfachen Volk sehr groß.

In der deutschen Sprache haben wir übrigens auch unseren Chons, den »Wanderer«, denn das Wort Mond bedeutet nichts anderes als Wanderer.

Bevor wir nun dem Mondgott über das Mittelmeer nach Griechenland, Rom und Mitteleuropa folgen, bleiben wir noch einen Moment in Afrika. Man könnte vermuten, daß die Ähnlichkeit der Verehrung des Mondgottes in Babylon und Ägypten etwas damit zu tun hatte, daß sich die Kulturen durch den Handel berührten, beziehungsweise sich Erfahrungen und Wissen auf ähnlich hohem Niveau befanden. Wie sah es aber bei den Stämmen und Völkern aus, die von diesen Hochkulturen noch nicht berührt worden waren? Der große Kontinent Afrika war für Babylon und Ägypten ohne Interesse. Außer daß man sich dort Sklaven holte, gab es kaum Kontakte. Es mag auch daran gelegen haben, daß die großen Wüsten eine natürliche Sperre bildeten. Doch südlich der Sahara, auf der anderen Seite des Äquators, schauten die Menschen auch zum Himmel und beobachteten den Mond, der quasi verkehrt herum stand. Das würde vielleicht ein Fremder so gesehen haben. Aus der Sicht der Einheimischen stand ihr Mond immer richtig. Die Nacht wird die Zeit des Beobachtens vom Kommen und Gehen des Mondes gewesen sein. Nicht deshalb, weil er am Tag nicht leuchtet, sondern weil diese Gegend der Welt geprägt war von der erbarmungslos brennenden Sonne. Bei Sonnenaufgang begann die Arbeit und bei Sonnenuntergang endete sie. Erst in der Dunkelheit hatten die Menschen die Muße und die Gelegenheit, zum Mond hinaufzuschauen. Er war die Hoffnung auf die Früchte der Felder, die Befruchtung der Menschen und der Tiere, auf daß das ewige Leben sich fortsetzen konnte, so wie es der Mond mit seinem ewigen Wachsen und Vergehen vormachte. Während der hellen Vollmondnächte traten die Menschen aus den Hütten, schlugen die Trommeln und durchtanzten die Nächte zu Ehren des Mondes. Die Häuptlinge der Stämme nahmen die Huldigungen ihrer Untertanen entgegen, denn sie waren die Stellvertreter beziehungsweise irdischen Vertreter des Mondes auf Erden. Von den Hottentotten, die sich selbst Khoi-Khoin (Menschen) nennen, wissen wir, daß sie ihre Gebete um Regen, eine erfolgreiche Jagd und das Wachsen der Früchte direkt an den Mond richteten.

Es gibt Theorien, die besagen, daß Afrikaner von der

Westküste aus an die Ostküste des amerikanischen Kontinents bereits gesegelt waren, als Kolumbus und Amerigo Vespucci (nach dem der Kontinent benannt ist) längst noch nicht geboren waren. Es kann nicht mit Sicherheit gesagt werden, ob der Mondglaube importiert wurde oder bei den Stämmen und Völkern der »Neuen Welt« bereits etabliert war. Letzteres dürfte aber wahrscheinlicher sein. Jedenfalls finden wir in der Neuen Welt eine ebenso starke Mondverehrung wie bei den Hochkulturen der Alten Welt.

Von den Höhen der Zentralkordilleren brach sich das Wasser des Rio Putumayo seine Bahn und führte auf dem Weg hinab zu seiner Mündung in den Amazonas Steine mit, die bei Tage, von der Sonne angestrahlt, leuchteten wie der Mond, wenn er rund und hell die Nächte durchwanderte. Zur damaligen Zeit konnten die Stämme am Rio Putumayo nicht voraussehen, daß eines Tages Tausende sterben mußten, weil fremde Eroberer sie wegen eben dieser leuchtenden Steine töten würden.
Die Stämme am Rio Putumayo lebten Auge in Auge mit den Berghöhen der Kordilleren. Durch die Höhe und die damit verbundene Lebensweise lag es in der Natur dieser Menschen hinaufzuschauen, denn sie waren den Gestirnen näher als andere Stämme und Völker. Dort oben lag das Reich Momas, der seine Bahn zog und sein Aussehen verändern konnte, wie es nur den Göttern möglich war. Gott Moma war der Schöpfer des Himmels und der Erde. Er war von allen und allem der Moma, denn Moma bedeutet Vater. Sein Wille hatte nicht nur das Leben der Menschen möglich gemacht, er gab ihnen auch die Wörter, die sie sprachen. So war derjenige, der

sich eines reichen Wortschatzes bedienen und die Wörter richtig setzen konnte, von Gott Moma bevorzugt worden. Andere, die sich dieses Vorzuges nicht rühmen konnten, schwiegen besser.

Weiter im Norden der Kordilleren lebten Völker, deren Priester den Himmel und die Götter befragten, und sie bekamen eine Antwort. Die Priester weissagten, daß eines Tages im Westen ihrer Welt Götter in die Körper von Menschen schlüpfen würden, um sie zu besuchen. Die Weissagung stimmte sogar auf den Zeitpunkt genau, hatte aber den entscheidenden Fehler, daß es die Spanier, und nicht die Götter waren, die von Westen kommend, in das Land eindrangen.

Die Stämme und Völker in den Anden legten ihr Sein oder Nichtsein in die Gottesmacht des Mondes. Er war es, der die Früchte reifen ließ. Die peruanische Kunst zeigte Mond und Sonne als Göttin und Gott in Gestalt von Menschen. Die zweiköpfige Schlange in ihrer Begleitung symbolisierte Regen und Blitz, denn Wasser und Feuer sind die Grundbedingung für die Existenz menschlichen Lebens. Das Paar Mond und Sonne war für die Peruaner Garant der Fruchtbarkeit und des Lebens. Das lebten sie in ihrem Alltag; denn die Macht von Mond und Sonne über Pflanzen, Tiere und Menschen sahen sie in ihrem bäuerlichen Leben sich widerspiegeln. Im Mittleren Amerika standen die Priester der Maya wie die Priester Babyloniens auf hochgetürmten Gebäuden ähnlich den Stufentürmen und beobachteten die Bewegungen des Mondes. Die Maya waren so nahe dem Himmel wie kein anderes Volk, denn sie lebten in bis zu 5000 Metern Höhe. Wie überragend ihre Kenntnisse waren, beweist die Tatsache, daß sie die Mondfinsternis auf 20 Jahre im voraus exakt berechnen konnten. Ihre Beweggründe waren aber nicht vorrangig wissenschaftlich, sondern überwiegend religiös. Ihre Beobachtungen für Astrologie und Berechnung des Kalenders dienten dem Blick in die Zukunft, sie wollten wissen, was die Götter mit dem Reich und den Menschen planten, mit der Konsequenz, daß das Leben ganz auf die Geschehnisse am Himmel ausgerichtet wurde. Der Mond war, wie bei allen Agrarvölkern, ein bedeutender Wegweiser.

Blut, das war der Trank, mit dem der Sonnengott, der in ständiger Hitze leben mußte, seinen Durst stillen konnte. Seinen Durst stillen zu wollen bedeutete, ihn zu mäßigen, damit die Sonne nicht das Wasser und die Ernte, also das Leben, vernichtete.

Die Priester am Blutaltar, die klösterlich keusch leben mußten, waren auch Zauberer. Ihr Zauber richtete sich gegen Krankheiten, die sie mit Zaubersprüchen bekämpften. Um eine Krankheit besiegen zu können, mußte sie bis zu ihrem Ursprung verfolgt werden. Aber die Zaubersprüche allein genügten zur Heilung nicht. In den 13 Oberschichten über der Erde, in denen die Götter wohnten, mußte man um Hilfe bitten. Da war die Göttin Ixchel, die Regenbogenfrau, die helfen und heilen konnte. Die Götter der Maya waren mit Zahlenattributen versehen, und sie war die Göttin mit der Zahl Eins.

An jenem Tag, an dem sich eine junge Frau wünschte, Mutter zu werden, ging sie mit Körben voller Gaben hinüber zur Göttin und zündete Weihrauch an. Sie betete und wartete demütig, auf daß sie mit Fruchtbarkeit gesegnet wurde. Und diese konnte ihr nur die Göttin Ixchel gewähren. Ixchel war mit dem Zyklus des Mondes verbunden, den die Hebammen der Maya mit dem Zyklus der Frauen gleichsetzten. So waren die Frauen mit ihr, der Mondgöttin Ixchel, verbunden. Die junge Frau nahm Blüten, das Symbol der Ixchel, denn die wissenden Hebammen hatten ihr gesagt, daß es keinen vergleichbaren Liebeszauber gab wie diesen Duft des Mondes.

Aus allen Teilen des Mayalandes pilgerten die Gläubigen zum Tempel der Ixchel, um Fruchtbarkeit und Heilung zu erbitten. Sie war es, die den Hebammen und Medizinern Kräuter in die Hand gab, die heilen konnten.

In einer der berühmten Handschriften, dem *Codex Dresdensis,* in dem der Göttin Ixchel ein ganzes Kapitel gewidmet ist, befindet sich unter anderem eine Darstellung von der Göttin mit ihrem Attribut, einer langen, schwarzen Haarlocke. Sie hat große, volle Brüste, das Zeichen der Fruchtbarkeit.

Obwohl die Götterwelt überwiegend männlich war, nahm die Mondgöttin eine herausgehobene Stellung bei den Maya ein. Nur durch sie, die Herrin von Zeugung und Geburt, kam ein neuer Mensch auf die Welt und begann seinen Weg von Osten nach Westen zu gehen, von der Geburt bis zum Tod.

Eine der größten, mächtigsten und schönsten Städte der Welt lag nördlich des Mayalandes. Diese Stadt war Tenochtitlán, das heutige Mexico City. Es gibt kaum einen Europäer, der nicht den Namen des letzten Herrschers, Moctezuma II., kennt. Moctezuma war nicht nur Herrscher, man hatte ihn auch zum Priester ausgebildet. Das bedeutete, daß er die Fähigkeit besaß, die Sprache der Götter vom Himmel abzulesen. Zum Sonnenuntergang, um Mitternacht und bei Sonnenaufgang stand er auf dem Dach seines Palastes und las in den Sternen. Die Positionen der Sterne waren die Wörter der Götter, die ihm mitteilten, daß er und sein Reich dem Untergang geweiht waren. Fein säuberlich schrieb er dies in das Buch des Schicksals, während unten in der Stadt die Kähne über die Kanäle zum Markt fuhren und das satte Bürgertum von der nahenden Katastrophe nichts ahnend seinen Freuden nachging. Um den Sonnengott zu besänftigen und gnädig zu stimmen, wurden Tausende von Gefangenen zu Blutopfern. Es nutzte nichts, und Moctezuma wußte auch, warum. Längst hatte man ihm die Konstellation der Sterne zur Stunde seiner Geburt gedeutet. Als Führer der Azteken war er dem Gott Huitzilopochtli verpfändet. Durch seine Geburtsdaten gehörte er aber zum Gott Quetzalcoatl. Da beide Götter Todfeinde waren, konnte Moctezuma der Rache Quetzalcoatls nicht entkommen. Die Berechnungen der Sterne sagten ihm sogar das Datum. Es würde im Jahr 1519 geschehen. Selbst Skeptiker staunten über die Tatsache, daß die spanische Conquista Tenochtitlán tatsächlich am 8. November 1519 erreicht hatte! Mond und Sterne hatten die Wahrheit gesagt.

Der Sonnengott Huitzilopochtli, dessen Leib zweimal im Jahr von Priestern in Maisbrot verwandelt und von den Menschen in Kommunion verzehrt wurde, hatte vor seiner Geburt erfahren, daß sich die Gestirne gegen ihn verschwören werden. Bereit, sich zu wehren, stellte er sich gleich nach der Geburt gegen das erste Wesen, das ihm begegnete, und schlug ihm den Kopf ab. Dann erst merkte er, daß es seine Schwester war, die er getötet hatte. Voller Schmerz nahm er ihren Kopf und warf ihn zum Himmel hinauf. Von da ab wanderte Coyolxauhqui, die Mondgöttin, über den Himmel und erinnerte mit ihrem Glanz Huitzilopochtli an seine Untat.

Die Mondgöttin brauchte keine Blutopfer. Coyolxauhqui wurde von den Aztekenfrauen ähnlich verehrt wie Ixchel von den Frauen der Maya. Die Legende der Azteken erzählt, daß ihr Volk, einst auf der Flucht vor der Tyrannei, die »Insel des Mondes« im großen See fand und dort Tenochtitlán baute.

Leider haben die spanischen Eroberer viele wertvolle Zeugnisse der Maya, Azteken und anderer mexikanischer Kulturvölker vernichtet, so daß eine gültige Analyse und Beurteilung der Himmelswelt dieser Völker immer vorläufig bleiben muß. Vielleicht bringt der Zufall einmal Fundstücke ans Tageslicht, die ein endgültiges Urteil erlauben.

Und noch höher im Norden des Kontinents lebten weitere sogenannte Maisvölker, deren Stammesstrukturen den Maya und Azteken ähnlich waren. Diese Indianer, wie wir sie (alle) fälschlich nennen, waren einfache Bauern, die Mais anbauten. Sie lebten aber auch von der Jagd, wenn der Boden nichts wachsen ließ. Es war die Natur, die sie leben ließ, und kein Indianer erlaubte es sich, Mutter Erde, die ihn ernährte, zu schänden. Schier endlos war das weite Land, und in den Sternennächten erzählten sich die Pawnees, wie der einsame Morgenstern über den Himmel gezogen war, bis er in einer glücklichen Nacht das Mädchen Abendstern traf. Endlich waren beide nicht mehr allein, und so ergab es sich, daß Abendstern ein Mädchen gebar, das sie hinunter schickten auf die Erde. Auf der Erde traf das Mädchen einen jungen Mann, den Sohn von Mond und Sonne, und beide waren die ersten Menschen auf Erden. Aber nicht nur die Pawnees führten ihre Existenz auf den Nachthimmel zurück. Auch die Prärieindianer wie die Crow (Krähen) sagten, alles, was auf der Erde wuchs, das existiert nur, wenn es mit den Bewegungen der Sterne in Übereinstimmung ist. Für die Crow hatte der Sohn der Sonne den Mond zur Großmutter. Bei den Sioux sagte man »hanhepi wi«, Nachtsonne, wenn man den Mond meinte. Welche Bedeutung der Mond für das Leben hatte, zeigten die Hopi durch eine Zeremonie, die veranstaltet wurde, wenn sich der Mond im Februar erstmals zeigte. Kinder wurden den Kachina gebracht. Kachina hießen die Geister der Ahnen, denen es möglich war, zeitweise auf die Erde zu kommen. Kachina waren Glücksbringer, und sie brachten die Fruchtbarkeit »von der anderen Seite« mit. In diesem Fall war der Mond Überbringer der ersten Frühjahrsbotschaft, wenn die Erde aufbrach und das Leben wieder neu begann. Die Beobachtung von Mond, Sonne und den Sternen machte es den Indianern möglich, mit der Natur im Einklang zu leben, denn Landwirtschaft und Jagd richteten sie nach den Sternen.

Bei den Eskimos ging der Glaube an die Fruchtbarkeit des Mondes so weit, daß sie sagten, der Mond könne vom Himmel herabsteigen und ihre Frauen schwängern.[13] Menschen, die ähnlich den Eskimos an großen Meeren lebten, hatten auf natürliche Weise den Einfluß des Mondes erkennen können. Auf den Inseln und an den Stränden des Pazifiks regeln Ebbe und Flut das Leben der Fischer. Sie sahen, wie Krebs, Muscheln und andere

Lebewesen direkt vom Mond beeinflußt wurden, wie sie sich bei Ebbe am Strand verhalten und wie sie mit der Flut wieder im Meer verschwinden. Ihre Netze warfen die Fischer erst aus, wenn sie die Sterne beobachtet hatten.

Mond und Sonne sind die Augen des Pan-ku, der aus dem Chaos geboren wurde, als es die Welt noch nicht gab. An jedem Monatsanfang wäscht die Mutter der Monde am Ende des Westens das Kleid ihres Kindes. So erzählt es die alte Geschichte der Chinesen, die zwölf Monde zählten, aber nur zehn mythische Sonnen. Der Mond, sagten sie, bestehe ganz aus Wasser und auf ihm lebte ein Hase oder eine Kröte. Der Mond wird von den Chinesen dem Weiblichen zugerechnet, dem Yin. Auch diese Zuordnung zeigt wieder deutlich, wie der Mond mit dem Fruchtbringenden, dem Werden und Gedeihen, verbunden wurde. Eine über 3500 Jahre alte Erfahrung, die nicht nur wegen ihres Alters aufschlußreich ist, sondern deshalb, weil die Geschichten, Mythen und Legenden um Einfluß und Macht des Mondes noch präsent sind.

Am Anfang lag die Endlosigkeit des Alls hinter einem großen Nebel. Damit das Leben beginnen konnte, schuf ER das Wasser, und im Wasser wuchs ein Keim, und aus dem Keim wuchs leuchtend ein goldenes Ei, und aus dem Ei kam der Ur-Ahn der Welt. Das Ei zersprang, der obere Teil der Schale wurde zum himmlischen Aufenthalt der Götter, während der untere Teil die Erde wurde. Aus dem Ei trat das erste Wesen hervor, um aus sich selbst die Welt zu schaffen. Es mußte sich opfern, denn nur aus seinen Körperteilen konnte das Leben auf Erden entstehen. Es mußte vom Kopf bis zu den Füßen alles hergeben, und so entstanden die Jahreszeiten, die Götter, die Menschen, das Vieh usw. Als Es völlig zerstückelt war und nichts mehr blieb, da gab Es seine Seele, und die Seele des Urwesens wurde der Mond.

Schöpfungsgeschichten, die sich die Menschen erzählten, weil sie daraus ihr eigenes Leben erklärten, gehörten zu den ersten Geschichten, die die Menschheit sich überhaupt erzählte.

Auch in Indien saßen Menschen zu Füßen von Erzählern und hörten gebannt die Geschichte, wie das Leben in die Welt gekommen war. In vielerlei Hinsicht ist Indien anders als andere Regionen der Welt. Nirgends sonst gibt es derartige Myriaden von Göttern oder Gottheiten wie in Indien. Der Hinduismus hat vieles verwischt, dennoch finden wir den Mondgott auch hier. Soma ist die Pflanze, aus der der Trunk für die Götter gepreßt wurde. Wer davon trank, so sagte man, würde unsterblich. Es war Indra, der sich mit einer Schale Somatrank vor dem Kampf gegen feindliche Dämonen stärkte. Indra war der Hort der Frommen und Hüter des Ostens und der Somatrank befähigte Indra zu seinen Heldentaten, die die Welt in Ordnung hielten. Immer dann, wenn die Somapflanze gesammelt war, ihre Stengel unter die Mühlsteine kamen und die ersten Tropfen sich zeigten, hörte man in der Ferne Donner, und mit jedem Tropfen kam das Gewitter näher, bis sich der erlösende Regen auf den ausgetrockneten Boden warf und die Felder wieder blühen ließ. So wurde Soma identisch mit dem Regen. Doch der Trunk war stark, und zuviel davon verursachte einen göttlichen Rausch. Er öffnete die Türen zu der anderen Welt, in die man für gewöhnlich nicht hineinsehen durfte. Soma wurde zur Quelle von Glückseligkeit und Ekstase. Und ihre Inhaltsstoffe machten Soma für den gewöhnlichen Sterblichen zusätzlich zur Königin der Heilpflanzen, wenn die Dosierung stimmte. Der gepreßte Saft wurde gesammelt und dem größten Gefäß anvertraut, das sich zwischen Sonne und Erde befand, dem Mond.

Und so kam es, daß der Mond zu Soma und Soma zum Mond wurde, bis der Begriff Soma für beide stand. Die Pflanze war im Mond und der Mond in der Pflanze.

Wenn der Vollmond über die Menschen schien, dann sahen sie sich fröhlich an, denn sie wußten, daß die Götter die Mondschale leergetrunken hatten und nun in guter Stimmung waren.

Ähnlich wie in Mittel- und Nordamerika, wo Ekstase entweder durch strenges Fasten oder durch endlose Tänze erreicht wurde, wobei stimulierende Pflanzen eine Rolle spielten, wurde auch Soma als »Geist erweiternd« begriffen, wodurch die Menschen den Gedanken der Götter näherkamen.

Nicht von ungefähr war Indra der indische Gott, der am meisten mit Soma/Mond in Verbindung gebracht wurde. Interessanterweise war er auch der Gott des Verstandes. Die Quelle all dieser Wirkungen war der ständige Wechsel des Mondes in seiner Bewegung, die in der südlichen Hemisphäre anders wahrgenommen und übersetzt wurde als in der nördlichen. Bevor wir nun auf Europa blicken, wollen wir noch einen Augenblick bei Ptolemäus in Ägypten verweilen.

Ptolemäus, griechisch Ptolemaios, war Astronom und wirkte in Alexandrien, wo er ein Regelwerk der Astrologie schuf und das erste systematische Handbuch der mathematischen Astronomie verfaßte. Das Weltbild seiner Zeit beruhte auf der Behauptung, die Erde sei der Mittelpunkt des Universums und nach ihr richteten sich die Bewegungen von Mond und Sternen. Die Erde war das Zentrum, um das sieben Planeten kreisten – Sonne, Mond, fünf Planeten. Die Sieben wurde die kosmische Ordnungszahl. Aber nicht nur das, sie wurde wegen der siebentägigen Mondphase – jede der vier Phasen dauert sieben Tage – zur Mondzahl. Das ptolemäische Weltbild galt bis Kopernikus.

Früher, als man in der Musik nur fünf Töne kannte, galt Musik bereits als Nachahmung des Planetengesangs. Im christlichen Mittelalter war man überzeugt davon, daß der Chorgesang Sphärenmusik, also Musik der Engel im Himmel war. Kirchenmusik konnte nur direkt von Gott stammen. Daß die sieben Planeten Musik machen konnten, das glaubten die Menschen auch schon in vorchristlicher Zeit. Komponisten der 7-Ton-Musik wie der große J. S. Bach widmeten häufig derartige Kompositionen der Jungfrau Maria. Das mag Zufall gewesen sein. Die Sieben wird uns noch häufiger begegnen.

Reisen wir also von Alexandrien hinüber nach Kreta und Griechenland, um die dortige Welt des Mondkults zu entdecken. Ähnlich der Begegnung zwischen Babylonien und Ägypten war die zwischen Ägypten und Griechenland. Von Griechenland wanderte der Götterhimmel nach Italien, nach Rom, wo er, mit neuen Namen versehen, weiter Bestand hatte.

Wenn wir Griechenland sagen, dann meinen wir die politisch-geographische Zone, die uns unter diesem Namen geläufig ist. Dieses Vorgehen dient sozusagen als

Eselsbrücke, denn der Mondkult war in dieser Region bereits existent, als es Begriffe wie »Griechen« oder »Hellenen« noch gar nicht gab. Insoweit wird die Übersetzung der jeweiligen Mondkulte erschwert, denn die untergangenen oder assimilierten Stämme und Völker gaben sozusagen ihre Götter und Gebräuche weiter. Kulte, Lehren verbanden sich, die Religionen nahmen und gaben, so daß sich Ursprüngliches oft schlecht findet, Namen und Deutungen sich vermischten. Tatsache bleibt, daß es in der Antike keine Zeit ohne Mondkult gab.

Wenn die Mondgöttin von Osten über den Nachthimmel kam, hofften die Menschen auf die Einwirkung ihrer Kraft auf die Felder, damit die Erde Frucht trug. Die Menschen glaubten aber auch daran, daß die Mondgöttin sie bestrafen konnte; denn dann ließ sie das Land ohne Wasser.

Die Wandlung des Mondes, vom Neumond, über den Vollmond, zum abnehmenden Mond, glaubten die Frauen in sich zu spüren und identifizierten ihr Leben als vom Mond abhängig. Die Mädchenzeit war die Zeit des Neumondes, die Tage des Vollmonds glichen der Zeit der Mutterschaft, und der abnehmende Mond wurde zur Phase des Alterns, bis hin zum Tod.

Drei Stationen hatte das Leben des Mondes und drei das der Frau. So wurde die Drei zur Mondzahl. Die Heiligkeit der Zahl Drei fand ihren Ausdruck in der Dreiheit der Mondgöttinnen Selene, Artemis und Hekate, wobei die Mondgöttinnen ihr dreifaches Erscheinen, Mädchen, junge Frau, alte Frau, potenzierten, so daß sich daraus die Zahl Neun ergab. Wenn der Mond von Osten nach Westen zog, dort Abschied nahm und im Osten wiedergeboren erschien, zählten die Menschen 28 Nächte. Bis ein Jahr Abschied nahm, hatten sie 364 Nächte und Tage erlebt. Da der Mond 28 Nächte für einen Monat benötigte, sich 364 Jahrestage genau durch 28 teilen ließen, ergab sich für sie, daß das Jahr 13 Monde hatte.

Zu keiner Zeit waren die Menschen bereit zu glauben, daß ihr Sein nichts weiter als ein Zufall sei. Als der Astronom Anaxagoras behauptete, daß der Mond bloß ein Haufen Erde sei, trieben ihn die Athener aus der Stadt.

Im Zwielicht des Abends, wenn im Westen die Sonne in einem riesigen Feuerball im Meer versank, glaubten die Menschen den weisen Frauen von Thessalien, daß der Mond die Macht hatte, der Sonne mit ewigem Untergang und den Menschen mit immerwährender Dunkelheit zu drohen. Wer wollte ernsthaft bezweifeln, daß dann das Ende der Welt begann? Man kann sich bei diesem Glauben der Menschen der Antike des Eindrucks nicht erwehren, als hätten sie ein Erinnerungsvermögen, das bis zum Anfang der Erde zurückreichte. Ihre Angst vor der Kollision der Erde im Kosmos war nicht unbegründet, denn so war die Erde entstanden.

Wenn von Osten her die große Fruchtbringende erschien, dann sprachen die Menschen von der glänzend Leuchtenden, die in ihrem herrlichen Wagen, gezogen von prächtigen Pferden, über den Himmel fuhr.

Zum Jahresfest der Mondgöttin wurde ein junger Stier getötet und in neun Teile zerlegt. Die Priesterinnen der Mondgöttin betrachteten die Neun traditionell als ihre heilige Zahl.[15] Die Mythen der Mondgöttin wurzelten tief im Bewußtsein der frühen Griechen. Sie erzählten folgende Geschichte. Nachdem sich die Titanen Hyperion und Theia gefunden hatten, bekamen diese zwei Kinder, den Sonnengott Helios und die Mondgöttin Selene. Während der heißblütige Helios über seine sieben Rinder- und sieben Schafherden wachte, sah er verzückt in der Ferne die glänzende Selene herankommen. Und obwohl sie Bruder und Schwester waren, geschah es, daß sie sich zur Zeit des Neumondes vereinten, um der Erde das Leben zu bringen. Während der Phasen, in denen der Mond seine Form veränderte, gestaltete sich auch das Leben auf der Erde neu. Das Alte ging, Neues wurde geboren. In den frühen griechischen Mythen hieß es, daß, wenn der kürzeste Tag endlich vorbei und der Mond zum siebten Mal im Vollmond sei, der König stürbe. Krankheit und Gesundheit standen in enger Verbindung mit den Mondphasen. Nur während die Mondgöttin Selene ihr helles Licht auf die Erde schickte, wurden die Zauberkräuter gebrochen, die für die Behandlung von Mensch und Tier unentbehrlich waren. So wurde Selene die Schutzgöttin der Zauberer. Während der großen Wanderungen kamen neue Völker auf den Peloponnes. Die Folge war der Synkretismus verschiedenster Glaubensrichtungen.

Es geschah, daß zur Zeit der Regierung des Orestheus die Mondgöttin niederkam und einen Weinstock gebar, wodurch der Weinanbau ins Land kam. Nun hieß die Mondgöttin nicht mehr Selene, sondern Hekate. Hekate war die Herrin der Nacht, die furchterregend mit ihrem wilden Heer über das Land kam. Wer sie sah, der erstarrte vor Angst, denn in ihrem Haar züngelten Schlangen, und in ihren Händen schwang sie Geißel und Fackel. Sie war den Menschen unheimlich, die sich deshalb nachts im

Freien fürchteten, sich andererseits aber hilfesuchend an die Mondgöttin wandten.

Im Norden, an der Grenze zu Makedonien, waren es die weisen Frauen, die im Dienste der Hekate standen. Die Menschen glaubten, daß es besser sei, es sich mit diesen Frauen nicht zu verderben, weil sie die Fähigkeit besaßen, negative Kräfte der Mondgöttin auf die Erde zu holen und gegen Menschen anzuwenden. Aber neben der Schwarzen Magie und der Hexerei hatte die Hekate sie den Umgang mit Kräutern gelehrt, die, von der Mondgöttin beeinflußt, wuchsen. Hekate wurde besonders von Frauen verehrt, da sie ihnen Sexualität und Fruchtbarkeit gab und bei der Geburt beistand.[16] Es wird vermutet, daß die Mondgöttin Hekate bereits in Kleinasien verehrt wurde und von dort nach Griechenland gekommen war. Bei den Pelasgern, einem vorindogermanischen Volk der ägäischen Welt der Frühzeit, kam die Große Göttin auch aus dem Osten. Mag sein, daß sich die Pelasger, nachdem sie seßhaft geworden waren, die alte Geschichte der großen Wanderung ihres Volkes erzählten und dabei hinaufschauten zum Mond, der unermüdlich über den nächtlichen Himmel zog, und sie ihn deshalb Eurynome, weites Wandern, nannten. Eurynome war die Herrscherin des Himmels und auf Erden, und sie war eine Okeanide, eine Verwandlerin, die in verschiedenen Gestalten auftreten konnte, wie der Mond eben auch.

Zeus sah Eurynome und nahm sie mit auf sein Lager. Eurynome gebar ihm die Chariten, die Holden, drei Göttinnen der Anmut mit Namen Aglaia (Glanz), Euphrosyne (Frohsinn) und Thaleia (Blühende). Als Zeus den Himmel erobert hatte und seine Herrschaft auf dem griechischen Olymp unbestritten war, hieß die Göttin Artemis noch Eurynome, die später zu den höchsten Gottheiten zählte. Artemis wurde der Name der dreieinigen Mondgöttin, die einen silbernen Pfeilbogen so spannen konnte, daß er dem Neulicht (Neumond) gleichsah. Mit ihrem silbernen Bogen streifte sie durch die Wälder als Herrin der Tiere. Auf dem Berg Keryneia lebte die heilige Hirschkuh der Artemis, die ein goldenes Geweih trug. Artemis fütterte ihre Hirschkühe mit Klee, dem Symbol der Dreiheit. Sie schützte die Tiere und die Natur, und niemand durfte ihr ungestraft zu nahe kommen. Deshalb war sie für die Menschen auch die Göttin der Vegetation und der Fruchtbarkeit und wurde besonders von den Jägern verehrt.

Artemis lebte in den Wäldern und auf den Bergen ein freies Leben, das keinerlei Zwang durch Mann und Ehe zuließ. Doch in ihrer Seele trug auch sie die Sehnsucht nach einem Manne, und so kam sie in der Nacht als Mond über den Himmel, reiste hinüber zur Höhle nach Latmos, wo sie den schlafenden Jüngling Endymion wußte, den sie still und keusch liebte, bis es am Morgen Zeit war zu gehn, um als jungfräuliche Artemis in die Wälder zurückzukehren.

Junge Paare gingen vor der Hochzeit zum Altar der Artemis und brachten ihr Opfer dar, damit sie der Frau zu einem Kind und einer schmerzlosen Geburt verhalf. Im heutigen türkischen Ephesos verehrte man eine Artemis von phantastischer Gestalt. Zahlreiche Brüste bedeckten ihren Körper. Auf Kreta, wo sie als Gottheit der Fischer galt, trug Artemis den Namen Britomartis. Ihre Rolle als Beschützerin der gebärenden Frauen und der Kinder erklärt auch, weshalb sie als Muttergottheit galt, obwohl sie jungfräulich und als Göttin der Reinheit und

Keuschheit auch die Beschützerin der Jungfrauen war. In späterer Zeit verschmolz sie völlig mit der Mondgöttin Selene.[17]

Von den Etruskern, heißt es, hätten die Römer die Göttin Diana übernommen, die gleichgesetzt war mit Artemis. Auf sieben Hügeln war sie erbaut, die Stadt Rom, und auf einem von ihnen, dem Aventin, befand sich ein Heiligtum der Göttin Diana.

Es geschah in den klaren Sternennächten – die Vögel in den Wäldern hatten auf einmal ihren Gesang eingestellt –, da kam sie als silberner Mond über den Himmel und suchte nach ihrem heiligen Hain. Die Bäume standen dicht geschlossen, nur die Tiere konnten sich in dieser Welt frei bewegen. Als sie den kleinen See gefunden hatte, verweilte sie und blickte verzückt auf ihr Bild, das vom Wasser zu ihr hinaufleuchtete.

Die Menschen nannten den See im heiligen Hain von Aricia deshalb »Spiegel der Diana«. Durchstreifte sie ihren Hain, trug sie in der rechten Hand eine leuchtende Fackel.

Diana war, als Mondgöttin, eine Göttin der Frauen, Beschützerin der Jungfräulichkeit. Früh war ein Heiligtum auf dem Aventin entstanden. Es kann auch kein Zufall sein, daß einst die Ärmsten Roms aus der Stadt auf ihn ausgewandert waren. So sagt man, Diana sei auch die Göttin der Sklaven gewesen. Vor allem wurde sie als Mondgöttin verehrt, machte sie doch das Wetter und ließ sie die Natur erblühen, wodurch sie für Nahrung sorgte. In späterer Zeit wurde sie zur Schutzgöttin der Jäger und Hirten. Um sich den Segen der Diana, die Hoffnung auf Fruchtbarkeit und Leben zu sichern, schmückten die

Frauen sich mit Idolen[18], mit Amuletten der Diana, die auch Heilfunktion hatten. Übrigens wurde diese Sitte des Tragens von Dianaamuletten bis weit in die Zeit nach der Christianisierung gepflegt. Diana war aber keine ausschließliche Frauengöttin, wie man vermuten könnte. Die Fruchtbarkeit lag auch im Interesse der Männer, und deren Wünsche an Diana bezogen sich auf Kinder, das Vieh, die Jagd, die Früchte im Wald und auf den Feldern, also quasi auf die elementarsten Dinge des Lebens. Für Frau und Mann war Diana die Domina, die Herrscherin, die Gebieterin über Leben und Tod. Selbst um sich vor bösem Zauber zu schützen, rief man die Göttin Diana um Hilfe an.

In der Hochsommerzeit des Jahres zogen die Menschen in einer langen Prozession mit Fackeln zum heiligen Hain der Diana am Nemisee. Sie führten kleine Statuen der Göttin bei sich und bekundeten auf diese Weise ihre Verehrung. Der Tag der Diana war der 13. August. Auffällig ist, daß Mariä Himmelfahrt fast auf den Tag genau (15. August) gefeiert wird. Wie in fast allen Regionen, wo die Mondgöttin verehrt wurde, begegnet uns auch in den italischen Landschaften der Frühzeit noch ein anderer Name für diese Göttin: Luna![19]

Die Mondgöttin Luna ist die Diana »vice versa«. Ihr Haupttempel steht wie der Tempel der Diana auf dem Aventin in Rom. Aus welchen Gründen sich letztlich im deutschsprachigen Raum die Meinung durchsetzte, Diana sei nur eine Jagdgöttin und Frau Luna die Mondgöttin, ist nicht zu klären.

Verfolgen wir den Weg der Mondgöttin in den Norden, so stellen wir fest, daß zum Beispiel in der Nähe der Stadt Trier sehr viele Bildsäulen der Diana gestanden haben. Aber nicht nur die Göttin Diana, auch die keltische Jagdgöttin Artio wurde dort verehrt. Mit »Frau Luna« haben wir ein Beispiel für die Aufrechterhaltung des Mondmythos über die Jahrhunderte; Frau Luna »lebt« nicht nur in der Operette Frau Luna von C. E. P. Lincke fort, sondern vor allem im Glauben der Menschen an die Kräfte des Weiblichen im Mond. So kommt es nicht von ungefähr, daß wir das Wort »Laune« von Luna ableiteten[20], was keinen anderen Schluß zuläßt als den, daß die Menschen davon überzeugt waren, der Mond habe Einfluß auf ihre Befindlichkeit und Stimmung.

Mit den römischen Truppen kam die Mondgöttin Diana nach Norden. Aus der Geschichte wissen wir, daß es keine religiösen Kämpfe um die Vorherrschaft der römischen Gottheiten gab. Die römischen Eroberer waren klug genug, den Menschen ihren Glauben an die alten Götter zu lassen, wobei ihnen gelegen kam, daß sie für fast jeden ihrer Götter einen Lokalgott als Äquivalent vorfanden. Sie gaben sich damit zufrieden, wenn die verschiedenen Stämme ihren Göttern einen römischen Beinamen gaben, wie wir es vom Gott Apollo Grannus wissen. Die Götter dieser unterworfenen Stämme, die wir Kelten nennen, sind uns von römischen und griechischen Schriftstellern überliefert. Und doch bleibt das Pantheon der Kelten rätselvoll.

Keltische Stämme hatten in den ersten vorchristlichen Jahrhunderten einen riesigen Kulturraum geschaffen und waren, bis germanische Stämme und die Römer sie niederwarfen, das bedeutendste Volk Europas. Die Kelten herrschten von Andalusien bis Kleinasien, von Oberitalien bis Irland mit starken Zentren in Bayern, Württemberg, Baden, der Pfalz, am Mittelrhein, in Frankreich, Spanien, auf den Britischen Inseln und in Irland. Trotz Skepsis und berechtigten Zweifeln an mancher »modernen« Keltenverehrung, die aus heutiger Sicht Rituale und Mythen interpretiert, die wir gar nicht kennen können, weil es keine präzisen Überlieferungen gibt, haben wir einige Fakten, die uns eines mit Sicherheit sagen: Der Mond spielte auch in der Religion der Kelten eine wichtige Rolle. Das hängt natürlich in erster Linie damit zusammen, daß die frühen Kelten Hirten und Bauern waren, die immer auf die Mächte der Natur zählen mußten. Zweierlei ist zu erkennen: Sie verfügten zum einen über Erfahrungen, die sie durch Pflanzen und Tiere während der Mondphasen machten, zum anderen gab es da ihren Glauben, daß die Götter sie bestrafen würden, wenn sie sich gegen die Natur frevelhaft benehmen. Beides führte dazu, daß sie den Mond genau beobachteten und analog eine Vegetationsgöttin verehrten. Obwohl die z. T. gewaltsame Christianisierung in Mitteleuropa viele Traditionen zerstörte und manches Wissen einebnete, so daß man seinen keltischen Ursprung kaum noch erkennen kann, haben archäologische Funde gezeigt, daß diese Göttin in Bayern und Württemberg, an Rhein und Mosel, verehrt wurde. Ihr Name Sirona soll von dem keltischen Wort für Stern abgeleitet worden sein. In den figürlichen Darstellungen trägt sie Trauben, Ähren und Früchte als Attribute, was ihre Rolle als Fruchtbarkeitsgöttin bestätigt. Da auch Darstellungen gefunden wurden, die sie mit einer Mondsichel auf dem

Kopf zeigen, ist ein Zusammenhang zwischen Fruchtbarkeits- und Mondglauben stark zu vermuten. Hier unterscheiden sich die religiösen Vorstellungen der alten Völker und Kulturnationen kaum.

Die Rolle der Sirona muß eine sehr mächtige gewesen sein, denn nicht selten finden wir sie zusammen mit dem höchsten Gott Apollo Grannus dargestellt. Einzeldarstellungen zeigen auch regionale Besonderheiten: Sirona als Patronin des Weines in Burgund oder in Hochscheid, mit Eiern in der Hand. Was sie außerordentlich heraushob, war ihre Rolle als Göttin der Heilquellen. Für die Kelten gehörte das Wasser zu den besonders heiligen Elementen. Viele Flüsse Mitteleuropas tragen keltische Namen, (z. B. Rhein, Main, Donau, Rhone, Seine). An den Quellen der Flüsse gab es in der Regel heilige Bezirke. Die heilende Kraft des Wassers, an manchen Bäderorten zwischen Bad Reichenhall und Lourdes noch heute geschätzt, wurde der Göttin Sirona, dem Mond, zugeschrieben. Offensichtlich glaubten die Kelten an eine Verbindung zwischen der Heilkraft des Wassers und der Fruchtbarkeit. Fügen wir den Mondaspekt noch hinzu, der sich mit Wasser und Fruchtbarkeit verknüpfen läßt, so rundet sich das Bild der Göttin Sirona ab. Fruchtbarkeit und Heilkraft waren Glaubenskriterien der Kelten für ein Leben in Gesundheit und Wohlfahrt, die sie mit der Mondgöttin verknüpften.

Die Bedeutung des Mondes für die Kelten zeigte sich auch in der Anwendung der Mondzahl Drei. Berühmt sind die drei Matronen, die als Haus-, Schutz- und Fruchtbarkeitsgöttinnen galten. Häufig traten die einzelnen Gottheiten als Dreiheit auf und trugen drei verschiedene Namen. Die irischen Kelten verehrten die Göttin Morrigne, die auch Badb und Nemain hieß. Der irische Glaube der Trinität fand seinen symbolischen Ausdruck auch im dreiblättrigen Kleeblatt, das für die Kelten ein Glücksbringer war. Der Klee galt auch als Zauberpflanze. Daß nur die irische Mythologie als Quelle genutzt werden kann, liegt daran, daß Irland frei von fremdem Einfluß geblieben war, keltische Lehren problemlos mit dem Christentum verbunden wurden, sich sehr früh eine irische Schrift entwickelt hatte und es daher schriftliche Überlieferungen gibt.

Die Zahl Drei galt für den Himmel, während die Vier die Erdsymbolik darstellte. Zusammen ergab das Sieben, die Zahl der Vollendung. Kam der Mond in die Zeit, bevor er seinen vollen Umfang erreichte, wartete der Druide[21] weißgewandet mit seiner goldenen Sichel auf den heiligen Moment, in dem er die Mistel von der Eiche trennen konnte. Das geschah am sechsten Tag nach Neumond. Um die Druiden ranken sich viele Thesen und Behauptungen, die nicht weiter kommentiert werden sollen, da wenig konkrete Fakten über sie zur Verfügung stehen. Lassen wir die Druiden in ihrer geheimnisvollen Vergangenheit. Nachweisen läßt sich allerdings, was es mit dem Geheimnis der Mistel auf sich hat, denn ihre wertvollen Inhaltsstoffe machen sie bis heute zum Heilmittel. Ihre Ingredienzien sind längst wissenschaftlich untersucht worden, und die Vielfalt der Anwendungsmöglichkeiten läßt staunen. Vom Asthma, über zu hohen Blutdruck, Gicht und Rheuma, bis hin zur Bekämpfung von Kopfschmerzen und Blutungen – die Liste ließe sich noch fortsetzen – reicht das Anwendungsgebiet der Mistel. Es kann also kein Zweifel daran bestehen, daß die Druiden über ein großartiges naturkundliches Wissen verfügten, wobei ihre fast grenzenlose Machtstellung deutlich wird, wenn wir feststellen, daß aus der Mistel auch ein Gift gewonnen werden konnte, das lautlos tötete.

Ob sich die Form der berühmten goldenen Sichel tatsächlich aus der Figur des Neumondes ableiten läßt, das bleibt ebenfalls ein Rätsel. Cäsar hat uns aber überliefert, daß die Druiden die Sterne beobachtet haben. Anders läßt es sich auch nicht erklären, wie sie sonst einen präzisen Kalender entwickeln konnten wie jenen, der bei Coligny in Südfrankreich gefunden wurde und der eine Zeit von 62 Monden/Monaten umfaßt. Kann man sagen, daß der Lebensrhythmus der gallischen Kelten von den Mondphasen bestimmt wurde? Der Coligny-Kalender verriet zwei Wörter, die die einzelnen Monatszyklen bezeichneten. MAT stand für gut und ANM für schlecht. Was nichts anderes bedeuten kann, als daß der zeitliche Einfluß des Mondes auf die Menschen gemeint war. Das Geheimnis des Mondkults bei den Kelten wird sichtbar, wenn man ihre Legenden, Sagen und Märchen liest. Ähnliches ist von den Germanen zu berichten. Zwar kannten sie keine Druiden, verehrten aber ebenfalls z. B. die Mistel. In der germanischen Zeit wurde viel Wissen vernichtet oder in der Phase der mehrhundertjährigen Christianisierung Bräuche so verändert, daß sie sich kaum noch deuten lassen. Was den Mondkult betrifft, kennen wir in erster Linie die mündliche Überlieferung des Volksglaubens. So gibt es in Niedersachsen noch immer die Sitte, Warzen bei Vollmond zu besprechen. Hier gilt nicht Glaube oder Unglaube, sondern die schlichte Einsicht: Wer heilt, hat recht.

Es soll darauf hingewiesen werden, daß »Germanen« ein Name ist, der aus römischen Quellen stammt. Der Name eines niederrheinischen Stammes wurde auf die gesamten östlichen Nachbarn übertragen und erschien erstmals bei dem griechischen Philosophen Poseidonios 80 vor der Zeitenwende. Da wir über die Stämme und Völker östlich des Rheins und nördlich der Donau sprechen, benutzen wir diesen Oberbegriff, um das Ganze nicht zu komplizieren.

Zwischen den keltischen und germanischen Kulten gibt es sehr viele Parallelen, die beweisen, daß die keltischen Stämme mit den germanischen einen kulturellen Austausch gehabt haben müssen. Möglicherweise sind sie sich sehr vertraut oder sogar verwandt gewesen. Ähnlich den Kelten verehrten die Germanen heilende Götter.

In den Merseburger Zaubersprüchen, die im 6. Jahrhundert von Mönchen freigegeben, also »bearbeitet« worden waren, läßt sich herauslesen, daß Wotan u. a. heilen konnte. Die germanische Mythologie erzählt von der Tötung des Baldr (Lichtsohn) durch eine Mistel und seine Auferstehung durch den Willen und die Heilkunst seines Vaters Wotan. Tod und Auferstehung, Wachsen und Gedeihen, das waren zentrale Fragen des täglichen Lebens. Von hoher Bedeutung für die Germanen war die Seinsfrage, das Wissen um ihr endliches Leben. Da sie ihrem Schicksal nicht entgehen konnten, glaubten sie an den Untergang der Welt. Die Nächte waren von einer Dunkelheit, daß die Menschen zweifelten, ob aus einer Nacht jemals wieder ein heller Tag werden könnte. Wenn dann endlich Mani mit seinem Mondwagen von Osten her über den Himmel kam und das Licht auf die Erde ließ, wurde er von den Wölfen Hati und Sköll gehetzt, die ihn verschlingen wollten. Würden Sonne und Mond von den Wölfen verschlungen, dann stürzte der Himmel ein und würde niemanden verschonen. Danach aber durfte die Welt wieder auferstehen und unvorstellbar schön sein. Daran glaubten die Germanen.

Eine Weltuntergangsphilosophie, die es bei allen frühen Völkern gab und die die kosmische Dimension ihres Glaubens offenbart.

»Sie [die Germanen] haben nur solche Gottheiten, die man sieht und von denen man augenscheinlich Vorteile hat. [Zum Beispiel] die Sonne, das Feuer und den Mond.«

Diese Feststellung Cäsars[22] läßt sich ergänzen durch die Beobachtung von Tacitus[23]: »... [sie] versammeln sich an festliegenden Tagen entweder bei Neumond oder Vollmond; sie meinen nämlich, daß dieser zeitliche Anfang ihren Unternehmungen das meiste Glück bringe.«

Daß ein Weltuntergang unmöglich ist, kann nur ein ziemlich einfältiger Mensch glauben. Die Germanen bezogen wichtige Entscheidungen auf den Mond und schlossen quasi mit ihm einen Schicksalsbund.

Eine der auf den Mond bezogenen Gottheiten war die Freya, die nach Grimm[24] vier Namen trug, die für die vier Mondphasen standen: Mardöll, Horn, Gefn, Syr. Freya war die Göttin der Liebe, Ehe und Fruchtbarkeit, also eine Entsprechung zum Mond als dem Symbol der Fruchtbarkeit. Im Volksglauben heißt es, daß man bei Vollmond Brot und Salz in die Wohnung tragen soll, will man, daß es nie an Nahrung mangelt.

Unsere Ahnen haben für den täglichen Gebrauch ein Mondjahr mit 13 Monaten gekannt, stellt Grimm fest und verweist auf die vielen Hinweise der Mondgläubigkeit, auch wenn wir bei den Germanen, bis auf Mani, keinen »großen« Mondgott finden, der neben den drei Göttern Wotan (Odin), Ziu (Tyr) und Donar (Thor) genannt werden kann. Als Hinweis sei darauf verwiesen, daß unsere Woche noch immer mit einem Mond-Tag beginnt und erst danach die Tage der Götter Ziu (Dienstag), Wotan (Mittwoch) und Donar (Donnerstag) sowie der Freya (Freitag) folgen.

Es kann auch nicht ernsthaft bezweifelt werden, daß dem Mond eine herausragende Bedeutung zukam, denn bis heute halten sich im Volksglauben sehr viele Regeln und Gesetze, die in den letzten Jahren wieder auffällig verstärkt vom einzelnen beachtet werden. Es soll nicht beurteilt werden, ob Schmerzen bei abnehmendem Mond zurückgehen, ob das Grundwasser sich zurückhält oder Frauen besser abnehmen können. Wichtig ist allerdings der Hinweis darauf, daß sich die mündliche Überlieferung der Mondzusammenhänge über mehrere tausend Jahre erhalten hat, obwohl die Menschen bei uns in ihrer Mehrheit keine Bauern mehr sind, sondern Städter, und dadurch der Natur entfremdet wurden.

Die Germanen kannten Heilzauber und übten magische Praktiken aus, bei denen die herrschende Mondphase beachtet wurde, wie es andere Völker auch taten. So bleibt die Tatsache, daß alle alten Kulturen Mondkulte pflegten, mit der Frage verbunden, wie es möglich sein konnte, daß sie alle von den Einflußkräften des Mondes auf das Leben ausgingen, obwohl ihre Methoden der Untersuchung unterschiedlich waren. Tatsache ist auch, daß die meisten Völker sich nie begegnet sind. Oder doch? Nehmen wir die etymologische Herkunft unseres Wortes Mond, so stellen wir fest, daß es indoeuropäische

Wurzeln hat und »Wanderer« bedeutet. Es wäre daher möglich, daß die Wiege der Menschheit im Osten lag, dort, wo der Mond aufgeht.

»Laterne, Laterne, Sonne, Mond und Sterne«, singen die Kinder noch immer und zeigen damit die gläubige Blickrichtung zum Himmel. Die germanischen Götter Sunna und Mani sind auch nicht wirklich tot. An ihre Stelle traten andere Götter. Jesus Christus übernahm die Rolle Sunnas und die Muttergottes Maria die von Mani.

Der Mond, mit all seinen Mythen, zieht seine Bahn. Entweder die Erde bleibt fruchtbar oder sie wird untergehen, daran glauben die Menschen noch immer, denn die Vernichtung des blauen Planeten durch Menschenhand hat längst begonnen.

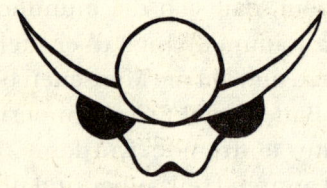

2

WAS WIR VOM MOND WISSEN

Entzauberung

Als am 21. Juli 1969 der Astronaut Neil Armstrong als erster Mensch seinen Fuß auf den Mond setzte, schien der Mond endgültig entzaubert zu sein. Daß dem nicht so war, zeigt das in letzter Zeit zu beobachtende Wiederaufleben uralter Mondmythen und die damit einhergehende Rückbesinnung auf den Einfluß der Mondrhythmen auf unser Leben. Und bereits in dem Augenblick, in dem Neil Armstrong und Edwin Aldrin den Mond durch ihren Aufenthalt »entzauberten«, mutete den Beobachter auf der Erde das Schicksal des dritten Astronauten, Michael Collins, der mit der Raumkapsel den Mond zur gleichen Zeit mutterseelenallein umkreiste, wie die Fortsetzung einer alten Mondmär an. Collins war gleichermaßen der einsame Ritter Mond, der seiner Angebeteten Sonne zwar immer wieder nahe kommt, aber durch dunkle Schicksalsmächte auf ewig von ihr getrennt bleiben wird, als auch der unselige Mann im Mond, der wegen eines frevelhaften Leichtsinns zur Strafe auf den Mond verbannt wurde.

Doch auch das gesamte Unternehmen der bemannten Mondlandung selbst hatte eher mystische Züge als rationale Gründe. Allein der technologische Wettstreit bei der Eroberung des Weltalls zwischen den damaligen Supermächten USA und Sowjetunion wirkt im Rückblick wie das sagenhafte Ringen zweier urweltlicher Giganten, bei dem, zumindest aus westlicher Sicht, die dunkle Macht bis knapp vor dem glücklichen Ende stets die Nase vorn hatte. So schossen sowjetische Wissenschaftler 1957 mit Sputnik I den ersten Satelliten und 1961 mit Jurij Gagarin den ersten Menschen ins All. Zwei Jahre zuvor prallte die Raumsonde Lunik II als erstes Gerät von Menschenhand in der Nähe des »Maria Serenitatis« auf dem Mond auf. Mit der Eroberung des Mondes durch die amerikanischen Astronauten wurde schließlich ein zeitloser Menschheitstraum verwirklicht. Indes, auch die endliche Realisierung dieses Traumes hatte etwas tragisch Mystisches an sich: Der Mensch nahm Platz im Olymp; doch die Götter verbargen sich, und der Mond blieb kalt und abweisend. Erst zurück, beginnen die Götter sich allmählich wieder zu zeigen und erstehen neu im wiederentdeckten Mysterium der Gestirne und des Mondes.

>> *... one small step*
>> *for a man,*
>> *one giant leap*
>> *for mankind.* «

»... ein kleiner Schritt für einen Menschen, aber ein großer Sprung für die Menschheit.« Ob diese Worte von Neil Armstrong, als er seinen Fuß auf die Mondoberfläche setzte, sich über das eigentliche Ereignis hinaus noch bewahrheiten werden oder ob der Ausflug zum Mond am Ende doch nur ein kleiner Satz menschlicher Hybris bleiben wird, kann letztlich nur die ferne Zukunft beantworten. Jedenfalls erbrachten die Flüge zum Mond, seien sie nun bemannt oder unbemannt gewesen, neben einigen hundert Kilogramm Mondgestein auch wertvolle Erkenntnisse über die Entstehung unseres Planeten und unseres Sonnensystems. Hiernach, so erkannten die mit der Ausbeute des Materials befaßten Wissenschaftler,

scheint Leben auf der Erde nur durch den Mond überhaupt erst möglich geworden zu sein.

Vollendung der Schöpfung

Wie die Erde zu ihrem Begleiter kam, darüber gibt es
verschiedene Theorien, wobei sich im Laufe des Gelehr-
tenstreites das Kollisionsmodell so weit durchsetzte, daß
es derzeit als die gültige Lehrmeinung angesehen werden kann. Ein erstes längere Zeit überzeugendes Modell
von der Mondentstehung entwickelte der zweite Sohn
von Charles Darwin, George Darwin. Seiner Vorstellung
nach nabelte sich der Mond von der Erde ab, indem er
bedingt durch die Rotation der noch flüssigen Erde sich
gewissermaßen wie ein Tropfen von ihr gelöst haben soll.
Nachteil dieser Abspaltungstheorie ist allerdings, daß
sich hierfür die Erde alle zweieinhalb Stunden um ihre
eigene Achse hätte drehen müssen. Dies allerdings
scheint von der Masse und Dichte der Erde her ausge-
schlossen, zudem fehlt eine plausible Erklärung für die
anschließende Verlangsamung der Rotation von Erde
und Mond.
Die Ansicht, daß Erde und Mond getrennt voneinander
entstanden wären und die Erde den Mond durch ihre
Schwerkraft schließlich eingefangen hätte, galt hingegen
schon immer als Außenseitermeinung. Zu unglaublich
müßten hierzu die kosmischen Bedingungen gewesen
sein, die ein solches Geschehen Möglichkeit hätte werden lassen können.

Anders hingegen wurde die Hypothese vom Doppelplaneten lange Zeit als mögliches Entstehungsmodell diskutiert. Danach entstanden Mond und Erde gleichzeitig aus einem Gasnebel. Der Mond müßte sich dabei aus einem Materiering der jungen Erde, wie er auch die großen äußeren Planeten umgibt, gebildet haben. Allerdings kann diese Theorie ebensowenig wie die von George Darwin die erheblichen geologischen Unterschiede zwischen Erde und Mond erklären, die durch die Analyse des Mondgesteins zutage gefördert wurden. Dem Mondgestein fehlen nämlich im Gegensatz zur Erde weitestgehend flüchtige Gase, wie sie auf der Erde vorkommen; wasserhaltige Mineralien fehlen sogar gänzlich. Zudem erklärt dieses Modell nicht den Drehimpuls des Zweigestirns Erde–Mond; denn bei einer solchen Entstehungsgeschichte müßte ein Erdentag um Tage länger währen, als dies heute der Fall ist. Diese beiden grundlegenden Widersprüche aber kann die Kollisionstheorie erklären. Vor etwa viereinhalb Milliarden Jahren mußte demnach ein Planet etwa von der Größe des Mars auf die allmählich erkaltende Erde zugerast sein, die sich behäbig um ihre eigene Achse um die längst entstandene Sonne drehte. War es Zufall oder der vorausschauende Wille des Schöpfers? Jedenfalls kreuzte dieser Planet die Erdbahn nicht auf direktem Kollisionskurs, sondern versetzte der jungen Erde einen gewaltigen Schlag von der Seite. Dadurch wurde sie förmlich skalpiert. Die sich eben erst gebildete Erdkruste wurde bis tief in den Erdmantel hinein abgerissen und in das All hinausgeschleudert. Auch der aufgeprallte Planet muß bei dieser Kollision seine Hülle verloren haben, während seine schwereren Anteile in der Erde versanken. Dies erklärt, warum der

Mond eine um 40 Prozent geringere Dichte als die Erde hat und über keinen eindeutigen Eisenkern verfügt. Dieser Zusammenprall, bei dem eine ungeheure Energie freigesetzt wurde, durch die sowohl das herausgeschlagene Material als auch die Erde sich über die Maßen erhitzten, war jedoch zu jener Zeit keine außergewöhnliche Katastrophe, sondern gehörte vielmehr zum Alltag der Planetenentstehung. In jedem Fall wirkte er auch wie ein titanischer Peitschenhieb, der dem trägen Kreisel Erde erst den richtigen Drall gab. Gleichzeitig, so ist wenigstens anzunehmen, versetzte die Wucht des Aufpralls auch die Erdachse, mit der Folge, daß sich von nun an die Jahreszeiten einstellten.

Aus dem in den Weltraum geworfenen glutheißen und -flüssigen Material formte sich alsdann unser Mond. Anfänglich zog er seine Bahn noch sehr nahe der Erde, bedingt durch seine Umlaufgeschwindigkeit entfernte er sich jedoch von ihr allmählich bis auf die heutige Distanz. Seine Flucht von der Erde hält allerdings auch jetzt noch an, so daß damit zu rechnen ist, daß die Erde ihren Begleiter eines fernen Tages verlieren wird. Bislang allerdings ist es allein dem Mond zu verdanken, daß der Erde ein ähnliches Schicksal wie den anderen beiden Planeten unseres Sonnensystems, Venus und Merkur, erspart geblieben ist. Bei diesen beiden hat sich nämlich die Rotation (Drehung um die eigene Achse) durch die Gravitation (Anziehungskraft) der Sonne so weit verlangsamt, daß die Tage auf diesen Planeten unerträglich lange währen. So dauert ein Merkurtag 176 Tage, was zwei Merkurjahren entspricht, und ein Tag auf der Venus endet erst nach 166,7 Tagen, was einem dreiviertel Venusjahr gleichkommt. Gleichzeitig sorgt der Mond durch seinen Umlauf dafür, daß die Erdachse seit jenem Ereignis relativ stabil zur Erdbahn geneigt bleibt. Ohne ihn wäre es nämlich durchaus möglich gewesen, daß die durch den Aufschlag aus ihrem Zentrum gewuchtete Erdachse ebenso wie einst die Achse der Venus durch die Anziehungskraft der Sonne so weit beeinflußt worden wäre, daß sie ebenso wie diese um 180 Grad gekippt worden wäre. Die Folge wäre gewesen, daß sich unser Planet gleich der Venus rückläufig um die Sonne drehen würde.

Der höchstwahrscheinlich in dieser Art abgelaufenen planetaren Kollision samt der durch den Mond bedingten Gezeiten ist es schließlich zu verdanken, daß unsere Erde zum einzigen Hort des Lebens in unserem Sonnensystem werden konnte.

Der junge Mond

Nachdem sich in relativ kurzer Zeit das in den Raum gestoßene Material der Erde und das ihres schlagkräftigen Kontrahenten zum Mond verdichtete, durchlief unser Begleiter eine – in astronomischen Dimensionen gemessen – kurze, aber heftige Entwicklung.

Durch die extreme Hitze, die bei dem Aufprall das Mondmaterial aufheizte, verdampften alle flüchtigen Stoffe. Der Mond wurde gewissermaßen gedörrt. Die schwereren Stoffe sanken nach innen, kondensierten, das heißt verdichteten sich, und heizten dabei das Mondinnere auf. Dies und die verbliebene Aufschlagsenergie führten dazu, daß der Mond bis in eine Tiefe von einigen hundert Kilometern glutflüssig war, sein Magmamantel kochte. Die leichteren Stoffe schwammen dabei wie Schlacke an der Oberfläche und bildeten nach ihrer Erkaltung die fast weiße, feste und glatte Mundkruste, die in der Folgezeit von Millionen von Jahren von großen und kleinen Meteoriten getroffen wurde. Tausende von Kratern entstanden; diese Landschaft sind die Hochländer des Mondes, die wir des Nachts mit bloßem Auge als helle Gebiete auf ihm erkennen können. Die sogenannten Maria oder Meere, die wir als dunkle Flecken sehen, entstanden indes erst in der zweiten Entwicklungsphase.

Nachdem vor etwa 4,5 Milliarden Jahren der glutheiße Ur-Ozean auf dem Mond kristallisiert war, setzte rund 400 Millionen Jahre später ein gewaltiges Meteoritenbombardement ein, das die Spuren der früheren Einschläge gänzlich beseitigte, die Landschaften der Frühzeit wurden wieder zerstört. In dieser Zeit, die als Mondkataklysmus[25] bezeichnet wird, wurde der Mondboden quasi umgepflügt. Hierdurch erhitzte sich vor etwa 3,9 bis 3,2 Milliarden Jahren der Magmamantel des Mondes erneut, bedingt durch die Aufschlagsenergien und den daraus resultierenden radioaktiven Prozessen in seinem Inneren. Lava[26], glühendheiße Silikatschmelze, strömte aus dem Mondinneren und ergoß sich in die geschlagenen Krater. Rund 700 Millionen Jahre lang flossen immer neue Lavamassen in die großen Becken und deren Nachbargebiete und überdeckten die weiße Mondoberfläche teilweise bis zu einer Stärke von 10 Kilometern. Diese lavagefüllten, basalthaltigen Ebenen können wir auf dem Mond als dunkle Flächen erkennen; es sind die riesigen Maria, die bis zu 960 Kilometer weiten steinernen »Ozeane«. Die fast weißen Hochländer des Mondes sind weit mehr von Kratern zerklüftet als die Maria, die verhältnismäßig plan sind. Denn nach der Bildung der Mare-Gebiete verebbte auch der Meteoritenhagel. Die Kettengebirge der Hochländer, von denen die Maria gesäumt werden, ragen an ihren Rändern zum Teil in beachtliche Höhen von 6000 Metern, die Wälle von Großkratern erheben sich bis zu 10 000 Metern.

Vor etwa 3,2 Milliarden Jahren ließ, wie gesagt, der kataklastische[27] Meteoritenhagel nach, nur noch wenige Krater wurden geschlagen; auch der Vulkanismus endete. Gleichwohl veränderte sich die Mondlandschaft noch durch ein paar größere Einschläge, die die Strahlenkrater Kopernikus, Tycho und Kepler bildeten. Kopernikus mit einem Durchmesser von 90 Kilometern ist »nur« 850 Millionen und der auffällige Krater Tycho über dem rechten »Auge« des Mondes gar nur 96 Millionen Jahre alt. Diese Krater sind wie auch andere jüngere Krater von Strahlensystemen umkränzt; wobei die Strahlen des Kraters Tycho bis zu 1800 Kilometer lang und mehrere Kilometer breit sind. Bei den Strahlen handelt es sich vermutlich um Aufschlagsstaub.

Neben Kratern und Gebirgsketten prägen Täler und Rinnen das Gesicht des Mondes. Diese Rillen oder Gräben dürften wahrscheinlich von den unter der Oberfläche fließenden Lavaströmen des erkaltenden Magmamantels herrühren, durch die die Mondkruste um teilweise bis zu 100 Meter einbrach. Mit der Bildung dieser Gräben dürfte die geologische Entwicklung des Mondes vor gut 1,0 Milliarden Jahren mehr oder minder abgeschlossen gewesen sein. Und durch die praktisch fehlende Atmosphäre auf unserem Begleiter (Dichte der Restatmosphäre: 10^{-14} der Erdatmosphäre) konnte sich dieser Zustand bis in unsere Zeit erhalten. So hat sich etwa einer der jüngsten Krater, der 20 Millionen Jahre alte Cohe, seit seiner Entstehung so gut wie nicht verändert. Der Magmamantel kühlte weiter aus und bildete einen Gesteinsmantel, der heute einen kleinen cirka 1200 Kilometer Durchmesser starken schmelzflüssigen, dichtgepackten[28] Mondkern umschließen dürfte, dessen Zentraltemperatur auf etwa 1200 Grad Celsius geschätzt wird.

Zur Zeit des Mondkataklysmus blieb auch die Erde nicht von größeren Meteoriteneinschlägen verschont. Hiervon sind jedoch anders als beim Mond keine erkennbaren Spuren mehr verblieben. Sowohl durch die geologische Aktivität (Vulkanismus) der Erde als auch durch ihre atmosphärischen Bedingungen (Stürme, Niederschläge, Eismassen) und durch biologische Veränderungen »verwischten« sich die Zeichen dieser Zeit. Ob die Erde damals über Wasser verfügte, wird nach neuesten Theorien bezweifelt. Ernstzunehmende Wissenschaftler vermuten, daß unser Wasser erst vor rund 3,8 Milliarden Jahren im Gepäck eines mächtigen Eismeteoriten auf unsere Erde kam. Die Analysen der chemischen Verbindungen von Wasser aus Tiefenbohrungen von 6000 und mehr Metern stützen jedenfalls diese Ansicht. Mit der Ausbreitung der Ozeane auf unserer Erde aber trat das geniale lebenschöpfende Zusammenwirken von Erde und Mond in seine letzte entscheidende Phase. Die Gezeitenkräfte des Mondes ermöglichten es nämlich, in den Wattenmeeren

des warmen Ur-Ozeans der Erde die Kinderstube für
höher entwickeltes Leben einzurichten.

Guter Mond, du gehst so stille

Seit der Mond sich zum Begleiter der Erde geformt hat,
wandert er gemeinsam mit ihr Jahr um Jahr von West
nach Ost um die Sonne. Dabei zieht er eine elliptische
Bahn in einer mittleren Entfernung von 384 400 Kilometern um die Erde. Das entspricht einer Distanz von gut
30 Erddurchmessern oder 1,28 Lichtsekunden. In Erdnähe ist er rund 356 000 Kilometer und in Erdferne gut
406 000 Kilometer von uns entfernt. Im Vergleich zu den
Monden anderer Planeten ist unser Mond ein verhältnismäßig mächtiger Begleiter, gleichwohl mögen wir ihn
mit seinem Fünfzigstel des Erdvolumens für recht klein
halten. Da er nicht kugelrund ist, beträgt sein mittlerer
Durchmesser 3476,4 Kilometer (Erde 12 742 Kilometer)
mit einer Abweichung von einem Kilometer, wobei er zur
Erde hin stärker ausgewuchtet ist. Seine optische Größe
entspricht bei mittlerer Erdentfernung annähernd der
Größe der Sonnenscheibe. Dies bedingt, daß es je nach
Distanz Mond–Erde mal zu totalen und mal zu ringför-
migen Sonnenfinsternissen kommt.

Auf seiner Reise um die Erde wird der Mond nach und
nach einmal rundum von der Sonne beschienen und
erscheint uns in verschiedenen Phasen oder Lichtgestal-
ten. Dabei erscheint er uns des Nachts kugelrund als

Vollmond, sobald er von der Sonne am entferntesten ist und wir uns auf einer annähernd geraden Linie zwischen Mond und Sonne befinden, das heißt der Mond von der Sonne aus gesehen rückwärts zur Erde steht. Indes wird er für uns als Neumond unsichtbar, sobald er der Sonne am nächsten rückt, also Sonne, Mond und Erde in – annähernd – gerader Linie zueinander stehen; von der Sonne aus gesehen befinden wir uns dann gewissermaßen hinter dem Mond. Dabei wird er von der Sonne überstrahlt, weshalb seine uns zugewandte unbeleuchtete Seite am Tageshimmel nicht auszumachen ist. Früher verstand man unter Neumond allgemein die wieder erscheinende junge Mondsichel nach den mondlosen Nächten. Heute spricht man von Neulicht. Die »mondlose« Zeit dauert in unseren Breiten etwa zwei bis drei Tage, in äquatornahen Gebieten nur einen Tag.

Das Neulicht erscheint kurz nach Sonnenuntergang als hauchdünne Sichel am Abendhimmel; während die Sichel des abnehmenden Mondes, das sogenannte Altlicht, kurz vor der Sonne am Morgenhimmel aufgeht. Nur bei günstigen Lichtverhältnissen kann man den Neumond manchmal auch kurz vor Sonnenaufgang beziehungsweise kurz nach Sonnenuntergang als blaugraue Scheibe am Horizont erkennen, da die von der Sonne voll beschienene Erde die Nacht auf dem Mond erhellt. Das von der Erde reflektierte Sonnenlicht ist dabei um das hundertfache heller als das Licht des Vollmondes in einer irdischen Nacht. Steht der Mond von der Sonne aus gesehen seitlich von der Erde, das heißt 90 Grad östlich (links) oder 90 Grad westlich (rechts), erscheint er uns als zunehmender Halbmond am Abendhimmel oder abnehmender Halbmond vor Sonnenaufgang am Morgenhimmel. Diese Mondphasen werden auch Transitmonde genannt.

Diese Transitmonde zeigen sich uns je nach Standpunkt auf der Erde in unterschiedlicher Weise. In den nördlichen Breiten »nimmt der Mond auf der rechten Seite zu und zur linken Seite hin ab«. Um dies auf einen Blick zu erkennen, lernten wir als Eselsbrücke, das halbe Rund des Mondes am Himmel nachzuziehen. Schwingt es nach rechts wie die Kopfschlaufe des deutschen Z, scheint zunehmender Mond, schwingt es gleich der Bauchschlaufe des kleinen A nach links, regiert abnehmender Mond den Himmel. Auf der Südhalbkugel der Erde hat diese Eselsbrücke allerdings keinen Nutzen, denn dort »nimmt der Mond auf der linken Seite zu und zur rechten hin ab«. Schließlich blickt man dort, von uns aus gesehen, auf dem Kopf stehend zum Mond. Aus dem gleichen Grunde erscheint auch die Sichel des Neulichtes in tropischen Breiten über dem Horizont liegend, so wie wir sie von den Spitzen der Moscheen her kennen.

Daß der Mond uns immer nur dieselbe Seite zuwendet, liegt an seiner gebundenen Rotation. Das heißt, der Mond dreht sich während seines Umlaufs um die Erde genau einmal um sich selbst, mit anderen Worten: Seine Umlaufzeit ist gleich der Rotationsdauer. Seine uns abgewandte Seite war dennoch auch vor dem Raumfahrtzeitalter kein vollkommenes Geheimnis, denn ein wenig kann man schon immer von seiner Rückseite erkennen. Bedingt durch eine ungleichförmige Bewegung in seiner Bahn im Gegensatz zu seiner gleichförmigen Umlaufgeschwindigkeit (auf die Mondbewegung machen sich die Störungen von Sonne und Planeten verhältnismäßig stark bemerkbar), sowie der Neigung der Rotationsachse

gegen seine Bahnebene pendelt der Mond gewissermaßen in seiner Bahn. Dieses scheinbare Pendeln wird
Libration genannt. Sie bewirkt, daß man nach und nach
etwa 59 Prozent der Mondoberfläche von der Erde aus
sehen kann.

Nach dem oben beschriebenen Mondlauf müßten wir
eigentlich zu jedem Vollmond eine Mondfinsternis und
zu jedem Neumond eine Sonnenfinsternis erleben. Daß
dem nicht so ist, liegt an der Neigung der Mondbahn von
etwa 5 Grad gegen die Ekliptikebene.[29] Unter der Ekliptik, die vereinfacht auch mit dem Tierkreis[30] gleichgesetzt werden kann, versteht man die scheinbare Bahn, die
die Sonne im Laufe eines Jahres um die Erde zieht.
Ekliptik ist aber auch der Großkreis, in dem die Ebene
der Erdbahn die als unendlich groß gedachte Himmels-
kugel schneidet. Die Ekliptikebene ist gegen die Ebene
des Himmelsäquators, der parallel zum Erdäquator gezogen wird, um etwa 23 Grad geneigt. Diese Schiefe der
Ekliptik – das ist der Winkel zwischen beiden Ebenen –
bewirkt den Wechsel der Jahreszeiten. Sonnen- oder
Mondfinsternisse können aus diesem Grunde nur auftreten, wenn der Mond als Vollmond oder Neumond die
Ekliptik kreuzt, beziehungsweise in unmittelbarer Nähe
der Schnittpunkte (siehe Mondknoten Seiten 68 und
325) seiner Bahn mit der Ekliptikebene steht. Nur dann
befinden sich Sonne, Mond und Erde in der Tat auch in
einer geraden Linie. Insgesamt treten Sonnenfinsternisse häufiger auf als Mondfinsternisse. Da Sonnenfinsternisse jedoch nur in einem schmalen Sektor von höchstens 270 km Breite beobachtet werden können und
dabei maximal 7,6 Minuten dauern, während Mondfinsternisse von der gesamten Nachtseite der Erde aus zu

sehen sind und über drei Stunden dauern können, sind uns Mondfinsternisse vertrauter.

Für einen siderischen Erdumlauf benötigt der Mond einen knappen Monat, 27 1/3 Tage, in dieser Zeit durchläuft er die gleichen Tierkreiszeichen mit der erwähnten Abweichung von 5 Grad wie die Sonne in einem Jahr. Dabei zieht er entgegen seines scheinbaren täglichen Himmelsweges langsam von West nach Ost und erscheint dementsprechend später am Horizont; er eilt gewissermaßen unserem Horizont voraus. Das bedeutet, daß er nicht alle 24 Stunden, also nach einer Umdrehung der Erde, seine Kulmination[31] erreicht, sondern nach 24 Stunden und 50 Minuten. Ein Mondtag währt demnach für uns eine knappe Stunde »länger« als ein Sonnentag. Hierdurch erklärt sich der seltsame Wettlauf des Mondes mit der Sonne durch das Himmelszelt, wie er auch in dem Märchen vom »Hasen und Igel« seit altersher beschrieben wird. Als hochmütigen Hasen sehen wir das Neulicht des Mondes im Westen bei Sonnenuntergang. Von Tag zu Tag eilt der Mond darauf der Sonne, um cirka 12 Grad voranschreitend, gen Osten davon. Als zunehmender Halbmond steht er gegen Abend bereits im Süden und geht gegen Mitternacht unter. Erst als Vollmond aber wird er zum wahren Nachtgestirn, denn dann geht er mit Sonnenuntergang auf und erst mit dem beginnenden Morgen wieder unter. Als abnehmender Halbmond erhebt er sich alsbald gegen Mitternacht am östlichen Horizont, um in seinem Zenit die aufgehende Sonne zu begrüßen. Blaß und schemenhaft erlischt er darauf zur Mittagszeit im Westen. Weiter abnehmend nähert er sich nun immer mehr seinem Ziel der Morgensonne, bis er schließlich als Altlicht kurz vor ihr in der Morgendämmerung erscheint und gemeinsam mit ihr über den Tageshimmel zieht. Seine schmale Sichel wird dabei aber so weit vom Sonnenlicht überstrahlt, daß wir sie nicht mehr am Himmel ausmachen können. Dieser Morgen vor Neumond ist aber auch der besagte Augenblick, wo im Märchen der schlaue Igel, hier Sonne, dem erschöpften Hasen, hier Mond, am Ende des Ackers zuruft: »Ick bün all hier!«.

Dieses unablässige Wandeln des Mondes erklärt auch, warum wir den Vollmond in einer Winternacht in etwa dort am Himmel sehen, wo im Sommer die Sonne steht; denn der Vollmond steht stets in Opposition zur Sonne, das heißt, er nimmt wiederkehrend stets den entsprechend oppositionellen Platz auf der Ekliptik ein. Folgerichtig rückt der Vollmond gegen Sommer immer weiter nach Süden, bis er in den kurzen Nächten zur Zeit der Sommersonnenwende seine tiefste Bahn am Himmel zieht, die in etwa der Bahn der Wintersonne entspricht. Da indes der Neumond stets in Konjunktion zur Sonne steht, sich also der tatsächlichen Sonnenbahn am nächsten befindet, wandert der zu- und abnehmende Mond je nach Jahreszeit entweder nach Süden oder steigt hinauf in den Zenit. So rücken die Transitmonde zur Tag- und Nachtgleiche im Frühjahr und Herbst auf den jeweils höchsten beziehungsweise tiefsten Punkt der Ekliptik. Wobei im Frühjahr der zunehmende Mond im Zenit und der abnehmende Mond im Süden steht und beide im Herbst diese Positionen tauschen.

Da die Mondbahn jedoch gegen die Ekliptikebene – die Ebene der Erdbahn oder scheinbaren Sonnenbahn – um den kleinen Betrag von 5,15 Grad geneigt ist, durchstößt der Mond bei jeder Erdumkreisung die Ekliptik zweimal. Diese Schnittpunkte zwischen Mondbahn und Ekliptikebene heißen Mondknoten. Aufgrund des schlangenartigen Verlaufs der Mondbahn im Vergleich zur kreisrunden Sonnenbahn, die die Sonne durch den Tierkreis zieht, nennen die Chinesen die Mondknoten Drachenpunkte. Kreuzt der Mond die Ekliptik von Süd nach Nord, so ist er im aufsteigenden Knoten oder Drachenkopf. Kreuzt er sie von Nord nach Süd, ist er im absteigenden Knoten, der auch Drachenschwanz genannt wird.

Die Lage der Mondknoten und die Mondphase bestimmen, ob eine Mond- oder Sonnenfinsternis stattfindet. Fällt der Zeitpunkt des Neumonds mit einem Durchgang durch den Drachenpunkt zusammen, steht uns eine Sonnenfinsternis ins Haus, während uns bei Vollmond eine Mondfinsternis erwartet. Der Mond zieht dann durch den Erdschatten, der immer auf der Ekliptik liegt. Die Lage der Mondknoten bestimmt auch, wie hoch der Mond über die tatsächliche Sonnenbahn hinaussteigt oder unter ihr hinwegzieht. Aufgrund seiner Bahnneigung um bis zu 5 Grad kann er höher oder niedriger als die Sonne steigen.

Die Lage der Mondknoten ist nicht raumfest. Durch Gravitationswirkung verändert sie sich längs der Ekliptik oder des Tierkreises, so daß sie stets auf einer anderen Stelle liegen. Dabei bewegen sie sich rückläufig, kommen dem Mond in seinem Lauf gewissermaßen entgegen. Der volle Knotenumlauf vollzieht sich dabei in einem Zeitraum von 18,61 Jahren und beginnt danach von vorne. Dieser Knotenumlauf ist auch Ursache für die regelmäßige Wiederholung der Finsternisse. Hat der Mond nämlich nach 223 Neumonden (synodische Monate) die Ekliptik genau 242mal auf- und absteigend (drakonitische Monate) durchwandert, befindet er sich sowohl in Beziehung zu Erde und Sonne als auch Mondknoten wieder am gleichen Punkt, und es ist Vollmond. In dieser Periode von 18 Jahren und 10 Tagen (bei 4 Schaltjahren) oder 18 Jahren und 11 Tagen (bei 5 Schaltjahren) wiederholen sich Sonnen- und Mondfinsternisse mit exakt gleicher Stellung von Sonne, Mond und Erde in annähernd gleicher Weise. Dies war bereits den Weisen Babyloniens bekannt und wurde von ihnen Saros[32] genannt. Die Kenntnis des Saroszyklus ermöglichte den Chaldäern[33], Finsternisse vorauszusagen. Nach ihnen wird dieser Zeitraum auch Chaldäische Periode genannt. Da jedoch synodische und drakonitische Monate (Seite 71) einander nicht genau entsprechen, reißt die Kette der Sarosperioden nach etwa 1200 bis 1400 Jahren wieder ab.

Einen Monat währt der Mond

Der Mond zieht seine Bahn mit einer mittleren Geschwindigkeit von 3672 Kilometern pro Stunde um die Erde. Das Gleichmaß, in dem die Erscheinungsformen des Mondes periodisch wechseln, und sein rascher Lauf wurde zum ersten zuverlässigen Zeitmesser. Von daher ist es nicht verwunderlich, daß sich die ersten Kalender nach dem Mondlauf richteten. Auch heute gibt es noch

Kalendersysteme, deren Zeitgeber der Mond ist. So weist der hebräische Kalender ein Jahr mit 354 Tagen auf, das in zwölf Monate zu jeweils 29 und 30 Tagen eingeteilt wird. (Ein solches aus zwölf Mondumläufen bestehendes Jahr heißt Mondjahr.) Alle drei Jahre wird ein 13. Monat eingeschaltet. Auch der muslimische Kalender fußt auf dem Mondlauf. Ein Jahr zählt 354 Tage. Jeder Monat beginnt mit dem Neulicht, also immer dann, wenn die zunehmende Mondsichel erstmalig am Abendhimmel aufscheint. Zwölf Monate mit 29 und 30 Tagen wechseln sich das Jahr hindurch ab. In einem 30jährigen Schaltzyklus werden elf Schaltjahre mit 355 Tagen im Abstand von jeweils drei, drei und zwei Jahren eingeschoben.

Mondkalender sind jedoch mit einer Schwierigkeit belastet: Ein Mondjahr stimmt nicht mit dem Sonnenjahr, das 365 Tage zählt, überein. Ergo müssen entsprechende Tage eingeschaltet werden, damit Kalender und Verlauf der Jahreszeiten sich wieder angleichen. Daß solche Kalender schwierig zu handhaben waren und sind, zeigen bereits die erwähnten Beispiele. Und ganz so einfach zu regeln, wie es sich der babylonische König Hamurapi vorstellte, als er 1700 vor Christus per Dekret verfügte, Monate einzuschalten, sobald man bemerkte, »daß dem Jahr ein Mangel anhaftet«, war das Problem mit dem Mondjahr nicht. Einen sonnenbezogenen Kalender entwickelten die alten Ägypter und Maya. Beim Sonnenjahr werden aber die Monate als Unterabteilungen des Jahres behandelt und haben ihre Beziehung zum Mondlauf verloren. Ein Sonnenmonat mißt sich an der durchschnittlichen Verweildauer der Sonne in jedem der zwölf Tierkreiszeichen; sie beträgt 30 Tage, 10 Stunden und 29 Minuten. Dieses Maß dürfte jedoch eine nachträglich gefundene Einheit sein, vielmehr dürfte ursprünglich die Vorstellung vom Monat als Umlaufzeit des Mondes um die Erde prägend für die Teilung des Kalenders in 12 Monate gewesen sein. Und so fügt es sich, daß wenigstens alle drei Jahre ein Jahr mit 13 vollen Monden gezählt werden kann.

Die Monatslänge ergab sich gemeinhin aus der Zeitspanne zwischen zwei gleichen Mondphasen. Ein solcher Monat wird synodischer Monat[34] genannt. Neben diesem am Himmel »offensichtlichen« Monat, gibt es vier weitere regelmäßige Mondzyklen, die in erster Linie für Astronomen von Bedeutung sind. Die fünf Monate in der Übersicht:

❯ *Synodischer Monat:* Dieser Monat ist der Zeitraum zwischen zwei gleichen Mondphasen. Danach vergehen 29 Tage 12 Stunden 44 Minuten und 2,9 Sekunden bis beispielsweise auf einen Vollmond wieder ein Vollmond folgt.

❯ *Drakonitischer Mond:* Ein solcher Monat entspricht dem Zeitraum, der zwischen zwei aufeinanderfolgenden Durchgängen des Mondes durch den aufsteigenden Mondknoten vergeht. Er dauert 27 Tage, 5 Stunden, 5 Minuten, 35,8 Sekunden.

❯ *Siderischer Monat:* Dieser Monat mißt die Zeit, die der Mond für zwei aufeinanderfolgende Durchgänge durch den Stundenkreis (Längenmeridian am Himmel) eines bestimmten Fixsternes benötigt, was exakt einem ganzen Durchgang durch den Tierkreis entspricht. Er dauert 27 Tage, 7 Stunden, 43 Minuten, 11,5 Sekunden.

❯ *Tropischer Monat:* Mit diesem Monat ist die Zeit zwischen zwei Durchgängen des Mondes durch den Frühlingspunkt (Schnittpunkt der Ekliptik mit dem Himmelsäquator) gemeint. Er dauert 27 Tage, 7 Stunden, 43 Minuten, 4,7 Sekunden.

❭ *Anomalistischer Monat:* Dieser Monat verweist auf die Zeit, die der Mond benötigt, um nach einem Erdumlauf seinen erdnächsten Punkt wieder zu erreichen. Er dauert 27 Tage, 13 Stunden, 18 Minuten, 33,2 Sekunden.

Die wiederkehrenden Bewegungen und Erscheinungen der beiden großen Himmelslichter Sonne und Mond soweit in Einklang zu bringen, daß sich daraus ein brauchbarer Kalender ergab, blieb eine der großen Aufgaben, der sich Gelehrte der Antike stets aufs neue widmeten. Meton von Athen war ein solcher Gelehrter, der sich mit den Problemen des damaligen Kalendersystems der Griechen beschäftigte. 432 vor Christus entdeckte er einen Zyklus von 19 Jahren und reformierte den damaligen Mondkalender, in dem er Mond- und Sonnenlauf in Übereinstimmung brachte. Dieser von ihm beschriebene wiederkehrende Zeitraum wird nach ihm Metonischer Zyklus beziehungsweise Mondzirkel genannt. Anzunehmen ist, daß dieser Zyklus bereits den Chaldäern vertraut war. Jedenfalls erkannte Meton, daß 235 synodische Monate ziemlich genau 19 Sonnenjahren entsprechen. Das bedeutet, daß die einzelnen Mondphasen in einem 19jährigen Zyklus (nach 19 Jahren) auf die gleichen Tage des Jahres fallen; wenn also beispielsweise am 9. Januar 2001 der erste Vollmond des neuen Jahrtausends am Himmel stehen wird, so wird erst im Jahre 2020 wieder am 9. Januar ein Vollmond scheinen. Aufgrund dieser Erkenntnis schuf Meton ein Kalendersystem von 19 Jahren, bei dem die Monate jeweils mit dem Neulicht begannen und in dem zwölf Jahre mit zwölf synodischen Monaten und sieben Schaltjahre mit 13 synodischen Monaten gezählt wurden.

Die Untergliederung der Monate in Wochen zu sieben Tagen ist allerdings nicht mit den einzelnen Mondphasen zu erklären, da diese nicht mit einer solchen Teilung in Einklang gebracht werden können. Vielmehr ist schon allein von der Namengebung unserer Wochentage her anzunehmen, daß die sieben mit bloßem Auge sichtbaren Wandelsterne für diesen Rhythmus von den Babyloniern, die die Sieben-Tage-Woche kreierten, aus mythologischen Gründen herangezogen wurden.

3

DER VERLORENE MOND

Das Dunkel stieg,
die Schatten drangen ein –
Wo weilst du, weilst du denn,
mein milder Schein?[35]

Wenn am frühen Morgen die Mondgöttin in ihrem Wagen den Himmel verließ, gingen die Menschen hinaus in die Wiesen und legten sich in den Tau, denn der Tau galt als Milch des Mondes und machte schön und fruchtbar.

In den nordischen Mythen war der Tau die Nahrung des ersten Menschenpaares nach dem Weltuntergang.

Nicht erst seit Kneipp wissen die Menschen um die Wirkung des Taus. Da unsere Vorfahren der Überzeugung waren, daß es nichts auf Erden ohne Zutun des Himmels gab, nahmen sie den Tau als Gabe der Mondgöttin an.

Wie der Tau im speziellen, so war das Wasser im allgemeinen für sie von existenzieller Bedeutung. Nicht nur, weil kein Lebewesen leben und kein Acker ohne Wasser fruchtbar sein kann, sondern weil dem Wasser heilende Kräfte zugeschrieben wurden. Für die Menschen gab es keinen Zweifel daran, daß der Mond das Wasser auf die Erde brachte. So wurde die Taufe (das Wort taufen, ahd. toufan, eigentlich = tief machen, bedeutet »eintauchen«, also mit dem ganzen Körper im Wasser sein) ein starker Ausdruck der Verbindung zwischen der reinigenden Kraft des Wassers auf Körper und Geist. Als besonders heilig galten daher Quellen. Eine der berühmtesten Quellen in Mitteleuropa ist die, die der keltischen Göttin Sequena geweiht war. Der Fluß, der ihren Namen trägt, ist uns heute als Seine bekannt. In der Umgebung von

Quellen fanden Archäologen immer wieder Votivgaben, die die Leiden und Krankheiten darstellten, von denen Menschen befreit werden wollten oder geheilt worden waren. Vergleichen wir diese Bitten oder den Dank für Hilfe z. B. mit den Anliegen der Menschen, die nach Lourdes wallfahren, erkennen wir keinen Unterschied. Der Wunsch nach Heilung durch das Wasser war vor dreitausend Jahren kein anderer als heute. Daß die Kelten eine besondere Affinität zum Wasser hatten, ist bekannt, aber woher wußten sie um die Heilkräfte des Wassers? Sicher verfügten sie nicht über Labors. Daß sie sich im Krankheitsfall nicht ausschließlich auf die Gnade der Götter verließen, ist durch Skalpelle und Schädelsägen belegt, die man bei Grabungen fand. Dennoch: Der Glaube an die Heilkräfte des Wassers war neben dem an die der Kräuter und Kräfte der Natur im allgemeinen wesentlicher Bestandteil ihrer Heilkunst und ihres Kultus.

Druiden und weise Frauen waren in erster Linie Heiler, und ihr Wissen war unentbehrlich. Die Verehrung der Mondgöttin, beziehungsweise der Gottheiten mit dem Mond als Attribut, entwickelte sich aus dem Blickwinkel des bittenden und notleidenden Menschen. Druiden und weise Frauen wurden dadurch zum sogenannten verlängerten Arm der Göttin auf Erden. Wegen ihrer Heilkunst wurden sie hochverehrt, wurden fast zu Heiligen. Das Wasser galt zu den Zeiten dieser Welt vielerorts als heilig; so genießen Flüsse und Meere in den Mythen eine bedeutende Rolle, und es ist nicht verwunderlich, wenn die Mythen häufig von ähnlichen Inhalten sind. Nehmen wir den Mythos vom Argonauten Euphemos, der trockenen Fußes über das Wasser gehen konnte. Dem sich ausbreitenden Christentum war es sehr förderlich, daß seine Botschaft und Lehren nicht immer mit den alten Glaubensvorstellungen kollidieren mußten. Wurden Grannus und Wotan als Heilgötter verehrt, so konnten die christlichen Missionare antworten, daß Jesus auch ein Heiler sei. Schwieriger wurde es bei den Göttinnen, da der christliche Pantheon keine weibliche Gottheit kannte. Erschwerend kam die Lustbetontheit der mondbezogenen Göttinnen hinzu. Im antiken Rom gab es die Göttin Minerva Medica, deren Tempel nicht zufällig auf dem Aventin, dem Hügel der Mondgöttin, stand. Die Germanen vertrauten der Göttin Eir, die ihrerseits Göttin der Heilkunst war. Als hemmend erwies sich bei der Christianisierung der Kelten und Germanen die Tatsache, daß sie an ein vorbestimmtes Schicksal glaubten, das die weisen Frauen aus den Sternen deuten konnten. Aus diesem Glauben resultierte ein gewisser Fatalismus, denn gegen ein von den Göttern vorbestimmtes Schicksal konnte niemand anrennen. Andererseits waren Menschen niemals monostrukturiert, und so erklärt es sich, daß der Fatalismus neben der Kunst der druidischen Chirurgie, der Anwendung von Wasser und Heilkräutern und der Glaube an die mondbeeinflußten Gottheiten regierte. Menschen, die davon ausgehen, daß alles möglich ist und alles sein kann, sind folglich nur schwer davon zu überzeugen, daß plötzlich ein einzelner Gott alles alleine können und machen soll. Sie kannten schließlich auch einen »großen Gott«, aber der delegierte sozusagen die Arbeit, zum Beispiel an die Mondgöttin, und die Mondgöttin delegierte an weitere Gottheiten, bis hinunter zu den Druiden und weisen Frauen. Das war den

Menschen einsichtig, und sie hatten damit ihre Erfahrungen gemacht. Keine Frau wäre auf die Idee gekommen, in Liebesdingen eine männliche Gottheit anzurufen. Für diese Menschen war es auch kein religiöser Frevel, wenn sie ihre Kuh vom christlichen Priester segnen ließen und im Krankheitsfall, des Nachts und wenn der Mond richtig stand, zur weisen Frau brachten. Der heilige St. Emmeram, der von einer auf diese Weise geheilten Kuh hörte, ließ sie auf der Stelle töten und ihr Fleisch begraben. Für die Menschen war das Töten einer Milchkuh, nicht zuletzt wegen deren Verbundenheit mit den Kräften des Mondes, ein schweres Verbrechen. Vielleicht haben sie Emmeram deshalb im Jahr 715 getötet? Dieses Beispiel belegt den bereits einige hundert Jahre schwelenden Konflikt zwischen der bäuerlichen Realität der Menschen und dem neuen Glauben. Man darf nicht vergessen, daß der Mond als Kraft seit Beginn der menschlichen Existenz im Bewußtsein der Leute verankert war. Bereits während der Eiszeit wurden die Symbole der Mondverehrung auf Höhlenwänden verewigt. Drei Striche, der Mond in seinen drei Phasen, und schließlich die Darstellung der Scham der Frau als Dreieck. Hinzu kam häufig auch der Stier, dessen Fruchtbarkeit und seine halbmondgeformten Hörner mit dem Mond in Zusammenhang gebracht worden waren. Ein Relikt der Kombination aus Mondverehrung und Stierkult ist der spanische Stierkampf. Durch das Töten des Stiers wurden Tod und Auferstehung symbolisiert, also der göttliche Mondlauf, und das vergossene Blut brachte dem Stiertöter Fruchtbarkeit und die Kraft des Stiers.

Alles in allem bedeutete der Mond für die Menschen nicht nur die Sicherung ihrer bäuerlichen Existenz, was wichtig genug gewesen wäre, sondern auch die nächtliche Lust und Ausschweifung. Ihre Lebenserfahrung ließ keine andere Antwort zu als die, daß der Mond Bestandteil ihres Seins bleiben mußte. Dadurch, daß die Gesellschaft arbeitsteilig war, die Männer zur Jagd gingen und die Frauen in Haus und Garten, in Feld und Wald arbeiteten, waren sie auch zu Sammlerinnen geworden. Sie entwickelten das Wissen um die Kräfte in der Natur. Logischerweise war nicht jede von ihnen dazu begabt, die Funktion einer Heilerin auszufüllen. Krankheiten, Unfälle, Kampfverletzungen, all dies oblag ihnen zur Pflege. Wie hoch die Menschen diese Tätigkeit schätzten, wissen wir von den Druiden, die von jeder »gewöhnlichen« Arbeit freigestellt waren. Ähnliches galt auch für die weisen Frauen, die die Fähigkeit, gute Ärztinnen zu sein, nachgewiesen hatten.

Frauen und Männer ergänzten sich, ein Antagonismus ist historisch nicht erkennbar. Der wurde erst mit Einführung der neuen Glaubensdogmatik konstruiert. Wobei die ersten hundert Jahre der Christianisierung diesbezüglich noch keine Autodafés (Ketzergerichte) brachten, obwohl der Mond weiterhin verehrt wurde. Frauen zogen in Prozessionen zu den heiligen Quellen und legten die von ihnen getragenen Amulette, Armreifen, Ringe und anderes mehr dort nieder. Die Gabe mußte ihnen persönlich etwas wert gewesen und an ihrer Haut getragen worden sein, sonst wurde sie von der Göttin nicht angenommen. Eine Zeremonie, an der nur Frauen teilnehmen durften und die für Männer absolut verboten war, ging es doch, mit der Quelle als Medium, um einen

Kontakt mit der Mondgöttin. Wallfahrten zu heiligen Plätzen waren durchaus üblich und wurden wegen ihrer Beliebtheit ins Christentum übernommen.

Neben den Quellen waren es Berge, die von Kranken erklommen werden mußten, um Heilung zu erlangen. Grimm[36] betrachtet die Göttin Freya bei den Germanen als höchste Autorität, die quasi über die Heilerinnen wachte. Beides, sowohl die Göttin Freya sowie die dem Himmel nahe Bergspitze, verraten die zur Gesundung notwendige Nähe zum Mond. Mit seinen (elektromagnetischen?) Kräften konnte er die Krankheiten aus dem Körper reißen. In Fällen von Impotenz nahm der Mann das gekrümmte Horn der Kuh als Symbol zur Hand, um die lästige Angelegenheit zu regeln. Zusätzlich half ein Gebräu aus Eisenkraut, Rosmarin, Minze und Lavendel sowie einige andere Kräuter.
Die Kenntnisse der mystischen Zusammenhänge und die allgemeine Tradition erlaubten es den Menschen zu handeln, ohne groß und breit darüber sprechen zu müssen. Jeder wußte, worum es ging und welcher Tag, oder welche Nacht, für welchen Anlaß richtig war und wohin man ging, um für die Heilung von einem bestimmten Übel zu bitten. Hinzu kam, daß es keinerlei schriftliche Aufzeichnungen gab, denn die Heilerin folgte ihrer Berufung und wurde ausschließlich mündlich auf ihr Leben als weise Frau vorbereitet. Das macht auch klar, weshalb die »heilige« Inquisition zu bestialischen Foltermethoden griff. Entweder wußten die Frauen nichts, oder sie schwiegen häufig bis in den Tod. (Die »Opferbilanz« soll bei 500000 Toten liegen.) Die Folterer wollten an das Wissen dieser Frauen herankommen. Männer traf es

nicht in dem Ausmaß. Die Teufelsaustreibung war lediglich eine Afterhandlung.

Nach wie vor gab es natürlich auch Männer als Heiler, doch die Kaste der Druiden war verschwunden. Es mag daran gelegen haben, daß sich die männerorientierte Kirche besonders um diese weisen Männer gekümmert hat, so daß die Heilerinnen bis ins Mittelalter sozusagen die »alte Zunft« allein am Leben hielten. Offenbar gab es sogar Streitgespräche zwischen christlichen Missionaren und eingesessenen Druiden, die dazu führten, daß viele Druiden den Orden beitraten und dadurch das Christentum entscheidend »druidisierten«. Sieht man ihre Tätigkeit objektiv, so hatte sich für sie tatsächlich kaum etwas geändert. Sie lebten stets frauenlos und in Klausur, konnten ihre Studien weitertreiben und brachten als Gegenleistung ihr medizinisches Wissen mit in die Klöster, wo sie verantwortlich für die Einführung der Apotheken wurden. Nun waren sie eben keine Druiden mehr, sondern Mönche geworden. Es kommt sicher nicht von ungefähr, daß besonders in deutschen Landen vor allem Missionare tätig wurden, die aus ehemaligen keltischen Gebieten stammten. Sie wußten genau, mit welchen Mitteln und Argumenten sie den Widerstand dieser »Heiden« brechen mußten. Es ist aus Irland belegt, daß die Kirche Weihungen von Druiden zu Bischöfen als etwas ganz Selbstverständliches angesehen hat.[37] Aber es gab auch Druiden, die sich nicht überzeugen ließen und ihrem Beruf als Heiler nachgingen, was ihnen über kurz oder lang den Vorwurf von Zauberei und Hexerei einbringen mußte, obwohl ein Unterschied in ihrer Tätigkeit nicht erkennbar ist. Den Frauen wurde es so einfach nicht gemacht, zumal die Lustfeindlichkeit der Kirche darin bestand, den Frauen vorzuwerfen, sie seien allein schuld, wenn ein Mann zu tief in den Mond geschaut hatte und deshalb nicht mehr zu bremsen gewesen war.

Je stärker sich also die Gewichte zu Ungunsten der Frauen verschoben, desto mehr wurden die Heilerinnen in den »Untergrund« abgedrängt. Schweigen wurde das probateste Mittel, um zu überleben. In den christianisierten Familien wurden auch die alten Sagen und Legenden christianisiert. So verloren sie mit der Zeit ihr archaisches Kolorit, und die wirklichen Ursprünge der Legenden gerieten in Vergessenheit. Nehmen wir als Beispiel das Märchen von der Frau Holle. Der Ursprung war nicht das aus Kissen Schnee schüttelnde, alte Mütterchen. Ihr Ursprung war eine Göttin, die im Winter Schnee auf die Erde brachte, ein deutliches Zeichen der Fruchtbarkeitsgöttin. Wurde sie zornig, so tobte sie mit ihrem wilden Heer, das aus Frauen mit Sicheln(!) in den Händen bestand, durch die Lüfte. Frau Holle beschützte die Brunnen, aber auch die Spindel. Bei den Griechen wurde die Spindel der Artemis beigelegt. Es ist also kein weiter Schritt, die Holda oder Frau Holle den Göttinnen zuzurechnen, die vom Mond bestimmt wurden. Selbst wenn es der neuen Religion gelungen war, sich der alten Sagen und Legenden zu bemächtigen, blieb das Empfinden besonders bei den Frauen anders. Für die meisten Menschen war das Christentum eine Kopfreligion, die nichts mit ihrem alltäglichen Schaffen zu tun hatte. Die gelehrten Herren redeten lateinisch mit dem fremden Gott. Der Mond aber kam und ging wie das Leben und die

Früchte auf den Feldern. Das konnte jeder sehen und verstehen. Natürlich betete man zu dem neuen Gott, sonst wurde man abgestraft. Oft half das Beten nicht, wenn man Schmerzen hatte oder Tiere krank wurden. Dann suchte man lieber eine Heilerin auf.

Die besondere Macht der weisen Frauen bestand vor allem darin, daß sie es waren, die die Bevölkerungspolitik bestimmten. Die Frauen glaubten an den direkten Zusammenhang ihrer Mensis, also der Mondregel, mit der Schwangerschaft. So spielte der Glaube, daß eine bestimmte Mondkonstellation die Schwangerschaft fördere, eine bestimmende Rolle. Die Frauen waren also in der Lage, selbst zu bestimmen, wann sie schwanger sein wollten. Konnten sie kein Kind gebrauchen, weil ihre Not zu groß war, besuchten sie eine weise Frau. Den Männern war es unmöglich, sich in diese Frauensache einzumischen. Weder konnten sie feststellen, ob eine Frau schwanger war, noch hatten sie die Macht, über die Abtreibung eines Fötus zu bestimmen.

Der Männerkirche fiel es schwer, die relativ starke Stellung der Frauen zu akzeptieren. Sicher hatte man auch längst entdeckt, daß zwar mit Jesus, als dem Gott des Lichts, der Bereich der ehemaligen Sonnengötter abgedeckt war, aber die Nacht blieb in der Macht der Mondgöttin.

Beim Tempel der Artemis zu Ephesos fiel die Entscheidung. Im November 430 wurde für die Pfingstzeit des Jahres 431 ein Konzil nach Ephesos einberufen, bei dem eine absolute Minderheit innerhalb der Kirche ein völlig anderes Marienbild durchsetzen wollte als jenes, das bis dahin allgemein verbindlich gewesen war. Niemand kann wissen, warum gerade Ephesos mit seiner großen Göttin Artemis ausgewählt wurde, um die neue Muttergottheit einzuführen. Man hätte sich allerdings für eine Signalwirkung keinen passenderen Ort ausdenken können.

Vom Jahre 431 bis zum Malleus maleficarum von 1489, dem berüchtigten Hexenhammer, der die Verfolgung der Heilerinnen als Hexen eröffnete, sollten noch mehr als 1000 Jahre vergehen, in denen sich die Kirche schwer tat, Fuß zu fassen. Das Konzil von Ephesos richtete sich in erster Linie an den mediterranen Menschen, denn der »primitive« Norden war noch eine Quantité négligeable.

Das vorherrschende Problem formulierte Paulus folgendermaßen: »… wie könnt ihr euch wieder zu den schwachen und armseligen Gestirnmächten zurückwenden, denen ihr von neuem Knechtdienste leisten wollt!«[38]
Die Warnung fruchtete nicht. Der Glaube an die Macht der kosmischen Göttinnen und Götter war stärker, aus dem sich die Wissenschaft der Sternbeobachtung und die Astrologie speisten. Kaiser Augustus nutzte die Gelegenheit und stellte seine persönlichen Horoskope dem Volke vor. Dazu ließ er Münzen mit seinem Tierkreiszeichen Steinbock prägen.[39] »Die Seele des Weisen ist wie der Himmel über dem Monde. Immer ist es dort heiter.«[40]
Seneca schrieb über die Seele, die das ewige Licht sehen wird, weshalb sich niemand vor dem Tod fürchten müsse. Die Seelen würden hinaufliegen, und »kein Schatten wird die Heiterkeit trüben«.
Es war eine wunderbare Vision, sich nach einem Leben in den Niederungen der menschlichen Existenz vorzustellen, daß das nächste Leben inmitten der hellen Sterne

sein würde. Auch in Rom gab es den Isiskult. Isis war die Göttin mit der Sonnenscheibe, den Kuhhörnern und einem Kind auf dem Schoß. Eine Darstellung der Muttergottheit, die sich in vielen Kulturen finden läßt. In Europa war sie üblich. Überall fanden sich Skulpturen einer Mutter- und Fruchtbarkeitsgöttin mit dem Kind. Häufig verbanden die Gläubigen mit dieser Göttin die Magna Mater, die Große Mutter und die Göttin mit Sonnen- und/oder Mondattributen. Deshalb ist eine präzise Trennung zwischen Großer Göttin und Mondgöttin oft nur schwer zu vollziehen.

Nach dem Konzil von Ephesos sollte die Gottmutter Maria nun diese Rolle übernehmen. Das war nicht einfach durchzusetzen, denn mehr als vierhundert Jahre hatte sie im christlichen Glauben keinerlei Rolle gespielt. Im Gegenteil, sie war häufig als Gegnerin des Weges Jesu dargestellt worden. Hinzu kam die Schwierigkeit des Erklärens ihrer Jungfräulichkeit, zumal sie mehrere Kinder gehabt hatte. Dagegen stand die Urmutter Mond, die jungfräulich einen Sohn, die Sonne, geboren hatte, also durfte die Gottesmutter dem nicht nachstehen. Festzustellen ist, daß sich diese plötzliche Hinwendung zu einer weiblichen Gottheit nur schwer durchsetzte, zumal auch große Teile der römischen Männerkirche damit nicht einverstanden waren. Die Befürworter sprachen ganz offen von einer Bedrohung für die Kirche und forderten Einsicht in die Erkenntnis, daß die Kirche wichtiger sei als alles andere.

Die Menschen, die am hellen Tag dem christlichen Gott huldigten, in der Nacht aber weiterhin beteten, daß ihr

Leben unter einem guten Stern stehen möge, blieben bei ihren alten Gewohnheiten. Selbstverständlich galt weiterhin die Regel, wer heilt hat recht. Also blieb der Einfluß der Heilerinnen ungebrochen? Langsam und stetig veränderte sich ihr Bild. Der goldene Knabe im Sonnenlicht, das war nicht mehr der Sonnengott, sondern Jesus Christus. Ähnlich entwickelte sich die Bedeutung der Muttergottheit Maria. Sie war die Magna Mater, die Mutter Erde, Mutter- und Mondgöttin, das alles in einer Person, und sie bot auch noch genug Spielraum, vor allem für den Volksglauben, der die Mysterien- bzw. Erlösungsreligion bevorzugte. Der Glaube, sich von üblen Geistern und Dämonen bedroht zu sehen und Zauberern und ihrer Magie ausgeliefert zu sein, ähnlich wie dem jederzeit einsturzbereiten Kosmos, verlangte nach einer Heilsbotschaft. Maria wurde diese Heilerin, die vor allen Übeln der Welt schützen konnte und die auch auf Erden wandelte, ähnlich den alten Göttinnen. Ähnlich deshalb, weil die alten Göttinnen nicht ausschließlich gut zu den Menschen waren, sondern auch strafen konnten. Allerdings entwickelte sich die erzwungene Untergrundtätigkeit der Heilerinnen trotzdem weiter, denn die einfachen Menschen konnten sich keine gelehrten Ärzte leisten. Die lateinische Welt der Eliten war ihnen nicht nur unverständlich und fremd, sondern auch nicht zugänglich. Die lateinische Sprache wurde die Sprache der Eingeweihten, der Wissenden, von denen das Volk getrennt war. Sie herrschten auch über die Schrift, und so wurde nur das schriftlich festgehalten, was den Lehren der Kirche entsprach. So ging der archaische Mond mit den Generationen verloren.

Halt, nicht so voreilig. Das gilt nur für das »öffentlich gemachte Bild« dieser Zeiten. Ging man nun zur Quelle, um der Mondgöttin ein Opfer zu bringen, sprach man das Gebet und fügte ein Amen für die Muttergöttin Maria hinzu. Das brachte allerdings die bisherige Hierarchie der einfachen Menschen ins Wanken, denn nun galten die Heilerinnen nicht mehr als quasi Unberührbare, die von der Göttin inspiriert handelten, zumal sich immer mehr Quacksalber und Gauner betätigten. Wie schnell war, bei falscher Dosierung, aus einem Heilkraut ein Giftgetränk gemixt, das tödliche Wirkungen hatte. Lange vor Beginn der Inquisition gab es Forderungen aus der Bevölkerung, diesen Hexern und Teufeln das Handwerk zu legen. Die Kirche zögerte, verurteilte sogar die häufig auftretende Selbstjustiz. Die geistlichen Herren wußten nur zu genau, wie labil das Christentum noch verankert war. Es war kein Geheimnis, daß das Sterben des Mondes und seine Wiedergeburt nach wie vor beobachtet und die alten Bräuche jetzt im Namen der Maria Muttergottes begangen wurden. Erst im Laufe von Jahrhunderten vergaßen die Menschen die Namen der Mondgöttinnen, oder sie benutzten sie aus Angst nicht mehr, denn der Druck war stark. Viele kluge Köpfe haben darüber nachgedacht, was die wahren Auslöser für die Inquisition waren. Der Hintergrund war sicher nicht der Beschluß, die weisen Frauen auszurotten, zumal man danach zum mindesten um die Volksgesundheit fürchten mußte. Die studierten Ärzte, zu denen die Menschen kaum Vertrauen hatten, reichten zahlenmäßig nicht aus. Natürlich hatten die Mönche ein wissenschaftliches Interesse daran, den Kenntnisstand der Heilerinnen abzuschöpfen. Neben den blutrünstigen Fanatikern und perversen Lüstlingen, die es auch gab, galt es herauszufinden, ob es tatsächlich Zusammenhänge zwischen dem Mond, dem Wachstum der Pflanzen und der allgemeinen Befindlichkeit der Menschen gab. Da sich mit den Heilerinnen keine »Gesprächsbasis« finden ließ, diese sich an ihr Schweigen hielten, war die Folter der Inquisition eine »Möglichkeit«, an das Wissen heranzukommen. Inzwischen standen die Kathedralen auf festen Fundamenten, die Gefahr von Volksaufständen gegen die Kirche bestand nicht mehr. Man spricht auch davon, daß die Inquisition durch die Klimaveränderung begünstigt wurde.

In Europa war es kälter geworden, viele Pflanzen wuchsen nicht mehr, und die Ernten waren schlecht. Hungersnöte waren die Folgen, und viele Menschen starben. Daran mußte jemand schuld sein. Da auch die alten Hausmittel nicht mehr halfen, die Priester den Menschen vorwarfen, es läge an ihren noch immer ausgeübten heidnischen Praktiken, waren die Schuldigen schnell gefunden. Die Weiber seien ein notwendiges Übel, hätten eine unbändige Zunge, trügen Rache und Ungehorsam in sich, seien überhaupt Schimären, die keine Treue halten könnten, und seien deshalb schuld, daß alle Reiche untergegangen seien.[41] So schilderte Thomasius die Meinung des Pöbels und die sich entsprechend entwickelnde Stellung der Frau. So wie der Tempel der Artemis zu Ephesos geschleift worden war, wurde im Rom des 13. Jahrhunderts der Tempel der Minerva Medica zur Kirche »Santa Maria sopra Minerva«. Maria hatte gesiegt. Aber sie war keine der mächtigen Göttinnen früherer Zeit, denen sich auch die Götter anzupassen hatten.

Aus den Zimmerecken verschwanden die alten Symbole gegen die Hausgeister und bösen Mächte. Sie wurden durch das Kreuz oder andere christliche Zeichen ersetzt. Niemand konnte es wagen, alte Geschichten zu erzählen, ohne Gefahr zu laufen, dem Tod ausgeliefert zu sein. Besonders Frauen nicht, die sich ganz in die Macht der Männer begeben mußten.

Der Grund für die Zustimmung zur Inquisition und Hexenverfolgung in Deutschland durch den Papst war keineswegs die Macht der alten Göttinnen, es war die Angst, daß mit den Hungerunruhen die Kirche in Gefahr käme.[42]

Es war mehr als einfach, die andersdenkenden oder aufrührerischen Personen dem Wasser- oder Feuertod zu übergeben. Daß man mit der Aufforderung zur Denunziation von Hexen eine unglaubliche Hysterie im Volk entfachte, hatte die Inquisition sicher nicht beabsichtigt, zumal sie dadurch den weisen Frauen, deren sie in erster Linie habhaft werden wollten, kaum nahe kam, denn angeschwärzt werden konnte so gut wie jede Frau. Der Fanatismus des Volkes sollte sich bald rächen. Bereits bei der nächsten Pest fehlte das Wissen der weisen Frauen, und die lateinische Medizin stand ohnmächtig dem schwarzen Tod gegenüber.

Das Wissen über die Pflanzen trugen die Frauen gemäß der Tradition der mündlichen Überlieferung in sich. Auch wenn sie nicht jedes Geheimnis der Ingredienzien und der Anwendung kannten, so erfuhr die Inquisition durch die Folter genug über die Anwendungsmöglichkeiten, so daß sehr bald das Monopol der Medizinvergabe bei den Klöstern lag. Die Frauen gingen mit ihren Problemen weiterhin zu den Quellen und baten nun

Maria um Hilfe. So vergaß das Volk mit der Zeit die Ursprünge der praktizierten Kulte.

Als Hänsel und Gretel sich im Wald verirrten und von der bösen Hexe eingesperrt wurden, verbarg das Märchen hinter der Hexe natürlich eine weise Frau, die einsam und vor Verfolgung sicher im Wald lebte. Daß man sie einfach verbrennen durfte, zeigt allerdings die Stimmung jener Zeit. Andererseits kann man Hänsel und Gretel auch als Sonne und Mond identifizieren, die von der Zauberin auf die Erde geholt worden waren.

Trotz des massiven Drucks, dem Verbot der Ausübung alter Riten und dem Vergessen, blieb in den Menschen etwas zurück, daß sie sich nicht erklären konnten. Abends, wenn der Mond über das Land zog, schauten sie zum Himmel und hofften, daß die Äcker genug Nahrung brachten und das Vieh gesund blieb. Bei den Bauern hielten sich viele Spruchweisheiten, die sich auf den Mond bezogen, aber ihre ursprüngliche Bedeutung war in Vergessenheit geraten. Die Dichter jener Jahre waren es, die die Mondsehnsucht der Menschen in Versen festhielten. Die Mondgöttin war verschwunden, aber die Anziehungskraft des Mondes war geblieben.

4

DIE SEHNSUCHT
NACH DEM MOND

Der Vielbesagte

Zart blaugrau, wie das Fell einer im Schatten ruhenden Karthäuserkatze, wirkt die fahle Scheibe, die die schmale Sichel des Mondes so manchesmal umschließt. Es ist der Widerschein der Erde, das Licht unseres blauen Planeten, der die dunkle Seite des Mondes in der symbolischen Farbe des Geistes illuminiert. Unverbesserliche Romantiker mögen darin die vielzitierte Blaue Blume sehen, durch die sich uns die ersehnten Geheimnisse und Schätze der Welt erschließen sollen. Dahingegen richten wir ganz allgemein seit jeher so manches Sehnen und Ahnen an den Mond, als wäre er ein größerer Bruder im Geiste, der das Wehen und Begehren unserer Herzen stillen könnte.

> *Nun willkommen, Sternlein und lieber Mond,*
> *In der Nacht,*
> *Ihr versteht, was still in den Herzen wohnt*
> *In der Nacht.*
> *Kommt und zündet die himmlischen Lichter an,*
> *Daß ich lustig mitschwärmen und spielen kann*
> *In den freundlichen Spielen der Nacht.*

Ernst Moritz Arndt begrüßt so in der dritten Strophe seiner 1809 geschriebenen Ballade die heitere Seite des Mondes und der Nacht. Gerade zu seiner Zeit wurde der Mond in unzähligen Liedern und Gedichten besungen. Unstillbare Leidenschaft als auch tiefe Melancholie, wie sie beispielsweise Nikolaus Lenau in seinen Gedichten bekundete, übertrug man auf den Mond und sein Licht.

Auch in der Malerei wurde diesem bangen Sehnen Ausdruck verliehen, indem man sich bemühte, den Zauber einer Mondnacht in ihrer seltsamen Zwiespältigkeit zwischen unersättlicher Lebenslust und schmerzlich-süßer Todessehnsucht festzuhalten, wie es etwa Caspar David Friedrich mit seinem Werk »Meeresufer im Mondschein« in meisterhaft verhaltener Weise gelang.

Freilich ist solches Empfinden nicht nur eine Erscheinung der Romantik. Auch heute, wie zu allen Zeiten, berührt die Magie einer Mondnacht unser Gemüt. Es mag wohl hauptsächlich an dem polarisierten Licht seines Widerscheins liegen, daß uns die tags vertraute Umgebung nun so eigenartig fremd und märchenhaft anmutet. Die Stille der Nacht, die uns anders hören läßt, tut dazu ihr übriges. Am eindrucksvollsten sind in dieser Hinsicht mondhelle Winternächte, in denen der Schnee das Mondlicht reflektiert und die ansonsten tiefen Schatten ins Zwielicht setzt. Weit entrückt und mit uns einsam wähnen wir uns dann in einer derartigen Landschaft, und was zu Tages Licht verborgen und verhalten sehnend in uns schlummert, drückt erwachend dringend gegen unsere Brust. Dabei ist der Mond in seinem Licht ebenso launisch wie in seinem Wandel. Blutrot, fast sonnengleich steigt er zur Dunkelheit über den Horizont oder senkt sich ihm entgegen. In der Dämmerung hingegen zeigt er sich nur mädchenhaft verschämt errötet. Scheint ihm derweil die Sonne bei Tage ins bleiche Angesicht, verblaßt er zu einem brüchig lichten Tupfen am blauen Himmelszelt.

In solcher Weise nachgerade hingewischt, hat er indes nur wenig von der Sonne nächtlichem Bruder, als der er häufig gesehen wird. Dabei ist es nicht nur seine scheinbar gleiche Größe, die ihn für uns in diesen Stand versetzt, sondern sein Licht, vor allem das des vollen Mondes, das ihn der Sonne ähnlich scheinen läßt. Auch wenn er nicht gleich ihr die Kraft besitzt, die Nacht zu überwinden, so dünkt er uns doch mächtig genug, die Nacht zu beherrschen. Diese Mächtigkeit erfahren wir im Gegensatz zur Sonne, die uns sehr, sehr fern erscheint, durch seine bindende Masse und sichtbare Körperhaftigkeit wie auch durch seine erkennbare und nachgerade spürbare Nähe. Von daher ist es wenig verwunderlich, daß wir ihn weit mehr als die Sonne oder die Sterne für unser Geschick und Innerlichkeit bestimmend halten. Zwar mögen nüchterne Überlegungen dies ausschließen oder zumindest auf ein Belangloses einschränken, gleichwohl verbleibt in uns eine aller Vernunft abholde Wahrnehmung, die uns zweifeln läßt, da sie uns im Herzensgrunde von der Richtigkeit unseres Empfindens überzeugt. Vielleicht ist es auch nur ein dräuendes Ahnen im Urgrund unserer Seele, das uns den Mond als Schöpferkraft und unser Sein als Eingebundenheit in die zeitlosen Gesetze des Himmels auf stille kontemplative Art erkennen läßt. In den alten Mondkulten mag solches Ahnen lebendigen Ausdruck gefunden haben. Derweil in unseren Mythen und Märchen dieserart urgründige Seelenäußerung überdauerte und uns somit eingänglich erhalten blieb.

In seinem Kindermärchen »Peterchens Mondfahrt« greift Gerdt von Bassewitz verschiedene Mondsagen wie die vom Mann im Mond oder von Frau Holle auf und verknüpft sie zu einer lieblichen Geschichte, in der zwei Kinder einem Maikäfer zu seinem verlorenen sechsten Beinchen verhelfen, das eine schusselige Fee zusammen mit einem das Sonntagsgebot mißachtenden Holzdieb in den Mond bannte. Nach einer abenteuerlichen Reise durch die Sternenwelt und einem heftigen Kampf mit dem wütenden Mondmann kehren die drei schließlich erfolgreich zur Erde zurück. Solcherart Vorstellungen vom fabelhaften Wirken und Geschehen um und im Mond begegnen uns in zahlreichen Mondsagen wieder. In der Regel wird durch sie einerseits das irdische Bild der Mondflecken gedeutet, und andererseits die Warnung daran geknüpft, den Mond nicht zu entweihen; wobei diesbezüglich vor allem der dämonische Charakter des Mondes und seine Beziehung zu den dunklen Kräften hervorgekehrt wird. Überwiegend wird eine Spinnerin oder ein Mann im Mond gesehen. Die Spinnerin im Mond steht vielfach für die zwiespältige Macht der Nornen, die angeblich in einem Saal unterhalb des Mondes die Schicksalsfäden der Menschen spinnen. Aus diesem Grunde galt das Spinnen bei Mondlicht als Teufelswerk, übrigens genauso wie jede andere Arbeit im Mondenschein auch. War man doch der Überzeugung, daß bei Mondlicht die Geister umgingen. Wer aber bei Mondlicht spann, zog auch die böse Macht der Geister mit in seinen Schicksalsfaden. Die Strafe folgte solch unbedachter Tat gleich auf dem Fuße, die Spinnerin siechte dahin, und ihre Seele wurde in den Mond gebannt. Nur zur Zeit der Wilden Jagd zwischen Weihnachten und Heilig Drei König konnte eine solch Unglückliche im Gefolge von Frau Perchta beziehungsweise Frau Holle zur Erde zurückkehren und mit ihr zum Schrecken der Menschen durch die Lüfte toben. Hingegen ist der Mann im Mond für gewöhnlich ein törichter Bauer, der das Arbeitsverbot am Sonntag mißachtete und zum Reisersammeln in den

Wald ging. Auch er wurde zur Strafe mitsamt seinem Bündel auf dem Buckel in den Mond versetzt. Mancherorts sieht man in den Mondflecken aber auch einen Landstreicher, der des Nachts Kohl von den Feldern stehlen wollte.

Hinter dergleichen Entrückungssagen mag man oberflächlich betrachtet primitiven Geisterglauben und urmenschliche Furcht vor der Dunkelheit vermuten. Andererseits zeugen die mit diesen Erzählungen verbundenen Warnungen vor einem Bruch des nächtlichen Beschäftigungsverbotes von einer weihevollen Auffassung der mondhellen Nächte: Die geheiligte Nacht als Spanne der Ruhe und Besinnung, in der der Mensch das Wesen seiner Seele ergründen kann, in der Mann und Frau zusammenliegen und sich für Augenblicke der Seligkeit miteinander verlieren! Dem Mond als Künder dieser Stunden in Anknüpfung an dunkel erinnerte Kulte zu huldigen, drückt sich in diesen Sagen ebenso aus wie die Furcht davor, sich zu dieserart durch den Wandel der Gottheiten untersagten Anbetung zu bekennen. Schließlich waren die Herren der neuen Gottheiten zu keiner Zeit zimperlich, Widerspenstige und Abtrünnige zu verdammen und zu verfolgen. Achte die Macht des Mondes, aber hüte dich zugleich vor ihr! Dies mag die eigentliche Losung dieser Sagen gewesen sein. Und wenn der Mond, wie es auch heute noch häufig geschieht, mit »Herr Mond« angesprochen wurde, wird etwas von dieser heiligen Achtung mitgeschwungen haben.

Die alten mit dem Mond verbundenen Vorstellungen von Fruchtbarkeit und urmächtiger Weiblichkeit klingen auch in der mittelalterlichen Deutung der Mondflecken als Tränen der heiligen Maria Magdalena mit an. Sie, die unter dem Kreuz Christi bis zuletzt ausharrte und der der Auferstandene als erstem Menschen erschien, sollte, bevor sie zu Jesus stieß, ein lasterhaftes Weib gewesen sein. Jesus aber habe sie von sieben Dämonen und somit von ihren Sünden befreit. Warum aber sah man vor tausend Jahren ausgerechnet in ihrer Gestalt eine tränenreiche Verbindung zum Mond? Womöglich sprach das Bild von der Austreibung der Dämonen einen damaligen Archetyp an, so daß man in Jesus den endgültigen Bezwinger der bacchantischen Mondin erkannte. Zudem liegt die Annahme nahe, daß in der besagten ersten Bekundung des Auferstandenen eine Begegnung von Sonne und Mond gesehen worden sein könnte. Darüber hinaus sind in der Person der Maria Magdalena drei verschiedene biblische Frauengestalten verschmolzen, nämlich Maria aus Magdala, Maria aus Bethanien und die der Sünderin. Ein Bezug zur Trinität der Mondgöttin mag also gleichfalls vorhanden gewesen sein. So kann man vermuten, daß in dieser damals gängigen Deutung der Mondflecken eine bildhafte und wehmütige Erinnerung des Mondkultes überdauerte.

Die erwähnte Wahlverwandtschaft zwischen Sonne und Mond wiederholt sich auch in den himmlischen Hochzeitsmythen; mal sind die beiden ein unglückliches Paar, das nicht zusammenfinden kann, wie dies in dem Lied der beiden Königskinder[43] besungen wird, mal wird die mögliche Verbindung von Sonne und Mond als schreckliches Ereignis gedeutet, das es zu verhindern gilt. In beiden sagenhaften Motiven kann dabei auf das Ereignis einer Sonnenfinsternis angespielt werden, aber auch die beständige Annäherung und Entfernung beider Himmelslichter am Firmament beschrieben sein. Hierbei wird häufig das Bild einer unglücklichen, von den Göttern verhinderten Liebschaft skizziert, aber auch deftige Szenen aus einer zerrütteten Ehe werden geschildert, wobei häufiger dem Mond als der Sonne Schuld und Übellaunigkeit zugewiesen werden. Vielfach wird in Erzählungen auch der Weltuntergang prophezeit, sollte es zu einer Verbindung zwischen Sonne und Mond kommen. In einer Sage von der bevorstehenden Hochzeit der beiden Wandelsterne fürchten Mensch und Tier sich hingegen mehr vor der Frucht einer solchen Verbindung, nämlich davor, daß die Sonne Kinder bekommen könnte und darauf die Welt verbrennen müßte. In einer anderen Sage, die Sonnenfinsternis wie launischen Mondwandel verbindet, feiern heiße Sonne und kalter Mond Hochzeit. Der behäbige Mond wollte jedoch seine heißblütige Braut nicht zufriedenstellen, sondern lieber schlafen, also rollte er sich zur Seite. Die Sonne aber schwor sich, nie wieder mit dem Mond eine Nacht verbringen zu wollen, und sprang aus dem gemeinsamen Bett. Anderntags tat dem Mond leid, was geschehen war, und er machte sich auf, seine Braut einzuholen. Die aber blieb verstimmt und wies ihm die kalte Schulter. Seitdem eilt er ihr nach, um sie zu becircen. Um ihn jedoch bei Leidenschaft zu halten, erhört die Sonne sein Liebeswerben fürderhin nur äußerst selten.

Der Launische

Daß wir dem Mond vielfältigen Einfluß auf die Fruchtbarkeit, das Werden und Gedeihen zusprechen, liegt nicht
nur an den ihm zugesprochenen oder besser gesagt
nachempfundenen weiblichen Eigenschaften, sondern
auch an seiner sich wandelnden Lichtgestalt, in der wir
das Wachsen, Vergehen und Ruhen der Natur gleichnishaft erkennen, als auch an seiner so rasant gezogenen
Bahn durch den Tierkreis. In einem knappen Monat
vollzieht er den Jahreslauf der Sonne und begegnet dabei
allen vier Kraft- beziehungsweise Himmelspunkten der
Jahreszeiten. Aufgrund solch vielfältiger Analogien ist es
nur wenig verwunderlich, daß die bedeutenden Früh-
jahrsfeste des Kirchenjahres altjüdischer Tradition fol-
gend nach dem Frühlingsmond ausgerichtet werden.
Wobei der Ostertermin das alles entscheidende Datum
ist. Es bedingt, wann zu Aschermittwoch der Fasching
sein Ende findet und wann Christi Himmelfahrt, Pfing-
sten und Fronleichnam gefeiert werden. Entscheidend
hierfür ist der erste Vollmond nach Frühjahrsbeginn.
Der ihm folgende Sonntag wird alsdann zum Ostersonn-
tag. Doch nicht immer stimmt dieser Termin mit den
tatsächlichen astronomischen Daten überein. Derartige
Ostern werden deswegen auch paradoxe Ostern genannt. Der Grund hierfür ist, daß die Kirche neben
einem starren Frühlingsbeginn nach Epakten[44] rechnet,
die einen kreisförmigen und gleichförmigen Mondlauf
annehmen. Eine zusätzliche Ausnahme diktierte darüber
hinaus die Kirche selbst auf dem Konzil von Nicäa im
Jahre 325, um das spätestmögliche Osterdatum zu fixie-

ren: Fallen danach Vollmond und Sonntag auf einen 19. April, gilt dieser Tag als Ostertermin.

Der grundsätzlich angenommene Einfluß des Mondes auf die Natur wird auch für den Menschen angenommen. Hier sind es vor allem Wesenszüge und Schicksalsmächte, die durch die Kraft des Mondes angesprochen und gelenkt werden können. Heutige Astrologen beachten diese Einflüsse wieder in zunehmendem Maße. Von daher kann man fast von babylonischen Zeiten sprechen, denn für die Chaldäer war der Mond unter allen Wandelsternen der dominierende Schicksalsstern. Bei der astrologischen Monddeutung ist vor allem der Mond im Tierkreis von Bedeutung. Wobei allerdings die Astrologen von einem tradierten himmelsmechanischen System ausgehen, das mit den gegebenen astronomischen Bedingungen nur wenig gemein hat. Da wir jedoch die Einflüsse des wirklichen Mondes und nicht die eines imaginären in unserer Seele und unserem Körper verspüren, sollen deshalb im weiteren Verlauf dieses Buches nur diejenigen astrologischen Bezüge erwähnt werden, die mit dem wirklichen Mond und seinem Stand in Einklang zu bringen sind. Derartige Bezüge finden wir überwiegend in der volkstümlichen astrologischen Deutung des Mondstandes, durch die das wirkende Geschehen des Mondes oft aus gründlicherer Betrachtung heraus beschrieben wird, als dies Astrologen vermögen.

Eine solche die Mondeinflüsse erfassende Beobachtung ist mit dem auf- und absteigenden Mond am Firmament verknüpft. Diese Betrachtung richtet sich freilich nicht nach den Mondaufgängen oder seinen Höchstständen, sondern nach der beschriebenen Wanderung des Mondes entlang der Ekliptik. Als aufsteigender Mond wird dabei der von Süd nach Nord ziehende Mond bezeichnet, während als absteigender Mond, der südlich des Tierkreises wandernde Mond, unterhalb der Ekliptik gemeint ist. In alten Kalendern wurde der auf- und absteigende Mond noch vermerkt. Eine nach oben offen liegende Mondsichel zeigte den aufsteigenden Mond an, während eine nach unten geöffnete Mondsichel den absteigenden Mond anzeigte. In astronomischen Kalendern werden diese Bahnwechsel als aufsteigende und absteigende Mondknoten gekennzeichnet. Ein derartiger astronomischer Kalender ist im übrigen für die Registrierung der verschiedensten Mondphasen wärmstens zu empfehlen, da sich in unseren Breiten der Mond zu gerne hinter Wolken versteckt. Zudem ist der im Tierkreis auf- und absteigende Mond, sofern er sich zeigt, nur dem Sternenkundigen anhand seiner relativen Höhe zum jeweiligen Tierkreiszeichen respektive an seinem Stand im Tierkreis erkennbar.

Die wirkenden Kräfte des auf- und absteigenden Mondes stehen vornehmlich in einer Beziehung zum Jahreslauf, weshalb sie im wesentlichen von Monat zu Monat eine andere Qualität erkennen lassen. Grundsätzlich wird dem absteigenden Mond, da er scheinbar der Erde um ein Weniges näher rückt, ein günstiger Einfluß auf alles Beginnende zugesprochen, während der aufsteigende Mond eher ein Zeichen des Erfolges und Ertrages ist. Nachfolgend eine vorwiegend bildhafte *Übersicht der wechselhaften Stimmungen*, die nach diesen Beobachtungen vom Mond begünstigt werden. Wer diese Stimmung in seinem Alltag berücksichtigt, bedient sich gewissermaßen eines energetischen Trends, durch den er bei

104

seinen Vorhaben dank gleichartiger Impulse lunare Harmonien bewirkt. Hierdurch greifen die jeweiligen Aspekte des himmlischen Lebensrades in synchroner und somit verstärkender Weise.

Januar

☽ *Absteigender Mond:* Was kalt ist, soll noch kälter werden. Dunkle Kräfte pflanzen sich fort. Frühstarter werden einen schweren Endspurt haben. Wer jetzt bezahlt, macht sich dauerhafte Freunde. Feinde sollten geschlagen werden.

☽ *Aufsteigender Mond:* Was man gemeinsam beginnt, kommt zum guten Ende. Lustbarkeiten stoßen auf Gegenliebe. Wer nichts zum Zinsen hat, wird einen dürren Sommer haben. Leisetreter frieren fest. Wer jetzt trommelt, der wird gesunden.

Februar

☽ *Absteigender Mond:* Wer ernten will, sollte jetzt graben. Erinnerung wird belohnt. Leichtgläubige verlieren Herz, Verstand und Gut. Gebundene Lust ist halbe Lust. Die Familie mischt sich ein. Wer den Zügel aus der Hand gibt, wird selbst gesattelt werden.

☽ *Aufsteigender Mond:* Die Stube kehren, bringt rechtes Mehren. Ein fester Bund dem, der sich verspricht. Wer den Frauen lauscht, wird Weises hören. Teilen bringt Freude. Gehortetes wird zur Last. Wer im alten Kleide kommt, wird in Lumpen gehen.

❭ *Absteigender Mond:* Wer jetzt den Streit sucht, wird geschlagen; doch wer sich jetzt rüstet, badet in Drachenblut. Neues bringt Segen. Krankes wird kränklich. Wer
sich warm anzieht, dem scheint die Sonne. Den Harten
bricht der Frost; den Sanften schützt der Schnee.

❭ *Aufsteigender Mond:* Wer fastet, gesundet. Zeit, nach
Schätzen zu graben. Das alte Licht darf nicht das neue
zünden. Tage für Drachentöter. Wasser, das nicht
fließt, wird faul. Wer die Kälte fürchtet, wird erfrieren.
Wer jetzt eine Blume bricht, wird lange um sie weinen.

April

❭ *Absteigender Mond:* Der Wille der Frau wird zum König-
reich. Lügner werden gebunden. Engel fallen vom
Himmel. Wer jetzt einen Baum pflanzt, muß den
Schatten nicht suchen. Schlafmützen werden den
Sommer versäumen. Zeit zu säen.

❭ *Absteigender Mond:* Roßtäuscher haben Freude. Die Liebe darf wechseln. Die Braven werden vergessen. Wer
jetzt noch fastet, wird lange hungern. Was jetzt in
Scherben geht, läßt sich nicht mehr kitten. Wer jetzt
sät, kommt zur Ernte zu spät.

Mai

❭ *Absteigender Mond:* Gesundheit liegt im feuchten Gras.
Hochzeit im Mai bricht bald entzwei. Wer im Mai tanzt,

hat im Winter Laune. Streit hat Dauer. Wer jetzt geschlagen wird, wird daran wachsen. Augenblicke für Liebesblicke.

☽ *Aufsteigender Mond:* Reiche Bauern scheuen das Wasser nicht. Jetzt gefreit, nie bereut. Wer die Maikrone trägt, kann auf die Herbstkrone verzichten. Ein Maikranz bindet Freundschaften. Liebe trifft sich beim Tanz. Im höchsten Mond läßt sich Treue schwören.

Juni

☽ *Absteigender Mond:* Was brach ist, soll jetzt unter den Pflug. Gute Einfälle soll man nicht horten. Brennende Liebe erkaltet zum Herbst. Zeit für kühle Rechner. Wer sich jetzt nicht versöhnt, trägt den Streit durchs ganze Jahr.

☽ *Aufsteigender Mond:* Der Sparsame kann jetzt wohl schmausen. Zeit für Sternpflücker. Wer jetzt Kräuter pflückt, muß den Winter nicht scheuen. Wer jetzt eine Rose bricht, muß ihre Dornen nicht fürchten. Nicht vergessen wird, wer jetzt ein Zeichen setzt.

Juli

☽ *Absteigender Mond:* Treue Seelen vermehren sich. Wer das Feuer schürt, wird gut schmieden. Verlorenes stellt sich ein. Keine Zeit für Langschläfer. Wer mehr will, sollte jetzt nicht verharren. Zeit für Selbstdarsteller. Die Liebe muß erobert werden.

☽ *Aufsteigender Mond:* Mit einer scharfen Sense läßt sich

gut ernten. Zeit, um mit den Göttern zu trinken. Dem Zufriedenen gehört die Welt. Der Leise wird beachtet. Wer jetzt drängelt, muß sich alsbald wieder anstellen. Alte Zöpfe sollte man abschneiden.

August

❭ *Absteigender Mond:* Wer jetzt nicht feiert, feiert nimmermehr. Zeit, Schätze zu heben. Der Einsame wird einsam bleiben. Der Himmel bleibt verschlossen. Was Frau jetzt jagt, das fällt. Was jetzt begonnen, wird nicht verderben.

❭ *Aufsteigender Mond:* Zeit, sein Korn in die Scheuer zu fahren. Das Heil zieht in die Kräuter. Himmelstore öffnen sich. Keine Zeit für Neues. Erwartetes stellt sich ein. Wer jetzt teilt, dem wird der Winter doppelt geben. Der Liebe sollte man jetzt ins Auge blicken.

September

❭ *Absteigender Mond:* Wer jetzt sein Haus nicht richtet, dem bläst der Wind das Dach vom Kopf. Wer aus der Reihe tanzt, verliert gute Freunde. Jetzt gespart, ist gut gezinst. Zeit für den großen Wurf. Arbeit bringt Segen. Gut geplant, ist halb begonnen.

❭ *Aufsteigender Mond:* Arbeit hat Mühe. Wer seine Hände in den Schoß legt, dem werden sie gefüllt. Zeit, Ringe zu tauschen. Große Feste, dicke Freunde. Zeit, den Zügel der Frau zu überlassen. Große Pläne haben keine Zukunft. Wer am Essen spart, den frißt der Geiz.

❱ *Absteigender Mond:* Wer Streit beginnt, gewinnt. Gepflanzte Bäume bleiben den Enkeln. Wer unbeschirmt im Regen steht, sollte gut schwimmen können. Wer jetzt sät, wird zweimal ernten. Wilde Triebe brauchen das Messer. Zeit für himmlische Küsse.

❱ *Aufsteigender Mond:* Gebete werden erhört, doch Wünsche bleiben Wünsche. Der einsame Wolf findet seinen Jäger. Wer den jungen Wein trinkt, wird den alten entbehren müssen. Eine gute Kuh kann man jetzt auch schlachten. Die Liebe wird lau.

November

❱ *Absteigender Mond:* Wer jetzt einem alten Baum in die Wurzel hackt, dem wird er im Frühjahr blühen. Zeit, sich zu versöhnen. Guter Rat bei gutem Essen. Wer jetzt noch Reiser sammelt, den wird der Winter peinigen. Ein Licht im Fenster zieht Freude herbei.

❱ *Aufsteigender Mond:* Ein schlechtes Ende macht keinen guten Anfang. Zeit, sich zu trennen. Wer jetzt Holz schlägt, den meidet der Winter. Die Erinnerung läßt auch im Winter Blumen blühen. Ein Licht im Fenster scheucht die bösen Geister. Zeit für Opfergaben.

Dezember

❱ *Absteigender Mond:* Wer den Anfang nicht scheut, auch das Ende nicht reut. Übles sollte ausgekehrt werden.

Völlerei ist jetzt Diät. Wer jetzt tanzt, kriegt wunde Füße. Wer jetzt kein Licht ansteckt, dem bleibt die Sonne fern. Träume werden wahr. Zeit zum Teilen.

❭ *Aufsteigender Mond:* Wer Kreide frißt, heult auch mit den Wölfen. Zeit, die Schleier zu lüften. Alte Rechnungen müssen beglichen werden. Wer auf die bessere Seite will, sollte jetzt wechseln. Viele Gäste bringen Licht und Wärme.

Der Beseelende

Betrachtet man unvoreingenommen die Wandlung des Mondes über einen Monat von Neumond zu Neumond, so wird man nicht nur Zeuge eines beeindruckenden Himmelsschauspieles, sondern kann auch etwas von der besonderen Ehrfurcht in sich verspüren, die unsere Ahnen vor dem Mond hatten. Freilich werden wir im Mond keine sich eigenständig manifestierende Gotteskraft mehr erkennen, dazu hat sich unser Gottesverständnis zu sehr emanzipiert, meditieren wir jedoch über das uns anrührende urmächtige Himmelsgeschehen, können wir uns dem Hort des kollektiven Unbewußten in uns so weit nähern, daß wir gleichermaßen jenen mütterlichen Archetyp beleben, der auch die Naturdeutung unserer Ahnen in bezug auf den Mond lenkte.

Die gewaltigen Vorgänge bei der Mondentstehung und seine für die Entwicklung von Leben auf der Erde so bedeutende Rolle ist offensichtlich einem Erdzeitgedächtnis eingeschrieben, das allem Lebenden eingeboren beziehungsweise mit ihm zeitlos verknüpft ist. Ein derartiges metagnomes[45] Bewußtsein wurde im übrigen in allen Zeiten angenommen. In unserer Zeit wird es meist nach C. G. Jung als kollektives Unbewußtes oder nach Rupert Sheldrake als morphogenetisches Feld umschrieben. Jedenfalls scheint für uns im mystischen Verständnis dem Mond eine Kraft eigen, die das Leben aus der Erde zieht und es so weit anhebt, daß es aus eigenem Vermögen agieren und sich entwickeln kann. Zudem scheint er auch lenkend auf das Leben einzuwirken, indem er sich hegend nähert und lassend entzieht. In dieser Weise setzt er Impulse für einen Lebensrhythmus, der sich zugleich zur lebendigen eigenschöpferischen Bewegung steigert. In seiner Näherung erleben wir befruchtende und aufkeimende Kraft und lustvolle Sinnlichkeit. In seiner Entfernung widerfährt uns hingegen lösende, teils angstvolle Entrückung. Wachsen und Vergehen ergründet sich hierdurch in mystischer Innerlichkeit, die ihre Entsprechung wiederum bildhaft im Mond selbst findet. Die schmale Sichel des Neulichts steht für das aufkeimende Leben, noch jungfräulich, gleichwohl dem Geschlecht einer Frau ähnlich. Heranreifend und satter werdend, formt sich die Sichel zum zunehmenden Halbmond, dabei Licht und Dunkel, Tod und Leben in sich vereinend, wie dies im Mythos der Persephone, der Göttin der keimenden Saat, die Hades ihrer Mutter Demeter raubte, umschrieben wird. Satt, ausgereift und machtvoll die Nacht beherrschend zeigt sich der volle Mond. Licht und Leben verdrängt nun die Dunkelheit. Der griechische Mythos erzählt dazu von Demeter, der Göttin der Fruchtbarkeit, ihrem Streit mit Hades um

Persephone und ihrem selbstbewußten Auszug aus dem Olymp, der sich darauf in der abnehmenden Mondscheibe zeitlos wiederholt. Im abnehmenden Halbmond erkennen wir die zweite Lebenshälfte, in der wir schaffend und strebend gegen unsere Endlichkeit aufbegehren. Hier verwischen die Aspekte der Demeter, und die erdhafte Titanin Hekate, die fruchtbringende Göttin der Unterwelt, übernimmt das Regime. Das welkende Leben deuten wir schließlich aus der schmalen Sichel des Altlichts, die alsbald von der Sonne überstrahlt wird. Hier wird die Sichel zum Nachen, der uns über den Acheron in die Unterwelt bringt. Der Neumond indes ist die Phase des lebenschöpfenden Übergangs, er ist der Ort der Wandlung. Das himmlische Lebensrad taucht hier in die dunklen Wasser des Styx, bei dem die Götter ihre heiligsten Eide schworen, und sich weiterdrehend beginnt die Reise mit dem wiedererstehenden Neulicht von neuem.

Die ziehende, lebenspendende und -nehmende Kraft des Mondes können wir gleichsam körperlich nachempfinden. In den erwähnten Entrückungssagen wird sie als dunkle, strafende Macht dargestellt, andererseits erleben wir sie aber auch durchaus rauschhaft belebend. In der Verbindung von Träumen und Phantasie wissen wir dies besonders zu schätzen. In einer derartigen Stimmung können wir auch die erst in unserer Zeit obsolet gewordenen Vorstellungen von Leben auf dem Mond fortspinnen. So war etwa der Astronom Johannes Kepler davon überzeugt, daß wir unsere Traumgeister über die Schattenlinie der Finsternisse zum Mond hinauf und wieder zurück gleiten lassen können. Und in dem von Gottfried Keller verfaßten Text über eine Somnambule[46] und ihre

»Reisen in den Mond, mehrere Sterne und in die Sonne« begegnet uns der Mythos vom Hades wieder; denn dort wird der Mond als die erste Station der Seelen der Verstorbenen geschildert. UFO-Gläubige indes meinen, in den »Moonblinks« Hinweise auf Stationen Außerirdischer auf dem Mond zu erkennen. Es handelt sich dabei um rötliche Flecken, die, von der Erde aus beobachtet, in manchen Kraterebenen für Sekunden oder wenige Minuten aufscheinen. Der amerikanische Astronom William Henry Pickering entdeckte sie erstmals in den zwanziger Jahren in der Nähe des Kraters Eratosthenes. Eine plausible Erklärung wurde für diese Erscheinungen noch nicht gefunden, jedoch vermutet man dahinter Lumineszenzen[47] in der Restatmosphäre des Mondes auf Grund verstärkter Sonneneruptionen.

Unsere seelische Verfassung erscheint uns oft recht wesensfremd, sobald wir von dieserart lunarer Stimmung ergriffen werden. Phantasie und Körperlichkeit vermengen sich zu einem bacchantischen Gebräu. Uns übermannt ein geradezu überirdisches Verlangen, unsere Sinnlichkeit vollkommen zu entfalten und unser Seinsempfinden ganz und gar über unseren Körper zu vernehmen und durch ihn auszudrücken. Zudem drängt es uns, wohlig Traumhaftes ebenso wie bänglich Dräuendes vertrauten Ohren zuzuraunen. So trachten wir, das uns absonderliche Wilde, Ungeformte zu entlassen und uns gleichermaßen für das still Begehrte aufzuschließen. Es ist ein fast infantiles Lustgefühl, dem wir in dieser Weise nachgeben. Ein Sehnen nach der großen weichen Mutter, der runden prallen Mondin. Gleichzeitig aber schreckt uns auch ihre klamme Kälte, die wir mit dem Mond assoziieren und in der wir die verlorene Mutter ahnen. Doch geben wir unserem Fieber nur ein wenig weiter nach, sind wir uns sicher, daß wir, zurückgekehrt, ihren Schoß durchaus erwärmen können.

Wie intensiv und eigen uns allen dieser lunare Hunger ist, kann man auch aus unseren Händen lesen. Dort gilt der zur Handkante hin gelegene Handballen als Mondberg. Er wird als Hort der Phantasie, der verborgenen Wünsche, als auch der schattenhaften Intuition und urgründigen Lebenskraft gedeutet. Verlorenheit, Maßlosigkeit und Suchttendenzen lassen sich dort ebenso ablesen wie das Potential an Kommunikationsfähigkeit, Kreativität und Hingabevermögen.

Sich vor den Mondkräften in sich nicht zu fürchten, sondern sie als etwas Wesenhaftes anzunehmen fällt vielen unter uns sehr schwer. Bacchantische Freuden und satyrhafte Lust geradeso wie sinistere Spiele nicht nur in schummrigen Räumen zu äußern erfordert nämlich in unserer normierten Welt samt ihrer eng geknüpften sozialen Kontrolle Mut und Selbstbewußtsein. Eine Möglichkeit, den Schneid hierzu zu finden und seine lunare Seite allmählich auch nach außen zu kehren, können Tänze und Feste im Mondenschein sein. Wobei man hierfür lediglich intuitiv den ausgetretenen Pfaden unserer Ahnen folgen muß. Wagen wir es also und lassen es auf einen Versuch ankommen. Begeben wir uns auf eine mondbeschienene Wiese, streifen Schuhe und Kleider ab und beginnen, uns zu bewegen. Lassen wir uns ein auf den Mond, so wird er uns nach ersten zaghaften Schritten wie von selbst lenken, und wir werden uns in einem urmächtigen Taumel der Gefühle, der Lebenslust und schöpferischen Kraft bewegen. Entdecken wir in dieser Weise unsere Mondnatur, werden wir gesättigt und ohne

scheelen Beigeschmack von der Sonne geweckt werden
und bereichert, ja in ungeahnter Weise heil, durch den
Tag schreiten.

5

DIE NACHT
GEBIERT DEN TAG

Wenn zu den Reihen der Nymphen,
versammelt in heiliger Mondnacht,
sich die Grazien heimlich herab vom
Olympus gesellen:
Hier belauscht sie der Dichter
und hört die schönen Gesänge.[48]

Was Goethe in seiner Dichtung beschrieb, das war für viele Menschen nächtlicher Glaube. In der hellen Zeit brachte die Sonne alles Geschehen an den Tag. Aber in der Nacht lebten die Menschen ungeschützt vor den Einflüssen der Mächte der anderen Seite. Man vermied es, des Nachts in Gebieten unterwegs zu sein, die den dunklen Mächten gehörten. Ging man zu Bett, wurde inbrünstig gebetet, damit die Nacht ohne Spuk oder den Zorn der Hausgeister blieb und man ruhig und friedlich schlafen konnte. Andererseits faszinierte die Vorstellung einer mondbeschienenen Begegnung mit Nymphen und Grazien. Solche Phantasien, häufig auch von Malern gestaltet, zeigten barfüßige Schönheiten in durchsichtigen Gewändern, die den Reigen im Mondlicht tanzten. Natürlich steckten dahinter auch sexuelle Optionen. Die Unterdrückung der Sexualität war immer ein Hauptziel der Kirche, und in ihren Mondphantasien lebten die Menschen ihre Emotionen aus. Es ist nicht von der Hand zu weisen, daß der Mond auf die Sexualität der Menschen stimulierend wirkt. Ein Rendezvous bei Mondenschein hatte zu allen Zeiten ziemlich eindeutige Beweggründe.

Nymphen, zumeist als Dreiergruppe dargestellt, waren Naturgottheiten bei den Griechen und Kelten, die Quellen und Flüsse bewachten. Die Darstellung zu dritt und der Bezug zum Wasser zeigen den Einfluß des Mondes. Nymphe bedeutet Jungfrau und/oder Braut, aber auch Schamlippe. Bestimmte Blumen formen ihre Kelche wie Schamlippen und waren deshalb den Nymphen geweiht. Frauen, die ihre Sexualität auslebten und sich nicht den kirchlichen Zwängen unterwarfen, diffamierte man als nymphoman. Auch die römischen Grazien, die Göttinnen der Anmut, wurden in Dreiergruppen dargestellt, zeigten also ihren Mondbezug.

Es mochten die alten Lieder und Sagen aus vorchristlicher Zeit vergessen sein, der Mond brachte die Menschen dazu, ihm neue Hymnen zu widmen. Seine Anziehungskraft blieb ungebrochen.

In Goethes 18. Jahrhundert wurden Menschen dabei beobachtet, wie sie im Frühling Eier im Garten vergruben. Das machte die aufgeklärte christliche Gesellschaft wütend, denn es war eine Fruchtbarkeitszeremonie, die man zu alten Zeiten zu Ehren der Göttin Ostarun veranstaltet hatte. Um nicht als heidnische Idioten ausgegrenzt zu werden, aber dennoch die Bitte um ein fruchtbares Jahr anbringen zu können, entstand ein Kompromiß, der uns bis heute bekannt ist. Man vergrub die Eier zu Ostarun, Ostern, nicht mehr, sondern versteckte sie nur noch. Daraus entwickelte sich der Brauch des Ostereiersuchens, dem der gleiche Fortpflanzungsgedanke zugrunde liegt wie beim Osterhasen, dessen männliche Version, der Rammler, zum verleumdenden Schlagwort degenerierte.

Die Lustfeindlichkeit wurde letztlich dermaßen ausgeweitet, daß die gesamte Nacht als anrüchig diffamiert wurde und mit ihr all jene, die die Nacht lebten. Wer die Nacht zum Tage machte, der war ein Lumpenhund, hieß es jahrhundertelang. Andererseits ist nicht zu leugnen, daß spezielle Lustbarkeiten in der Nacht etabliert wurden, weil das entsprechende Publikum vorhanden war. Gerade aber weil die Menschen sich der archaischen Bezüge ihrer Gedanken und Handlungen nicht mehr bewußt waren, ist erstaunlich, daß trotz mehrhundertjähriger Torturen die Lust an und in der Nacht überlebt hat. Die Menschen der Frühzeit tanzten, um den Göttern näher zu sein, sie tranken berauschende Getränke und verzehrten kultische Speisen, und wenn der Mond günstig stand, dann kam es zu sexuellen Handlungen. Bis auf die Tatsache, daß die Menschen der Jetztzeit diese kultischen oder religiösen Bezüge nicht mehr kennen, unterscheidet sich eine Disco-Nacht kaum von den urzeitlichen Ritualen.

So wie germanische und keltische Frauen und Männer Amulette trugen, tragen wir heute welche, optisch ist kaum ein Unterschied zu erkennen. Allerdings ändert sich das bei näherem Hinsehen sofort. Das halbmondgeformte Amulett aus Silber ließ den Mond Einfluß haben auf die Person, die es trug. Durchlöcherte Steine oder Muscheln hatten sexuelle Bezüge. Es gab Amulette, die eine männliche Figur mit erigiertem Penis zeigten. Die Mehrheit der Amulette diente aber dem Abwehrzauber. Wer sie trug, wollte sich gegen seine dämonische Umwelt schützen, wobei Diademe, Halsketten, Fingerringe, Gürtelschnallen und Fußkettchen den jeweils bedeckten Bereich schützen sollten. Das unterscheidet den heutigen Träger des Halskettchens mit Kreuz keineswegs, denn im

Grunde genommen dient auch dieses Amulett dem Abwehrzauber und soll seinen Träger vor Unbill schützen. Wie kann es da verwundern, daß magische Zirkel neu entstanden und man versuchte, die verschüttete Zauberei und Hexerei wieder auszugraben? Dies nun, sehr zum Verdruß der Kirchen, besonders intensiv in gutbürgerlichen Kreisen. Und die Menschen stellten immer noch, nicht anders als zur Zeit der Mondgöttin, die gleichen Fragen: Wie wird es mir in diesem Leben ergehen und was wird das Schicksal für meine Familie bereithalten? Zu sagen, du sollst dein Schicksal in Gottes Hand geben, das genügte den Menschen allein noch nie. Und die Hoffnung, daß es den Zauber geben könnte, man sich verzaubert wiederfände, die war ebenso stark wie die Sehnsucht nach einem gütigen Schicksal, das das große Glück bereithalten würde. Also befragte man sein Horoskop, ließ die Sterne sprechen, versuchte es mit seinen Glückszahlen, alles Riten, die die Urahnen schon genutzt hatten. Das Horoskop setzte die Wörter Stunde und Spähen (oder schauen) zusammen, sprach also von der Beobachtung der Sterne und ihrer Wirkung auf die Geburtsstunde und das Leben. Und der Mond?

Bis in das 20. Jahrhundert hinein galt in weiten Teilen des östlichen Niedersachsens der Volksglaube, daß eine bei abnehmendem Mond geschlossene Ehe große Nachteile mit sich bringen würde. Die Ehe konnte also nicht glücklich werden. Man heiratete, wenn der Mond günstiger stand. Da der kirchliche Segen dazugehörte, der Pastor die Regel natürlich kannte, machte man seine Scherze über den eigenen Aberglauben und hielt sich trotzdem an den alten Brauch, bei Vollmond zu heiraten, nach dem Motto, schaden wird es nicht. Lieber zog man auch bei zunehmendem Mond in eine neue Wohnung, als daß man bis zum abnehmenden Mond wartete.

Am frühen Morgen, wenn das Frühjahrsfest zu Ehren der Göttin Ostarun anstand, begab sich die Frau mit einem leeren Eimer auf den Weg, schweigend und in sich gekehrt, um an der geheiligten Quelle Wasser zu schöpfen. Jahrhunderte später war es noch immer Brauch, am ersten Ostermorgen, wenn der Mond bereits im Zwielicht des kommenden Tages verging, das Wasser frisch von der Heilquelle zu holen und es in Fließrichtung zu schöpfen. Wer eine Krankheit heilen wollte, der sollte sich zur gleichen Zeit mit seinem ganzen Körper in das Wasser legen. Die meisten aus dem Volksglauben stammenden Riten der Mondverehrung wurden noch im 18. und 19. Jahrhundert praktiziert. Waren sie, wie beim Osterfest, sozusagen christlich abgesegnet, gelten sie immer noch. Und das, obwohl es unbestritten feststeht, daß die Ausrottung der archaischen bzw. »heidnischen« Mondgöttin gelungen war. Das Vergessene betraf aber nur einen gewissen Teil der Riten des Mondkultes.

Neben den Varianten innerhalb des Volksglaubens, die keineswegs immer mit den ursprünglichen Riten und Mitteln der Mythen übereinstimmten, hatte das Erbe durch den praktischen Gebrauch auf dem Feld und im Dorf überlebt. Eine wesentliche Kraft waren die Hebammen, die die alten Kulte bewahrten und belebten. Das ist leicht verständlich, denn sie lebten von der Unentbehrlichkeit ihres Gewerbes und der ihnen auferlegten Schweigepflicht über ihre Kenntnisse, die quasi ein »direkter Draht« in die Vergangenheit waren. Ihre Verfolgung hatte eingestellt werden müssen, denn die Bevölkerung, die überwiegend bäuerlich war, konnte sich keine andere Geburtshilfe leisten. Allerdings waren die Hebammen zuvor aus Gründen der Selbsterhaltung christlich geworden. Da sie also in den allgemeinen Kontext des Übergangs der alten Riten zu christlichen Symbolhandlungen gehörten, war ihre Existenz nur dann gefährdet, wenn man ihnen Zauberei nachweisen konnte. Gelang die Gesundung eines Menschen, bot sich die Möglichkeit, sie zum Heilwunder zu erklären, was bei »Hexenheilungen« unmöglich gewesen wäre. Da die Menschen Wunder liebten, gab die Kirche nach. Praktisch führte das aber dazu, daß an Bäumen der früheren heiligen Haine Marienbilder befestigt wurden, auf Berghöhen Marienkapellen entstanden und bei den heiligen Quellen, statt der weißgewandeten Nymphen oder anderer Göttinnen, die Jungfrau Maria erschien. Ob heiliger Hain und die Verehrung von Bäumen, ob Bergeshöhe oder heilige Quelle, in allen Fällen galt die Verehrung der großen Mutter und der Mondgöttin. Es war schlicht und einfach so, daß sich der vom Urchristentum abgeleitete und von der Kirche verkündete Glaube, der weder magische Mittel, Heilung oder gar Wunderzauber zuließ, »ein theologischer Anspruch war ... der sich institutionell nicht durchzusetzen vermochte.«[49] Die Menschen wollten NOTRE DAME, unsere Herrin, und sie wollten sie nicht sehr viel anders, als in der Form, wie sie sie früher verehrt und angebetet hatten. Da war der Weg nicht mehr weit bis die ersten Marienbilder erschienen, die die Madonna, MA DONNA, meine Herrin, nicht nur mit dem Kind, sondern auch mit dem Mond als Attribut zeigten. Ein beliebtes Motiv, das nicht nur von vielen berühmten Kirchenfenstern her bekannt ist. Der alte Kult war wieder aufgelebt, wenn auch unter anderem Namen.

Da seit dem 8. und 9. Jahrhundert Reliquien – nach langen Auseinandersetzungen hatte die Kirche nachgegeben – ebenfalls zugelassen wurden, gab es für die Menschen keinen Grund, sich nicht auch zur neuen Religion zu bekennen.

Die vorchristlichen Religionen hatten eine Vielzahl von weiblichen Gottheiten, die sowohl gütig als auch strafend mit den Menschen umgingen. Entsprechend groß war die Furcht vor ihnen. Die Herrin erwartete Unterwürfigkeit und Gehorsam.

Ob es in der Vorzeit aber tatsächlich ein reines Matriarchat gegeben hat, wissen wir nicht. Es ist eher zu bezweifeln, denn die Zuständigkeit der Gottheiten war sehr genau auf konkrete Lebens- und Tätigkeitsabschnitte zugeschnitten. In der figürlichen Darstellung wurden die großen Gottheiten häufig als Paare dargestellt.

Fraglos war die Verehrung und Macht der weiblichen Gottheiten besonders groß, da sie sozusagen für das tägliche Leben zuständig waren. In dieser Richtung entwickelte sich auch der Marienkult, der die Muttergottheit insbesondere als Ansprechpartnerin in schwierigen Lebenssituationen beanspruchte. Die Geschichte beweist, daß große Teile der Gläubigen ohne eine Muttergottheit nicht sein wollten. Natürlich hat die Männerkirche das immer abgestritten und das Verbot des Aufsuchens z. B. von »Hexenplätzen« wie den Blocksberg als Beweis für die Linie des wahren Glaubens angeführt, aber in den meisten Fällen war das Euphemismus.[50] Es war mit einem Mal in Ordnung, Maria um Regen für die Felder zu bitten. Da war kein Unterschied zwischen dem Anrufen der Mondgöttin und der Muttergottes erkennbar. Woran es keinen Zweifel geben kann, ist, daß sich die weiblichen Gottheiten sehr großer Beliebtheit erfreuten. Die Magna Mater war die große Mutter und Gebärerin allen Lebens, sie war die Erde, ohne die nichts sein konnte in der Welt. Die Mondgöttin war die Fruchtbarkeit und das Sterben, Alpha und Omega, Anfang und Ende.

Maria hatte die großen Göttinnen – von der Demeter in Kleinasien angefangen – zu ersetzen, die aber von ganz anderem »Schlag« gewesen waren, den die Kirche Maria nicht zugestehen wollte. Maria sollte eine Dulderin sein, die mit ihrer keuschen Jungfräulichkeit niemanden erschreckte und schüchtern deutlich hinter den männlichen Gottheiten stand. Die Männerkirche ließ sie erst als Muttergottheit zu, als sich herausstellte, daß sich durch ihr »Vorbild« die Frauen verändern ließen. Die bescheidene, unterwürfige Dulderin mit niedergeschlagenen Augen, das sollte das Frauenbild werden: Und dieses Marienbild prägte tausend Jahre Frauengeschichte.

Maria war keine mächtige Göttin, die den männlichen Gottheiten die Stirn bot, sie war nur noch Notre Dame de la Nuit, unsere Frau der Nacht.[51] Für die Männerkirche war Maria ein theologisch schlimmer Kompromiß, aber die Erkenntnis, daß die Menschen sich sonst nicht von ihren »heidnischen« Göttinnen trennen würden, brachte ihre »Zulassung«. Gleichzeitig bot die Verehrung der Muttergöttin ein Ventil für den Volksglauben, in dem Frauen die Wunderheilerin verehrten. Im Grunde genommen ist der Marienglaube oder besser gesagt: der Glaube an die Madonna oder die Herrin oder Notre Dame nicht authentisch christlich. Der Glaube an die

Macht und die Kraft der großen Mutter hat archaische Wurzeln und müßte eigentlich von der Kirche als »heidnischer« Kult verdammt werden. Statt dessen kam im Mittelalter noch die schwarzgesichtige Erd- bzw. Nachtgöttin hinzu, die in verschiedenen Gebieten Europas als schwarze Madonna verehrt wird. Notre Dame de la Nuit, die schwarze Herrin der Nacht, das war die Mondgöttin, mit der Maria gleichgesetzt wurde. Maria, die Göttin der Nacht, gebar Jesus, das Kind in dem goldstrahlenden Sonnenkranz. Die Mondgöttin gebar den Sonnengott. Die Nacht gebar den Tag. Das war die Religion der Kelten.

Immaculata[52] als Jungfrau empfangen und geboren hatte der Mond die Sonne für die Menschen längst vor Maria. Die Verbindung der Gottesmutter mit dem Wasser, als dem Ausgangspunkt allen Lebens, war der nächste logische Schritt, um die Mondgöttin beziehungsweise die Göttin mit dem Mond als Attribut zu entthronen.

Im Frucht-Wasser entsteht das Leben. Die Frucht, damit war im Mittelalter das Kind gemeint. (Wir kennen noch immer die Redewendung »ein schönes Früchtchen« für freche Kinder.) Erst später ging dieser Begriff auch auf das Werden in der Natur über.

Bei den Kelten, obwohl vor allem auf dem Kontinent domestiziert, blieb das Bedürfnis nach dem Glauben an die weisen Frauen, die auch die Heilquellen schützten, lebendig, was an den Flußnamen, deren keltischer Ursprung unbestritten ist, ablesbar ist: Rhone und Rhein, die Ähnlichkeit der Namen ist kein Zufall, wie auch bei Glanum bei Marseilles und Glonn in Oberbayern. Was wir nicht wissen, ist, ob die Isar, der Inn, die Donau, der

Main und wie sie alle heißen, wie die Seine eine Göttin als Namenspatronin hatten. Daß ihre Namen für die Menschen von großer Bedeutung waren, beweist die einfache Tatsache, daß wir ihre Namen noch immer benutzen. Es gibt auch Beispiele für einen anderen Umgang. Der Chiemsee in Bayern zum Beispiel trug ursprünglich den Namen des Wassergottes Bedaius, der längst in Vergessenheit geraten ist. Aquae Granni oder Apollo Grannus (Aachen), der mächtige Gott, an dessen Seite die Mondgöttin Sirona saß, ist kein Begriff mehr. Die weiblichen Gewässernamen sind geblieben. Das Heiligtum der Göttin Sequana wurde an der Quelle der Seine gefunden und war eindeutig eine Kultstätte. Leider wissen wir nicht, ob die Quellheiligtümer im deutschsprachigen Raum gezielt zerstört wurden, damit die Göttinnen dem Vergessen anheimfielen. Die alte Verehrung der Quellen blieb nur durch die Namen, die von Generation zu Generation weitergereicht wurden, erhalten. Namen sind keineswegs nur Schall und Rauch. Bis weit in das Mittelalter hinein glaubten die Menschen, daß bei Nennung eines heiligen Namens etwas von der Kraft der Gottheit auf sie selbst überging. Im Gebet rief man den Namen der Gottheit, damit sich dieser Wunsch erfüllte. Die Namen christlicher Heiliger, die den Täuflingen verliehen wurden, sollten den gleichen Zweck erfüllen.

Insoweit hätte es durchaus seine Logik, wenn sich die Flußnamen so lange erhalten konnten, weil ihre Nennung magischen Zwecken diente.

Maria, Muttergottes, das wird vor diesem Hintergrund sofort verständlich, wurde zur Quellgöttin, die man rufen konnte, weil sie Wunder wirkte. Zusätzlich trug sie die Nacht hindurch Verantwortung für die Mondin am Himmel. Maria hilf, so begannen die Stoßgebete an der Furt über den Fluß oder zu später Stunde in der unbekannten Finsternis.

Die Nacht blieb auch die Zeit der weisen oder weißen Frauen. In ihren langen Gewändern gingen sie um und wurden dem zu Tode erschrockenen, nächtlichen Reisenden zum umherfliegenden Gespenst, das ihn mitnehmen wollte auf die Fahrt in die ewige Nacht, und ohne Wiederkehr. Es ist im übrigen, trotz der furchtbaren Konsequenzen während der Inquisition, die Phantasie der Menschen gewesen, die sich formulieren mußte. Allerdings berichten Ufologen, daß Menschen bei der Begegnung mit der fünften Art gleiche Erlebnisse hatten. Frauen gingen nachts zu den entlegenen heiligen Quellen, um zur richtigen Mondzeit das Wasser schöpfen zu können. Auch die heiligen Haine durften, zum Brechen oder Schneiden der Heilpflanzen, nur im rechten Mondlicht betreten werden. Wurden die weisen Frauen von Leuten gesehen, ging das Gerücht um, die weiße Göttin habe sich gezeigt. Ebenso schnell im Umlauf war die Behauptung, das Böse sei in Gestalt einer weißen Frau auf die Erde gekommen.
Die Hebammen gingen in die heiligen Haine und zu den heiligen Quellen, weil ihre Existenz von den Menschen gewollt war. Dafür wurden viele von ihnen, wenn sich die Gesundheit nicht schnell genug einstellte oder etwas nicht dem Wunsch des Patienten entsprach, an die Inquisition verraten. Ein häufiger Grund war auch, daß man einfach seine Schuld bei der Heilerin und Hebamme nicht begleichen wollte. An dieser Stelle sei erwähnt, daß die Bibel keine Hexen kennt. Die Fürsorge der Hebam-

men galt den Frauen, die ihrer Hilfe bedurften. Dabei verwendeten sie die Mittel, die ihre Vorfahrinnen über die Jahrhunderte gefunden, erprobt und als heilsam erkannt hatten. Der Besuch von heiligen Hainen wurde mit Todesandrohung verboten. Es gibt nur noch wenige Plätze, aus deren Namen wir heilige Haine entschlüsseln können. Clermont-Ferrand und Nanterre in Frankreich gehören dazu. Selbstverständlich war die Verehrung von heiligen Quellen von der Kirche auch verboten worden, ebenso die Anwendung der daraus stammenden Wunderwässer. Aber das ließen sich die Menschen, auf der Suche nach Heilung oder dem berühmten Jungbrunnen, nicht verbieten. Die Quellen oder Brunnen bezogen ihre geheimen Kräfte aus der Tiefe der Mutter Erde, die sie mit besonderen Fähigkeiten versah, wie der Unsterblichkeit. Wer nackt in den Brunnen sprang, konnte mit besonderen Seherfähigkeiten wieder auftauchen. Das galt besonders für die weisen Frauen, denen die richtige Verabreichung des Wassers kein Geheimnis war. Bewacht wurden die Brunnen von Feenwesen, also Schicksalsgöttinnen, die auch Priesterinnen waren. Die europäischen Märchen und Sagen sind voll von Geschichten mit Brunnen und Feenwesen, die sich mit der Heilkunst beschäftigen, auch wenn wir das nicht mehr sofort erkennen können. Die Iren erzählen von der berühmten Fee Morgana (Fata Morgana), die König Artus in Avalon (dem Apfelland!) pflegte, also Heilerin war. Morgana war die Namenspatronin einer Heilquelle. Ein berühmter Brunnen ist Lourdes. Eigentlich ist es verwunderlich, daß die Kirche die Verehrung des Wassers dort erst so spät wieder zuließ. Lourdes ist auch ein Beleg für die Wahrheit der These, daß sich die archaischen Traditionen zwar umbenennen lassen, ihr Inhalt letztlich aber bleibt. Wie vor Tausenden von Jahren geht es den Menschen um Heilung. Was macht es da aus, ob zur weißen Göttin der Quelle oder zu Maria gebetet wird?! Wasser ist die Gebärerin allen Lebens, die Mutter der Welt, und über das Wasser gleitet die Mondin still durch die Nacht. Für die Menschen der Frühzeit war der Zusammenhang zwischen dem Wasser, dem Mond und dem Leben eindeutig. Im Unterbewußtsein der heutigen Menschen ist er das vielleicht immer noch.

Die Schwangerschaft war das letzte Refugium, das den Frauen bis zum Mittelalter geblieben war, die letzte Bastion, die von Männern nicht erobert wurde. Die Geburt war Frauensache. Die Anwesenheit von Männern war deshalb unvorstellbar. Sie hätten den Frauen den letzten Rest Selbstbewußtsein genommen. Auch glaubten die Männer, daß es möglich sei, sie durch die Geburt zu verhexen. Die Ausgrenzung der Männer hatte einen rituellen Hintergrund, trug also keine männerfeindlichen Züge. Gegen wen sollten die Frauen auch antreten? Ihre Männer waren »Sklaven« und trugen ihre Arbeitskraft dem Meistbietenden zu Markte. Vom Sonnenaufgang bis zum Sonnenuntergang wurde geschuftet. Dazu war die Wohnsituation mit »elend« charmant umschrieben, von den hygienischen Verhältnissen ganz zu schweigen. Selbst die Nahrung bot keine ausreichenden Nährstoffe, obwohl die Familien fast ausschließlich in der Landwirtschaft tätig waren. Mit anderen Worten, die Männer wurden frühzeitig zu körperlichen Wracks, vor denen sich die Frauen nicht fürchten mußten.

Anders bei der dünnen Schicht der »mächtigen« Männer. Für den kühnen Ritter war es ohne Belang, wenn er den Jagdgehilfen erschlug, weil der sich bei der Sauhatz dumm angestellt hatte. Auch Vergewaltigungen waren nicht gerade selten, obwohl sie keineswegs als Kavaliersdelikte galten. Mit der lateinischen Welt der Führungsschicht hatten die einfachen Menschen nichts zu tun, und selbstverständlich kümmerte sich diese auch nicht um die Gesundheit oder die Geburten des gemeinen Volkes. Den Frauen blieben die Heilerinnen und Hebammen, und damit lebten sie recht gut. Auf jeden Fall aber schmerzfreier als bei den Männern, die Geburtshilfe übernahmen und aus angeblichen Glaubensgründen dafür sorgten, daß die Frauen, die ja grundsätzlich »in Sünde empfangen« hatten, dafür unter Schmerzen gebären, also »büßen« mußten. Da war die Erinnerung an die Heilerinnen nur noch Legende.

Bis weit in das 20. Jahrhundert wehrten sich Kleriker und konservative Kreise gegen die sanfte Geburt, zu der die Hebammen früherer Zeit verhalfen. Dabei darf nicht vergessen werden, daß die Kirche über sämtliche Ausbildungsstätten herrschte, also alle Akademiker ausbildete und beeinflußte.
Hebamme, der Begriff bedeutet etymologisch, daß eine Ahnin das Kind in das Licht der Welt hob. Die Ahnfrau war also keine Großmutter, sie war die Ahnin des Wissens um die entscheidenden Dinge der Geburt. Die Hebamme hatte nicht nur das Kind ans Licht der Welt zu bringen, es ging auch um den richtigen Zeitpunkt der Geburt, wobei der Stand des Mondes eine wichtige Rolle spielte. Ebenso wichtig war, auf das Eintreffen des Schutzgeistes zu warten, den jeder Mensch nach der Geburt von den Göttern bekam. Ohne seinen Schutzgeist, so glaub-

ten die Menschen, wäre das Kind den dunklen Mächten hilflos ausgeliefert. Daß die Schutzgeister der Kelten und Germanen ähnlich aussahen wie Engel, ist bekannt. Die Geburt gehörte zu den wenigen Wundern bei den Menschen bäuerlicher Gesellschaften, die ständig zwischen Hoffen und Bangen leben mußten, da es von der Aussaat bis zur Ernte keine Existenzsicherheit gab, die ihnen die Götter zukommen ließen. Die christlichen Priester erklärten ihnen aber, daß es sich keineswegs um ein Wunder, sondern um ein schweres Vergehen handelte, da der Zeugungsakt ein teuflisches Vergehen sei. Da Maria die einzige Frau sein sollte, die jungfräulich empfangen hatte, lud jede Frau, die schwanger wurde, eine Sünde auf sich, und daher waren neugeborene Kinder automatisch ebenfalls sündig. Bei Betrachtung des archaischen Götterhimmels stimmte die Behauptung, Maria sei einzigartig, natürlich nicht. Selbstverständlich war eine diesbezügliche »Einlassung« sinnlos, wenn nicht sogar ein Unterfangen, das tödlich endete.

Im Land Sinim herrschte der Mondgott Sin, der auf dem Sinai, dem Berg des Mondes wohnte, und seine Vertreterin auf Erden war Inanna, die Jungfraukönigin. Davon war am Jordan noch die Rede, als Maria mit Jesus schwanger ging.
Wie immer, wenn die Tatsachen eine andere Wahrheit zeigten, wurde auch die Mariengeburt zum Dogma erklärt. Für die Frauen entstand daraus eine üble Lage. Für sie wurde aus dieser Kirchenlogik, die sie sündig schimpfte, bald eine absolute Feindschaft konstruiert. Die Frau sei ein notwendiges Übel, geldgierig, untreu und voller Haß gegen den Mann.[53] In dieser feindlichen Haltung

des Mittelalters blieb den Frauen nichts anderes übrig, als die Hilfe der Heilerinnen zu suchen. Niemand sonst half ihnen. Die Männer zogen sich zurück, sobald der Mond richtig über der Geburt stand. Wurden Frauen der Beihilfe einer Heilerin bei der Geburt überführt, war der Beweis ihrer Verderbtheit erbracht. Ein Kreis, aus dem es fast kein Entrinnen gab. In jedem Fall war die Schwangerschaft für die normale Landfrau eine in jeder Beziehung gefährliche Angelegenheit. Die sozialen Umstände waren denkbar schlecht, eine ärztliche Betreuung fand nicht statt, hinzu kam die Beschimpfung der Frau als Schuldige für alle Übel in der Welt.

Wir können aufgrund der Beobachtungen von Schwangerschaftsverläufen in den letzten dreihundert Jahren sicher sagen, daß es wegen der ökonomisch schlechten Situation der Frauen sehr häufig zum Abort kam. Zweifelsfrei ist, daß die Hebammen dem Wunsch von Frauen auf Abbruch der Schwangerschaft entsprechen konnten und entsprochen haben. Erst als Männer die Geburtshilfe besetzten, blieb den Frauen nichts anderes übrig, als die Frucht auszutragen, gleichgültig unter welchen entsetzlichen Bedingungen.

Zunächst galt die Weiße Magie nicht in jedem Fall als verfolgungswürdig. Das wurde aber korrigiert, die Weiße Magie mit der Schwarzen Magie auf eine Stufe gestellt. Damit waren die gesamten Kenntnisse der weisen Frauen, Hebammen, Ärztinnen, wie man die Heilerinnen auch immer titulieren will, zur Teufelei degradiert. Die Frauen sollten gezwungen werden, zu den Stellen zu gehen, die von der Kirche genehmigt waren. Dieses Ziel wurde nicht erreicht. Die Frauen fühlten sich zu Recht drangsaliert und trauten, auch aus der altgläubigen Tradition, den neuen Heilgöttern Jesus und Maria nicht. Die sanfte Geburt zum richtigen Mondstand war ein unschlagbares Argument. Eine wesentliche Leistung der Heilerinnen bestand in der »Geburtenkontrolle«. Die Hebammen führten diese natürlich auch im gesundheitlichen Interesse der Frauen durch. Der soziale Aspekt war aber wohl der entscheidende. Wozu sollte eine Frau sich neun Monate quälen, wenn das Kind aufgrund der elenden wirtschaftlichen Situation der Familie verhungern würde?

Die Frau wurde medizinisch und spirituell auf die Geburt vorbereitet. Die Hebammen begannen ihr Werk, indem sie zur rechten Mondzeit Wasser schöpften und kräftigende Kräuter brachen, bevor die Sonne am Horizont erschien, sonst konnten Wasser und Kräuter ihre Wirkungen nicht entfalten. Was als Zauber oder Hexerei galt, war in der Regel eine psychologische Betreuung der Gebärenden. Es wirkte beruhigend auf die Frauen, wenn sie auf einem Blütenteppich oder einer ausgewählten Kuhhaut gebären konnten. Wobei möglicherweise die Kuhhaut synonym mit der weißen Mondkuh war, die in so vielen alten Kulturen eine große Rolle spielte. Die Kuh in den nordischen Mythen hieß Audhumla. Sie befreite den ersten Gott Buri aus dem ewigen Eis, damit er zum Stammvater der Götter und der Menschen werden konnte. Dieser Kult stammt möglicherweise aus Indien, wo die Kuh noch heute verehrt wird. In unserem Sprachgebrauch gibt es die »heiligen Kühe« noch immer für die Bezeichnung von Tabus. Bei Barbara Walker ist zu lesen, daß auch der Name Europa von der weißen Mondkuh abgeleitet wurde, ebenso der Name Italien.

Ein weiterer Aspekt der Mondbezogenheit war das Eintauchen in das heilige Wasser. Heute gibt es diese Vorbereitungen auf die Geburt, inklusive der Wassergeburt, wieder.

Gleich nach der Geburt war es Sitte, das Neugeborene auf den Boden zu legen, damit es magischen Kontakt zur Mutter Erde bekam. Blieb von der Fruchtblase ein Häutchen am Kopf zurück, galt dies als gutes Zeichen. Neben dem Gebärzauber, der die Gebärende beruhigte, wurden Ingredienzien verabreicht, die die Geburt erleichtern sollten. Berühmt war der sogenannte Hexenstock, ein Knüppel aus Weidenholz. Weniger bekannt waren die Drogen aus Salicylsäure der Weidenrinde. Wir kennen heute Medikamente aus Acetylsalicylsäure zur Vorbeugung vor Schlaganfällen oder bei der Behandlung eines Herzinfarktes. Auch gegen Fieber oder rheumatische Krankheiten wurde es eingesetzt. Wahrscheinlich hat es jeder schon eingenommen, denn es ist der Inhaltsstoff des Aspirin. Dieses »Hexenmittel« stammte von der Mondpflanze, für die die Weide bis zur Zeit des Barocks gehalten wurde. Ein Anti-Schmerzmittel, mit dem die Hebammen den geplagten Frauen Erleichterung verschaffen konnten. Dieses Wissen war es, das sie zu Verfolgten werden ließ. Religion und Kirche hatten den Frauen, außer Buße und Beten, nichts anzubieten, und so blieben die alten Mythen lebendig. Die Menschen lebten nach wie vor nach der siebentägigen Mondphase oder, wie es Grimm formulierte, sie hatten für den gemeinen Gebrauch ein Mondjahr mit 13 Monaten. Das zwölfmonatige Sonnenjahr war das Jahr der lateinisch-christlichen Welt. So erzählte man auch weiterhin davon, daß das Jahr von sieben weißen und sieben schwarzen Pferden gezogen wurde. Verächtlich sprachen die aufgeklärten Christen von den Heiden, die ihre Feste immer noch in die dunklen Nächte verlegten.

Trotz der Heiligenlegenden und Marienwunder, trotz der brutalen Verfolgung und der Degradierung der Frauen, blieb der Mond am Himmel, und die Nacht gebar den Tag. Oder anders gesagt, die Frauen gingen in die Kirche, aber ihre Kinder durften trotzdem bei abnehmendem Mond nicht heiraten. Die Kirche nahm sich des Problems an und verstärkte die Propaganda der Wundertätigkeit Mariens. Das nachfolgende Zitat zeigt die Denkweise: Man muß »die Vermittlung von alltagsweltlichem Handeln und religiösen Sinnvorgaben aus der Interessenperspektive des Gläubigen« (zu) sehen.[54] Das bedeutete, daß der Mensch sich mit den Wundern der Maria identifizieren sollte. Mit anderen Worten, Maria mußte die Göttin für die einfachen Leute werden. Womit der Mond als ihr Attribut verständlich ist. Doch die eigentliche Frage war die: War die Mondgöttin wirklich verschwunden, oder hieß sie nach dem Konzil von Ephesus Maria?

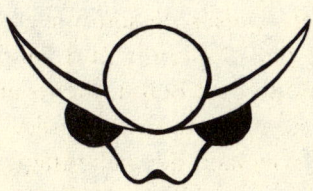

DIE HELLE SEITE
DES MONDES

Der Einfluß des Mondes auf irdisches Geschehen ist hinsichtlich Ebbe und Flut unbestritten, ansonsten von der Wissenschaft grundsätzlich verneint, dafür ist er häufig eine Sache des Glaubens beziehungsweise der Spekulation. So wird beispielsweise die Einwirkung des Mondes auf das Wetter immer wieder behauptet. Viel diskutiert wurde zu Beginn des 20. Jahrhunderts die Theorie der »kritischen Tage« des Geologen und Astronomen Rudolf Falb. Er behauptete, daß Schlechtwetterperioden wie Erdbeben und Vulkanausbrüche vor allem dann auftreten würden, wenn die Flutfaktoren verstärkend zusammenwirkten. Obwohl die Haltlosigkeit seiner Theorie längst bewiesen ist, werden seine Behauptungen stets aufs neue als wissenschaftliche Erkenntnisse kolportiert. Vielfach tauchen sie auch im neuen Gewande, beispielsweise als Wetter- und Mondphasendiagramme auf. Freilich sind die ausgewählten Bezüge derart groß, etwa bezogen auf das Staatsgebiet der USA, daß der zugrundeliegende statistische Durchschnittswert im Prinzip ohne Aussage ist. Die Gezeitenkraft des Mondes auf die Erdatmosphäre und damit auf den das Wetter ursächlich beeinflussenden Luftdruck ist jedenfalls eine zu vernachlässigende Größe von 0,1 Hektopascal.[55] Eine mögliche auslösende Teilhabe des Mondes an Erdbeben ist allerdings nicht von der Hand zu weisen. So hebt sich der Erdboden unter den Gezeitenkräften des Mondes durchschnittlich um einen halben Meter. Da diese Anhebung jedoch großflächig erfolgt, ist sie als solche nicht bemerkbar. Zu Neu- und Vollmond, den sogenannten Syzygien[56], wenn der Mond in Konjunktion beziehungsweise Opposition zur Sonne steht, addieren sich die Gezeitenkräfte beider Himmelskörper. Ereignisse, die zu diesen Zeiten scheinbar gehäuft auftreten, werden daher oft mit der Gravitation des Mondes in Verbindung gebracht. So wird etwa eine Zunahme von Gewalttaten bei Vollmond allgemein behauptet, was allerdings statistisch nur eingeschränkt belegbar ist. Die indes belegte Geburtenhäufigkeit zu den Syzygien in Küstengebieten hängt wahrscheinlich mit den Gezeiten zusammen. Andererseits ist das Ausmaß der Gezeitenkräfte nicht nur von der Mondphase, sondern auch von der Entfernung des Mondes zur Erde abhängig. So kann es geschehen, daß ein Halbmond in Erdnähe gleichermaßen gezeitenmächtig ist wie ein Voll- oder Neumond. Nur bei wenigen Lebewesen ist daher ein biorhythmischer Zusammenhang mit der Gezeitenkraft des Mondes zweifelsfrei erkennbar. Beim Grunion, dem einzigen an Land laichenden Fisch, ist er offensichtlich. Er verläßt nämlich die See zur Eiablage und Befruchtung nur bei extremen Gezeiten. Dazu läßt er sich bei Vollmond mit der Flut auf den feuchten Sandstrand tragen. Dort vergräbt er nach erfolgter Befruchtung den Laich. Vierzehn Tage später wird seine geschlüpfte Brut mit der Neumondflut aus den inzwischen ausgetrockneten Sandlöchern gespült und ins Meer zurückgeschwemmt.

Häufig werden auch Mondeinflüsse behauptet, wo vermutlich nur Synchronizitäten zugrunde liegen. Ein Beispiel hierfür mag die Untersuchung des Menstruationszyklus liefern. So wurde in einer Studie der Zyklus von mehr als 10 000 Frauen über einen Zeitraum von 14 Jahren festgehalten. Das Ergebnis zeigte zwar eine signifikante Erhöhung der Monatsblutungen zum Neumond und knapp nach Vollmond, allerdings betraf sie nur rund zehn Prozent der Probandinnen, während sich die beeindruckende Mehrheit der Fälle mehr oder minder gleichmäßig über die Zwischenzeiten verteilte; wobei in der abnehmenden Mondphase rund ein Drittel mehr Fälle registriert wurden. Das auffälligste Moment an dieser Untersuchung ist jedoch, daß kurz vor den Mondsyzygien die Zahl der Blutungen geradezu oppositär zum nachfolgenden Anstieg absank, so daß man fast annehmen kann, daß sich die bevorstehende Mondphase hemmend auf die anstehende Menstruation auswirkte. Insofern mag man entgegen der anfänglichen Synchronizitätsvermutung zumindest für die betroffene Gruppe von zehn Prozent der Probandinnen eine Sensibilität für einen möglichen Mondeinfluß annehmen.

Von welcher Art dieser Einfluß allerdings sein könnte, bleibt indes unklar. Gravitation scheidet auf Grund der phasenungleichen Apsiden (Erdnähe und Erdferne) des Mondes aus. Die manchmal geäußerte Vermutung, eine noch unbekannte kosmische Strahlung, die vom Mond reflektiert würde, könne hierfür wie auch für andere synchrone Erscheinungen verantwortlich gemacht werden, sticht ebenfalls nicht. Vielmehr steht hinter dieser Ansicht nur ein naives Verständnis der Mondphasen, schließlich zeigt uns der Mond unabhängig vom reflektierten Sonnenlicht stets seine gesamte Scheibe. Er reflektiert somit nur punktuelle Strahlungsquellen wie die der Sonne periodisch, gestreute Strahlung aber permanent. Auch die Annahme, daß das Mondlicht den weiblichen Zyklus reguliere, greift nicht vollends, da hierdurch die kongruenten Menstruationsfälle zu den Mondsyzygien nicht erklärt werden. Gleichwohl kann das Mondlicht beziehungsweise eine schwache nächtliche Lichtquelle regulierend in den Monatszyklus eingreifen. So experimentierten Frauengruppen im Zuge der Wiederbesinnung auf die weibliche Kraft des Mondes mit dem Mondlicht und fanden heraus, daß ein schwaches Nachtlicht am 14., 15. und 16. Tag des Zyklus am Fußende des Bettes aufgestellt einer unregelmäßigen Periode zu einem 29 Tage-Rhythmus verhilft. Auf den Mond übertragen wäre demnach das Licht des Vollmonds das Regulativ.

In der Tat gilt das Licht des Mondes als eine nachweisbare biorhythmische Einflußgröße. Vor allem bei Fischen ist sie erkennbar. Vielzitiert wird das Beispiel des Palolo-Wurmes, eines schmackhaften, über einen halben Meter langen Meeresborstenwurmes, der auf den Korallenriffs um Samoa im Südpazifik lebt. Im Oktober und November stets um die Zeit des letzten Mondviertels trennt er zu seiner Fortpflanzung sein Hinterende ab. Gewaltige Schwärme dieser männlichen und weiblichen Geschlechtsknospen steigen dann an die Wasseroberfläche. Nur diese kollektive Mondpünktlichkeit garantiert die Erhaltung ihrer Art. Am Menschen wurde hingegen beobachtet, daß die Gelbempfindlichkeit des Auges um die Vollmondzeit zunimmt. Dabei ist es unerheblich, ob der Mond nun hinter Wolken verborgen ist oder nicht. Diese Lichtempfindlichkeit steuert womöglich die Produktion des Stoffwechselhormons Thyroxin in der Schilddrüse. Seine Ausschüttung folgt einem mondtypischen Rhythmus von 29 Tagen, wobei die Spitze im Neumond und das Tief zu Vollmond auftritt.

Als ebenfalls bedeutend für biologische Periodizitäten wird der Einfluß des Mondes auf das Magnetfeld der Erde und der Luftelektrizität erachtet, doch hierzu in den nachfolgenden Kapiteln mehr.

Der Gefühlvolle

Es wäre übertrieben zu sagen, daß mit den Mondphasen auch generell unsere Stimmungen wechseln. Gemeinhin können wir besondere Stimmungsschwankungen nur zum Voll- oder Neumond feststellen. Dies bedeutet freilich nicht, daß wir in Zeiten des zu- oder abnehmenden Mondes mehr oder minder gleichmütig sind. Auch hier durchleben wir von Mal zu Mal recht eindringliche Gemütsbewegungen, doch nur selten vermögen wir sie mit dem Mond und seiner Erscheinung in Übereinstimmung zu bringen. Dennoch laufen so manche unserer Befindlichkeiten mit dem Mondumlauf konform. Schließlich wandert der Mond während eines siderischen Monats einmal durch alle Tierkreiszeichen der Ekliptik. Bei seiner Wanderung durch den Tierkreis steht der Mond also zwei bis drei Tage lang in jedem einzelnen der zwölf Sternzeichen. In dieser Zeit werden durch ihn die jeweiligen emotionalen Eigenschaften dieser Zeichen angesprochen. Hierdurch wird für bestimmte grundlegende Stimmungen ein Ereignishorizont geschaffen, durch den die damit verknüpften Gemütsverfassungen leichter als andere ausgelebt werden können. Dabei wirkt allerdings der individuelle Typus der Sternzeichen weniger durchgreifend; statt dessen sind es die in ihnen waltenden vier Elemente, die in Verbindung mit dem Mond verstärkt zum Ausdruck gelangen. Wobei freilich nicht die den vier Elementen ureigene Kraft zur Geltung kommt, sondern vielmehr *die durch die Elemente angeregten Entsprechungen des Seelenmondes* in uns selbst. Mit der lichten und freundlichen Seite des Mondes sind vor allem die Elemente Luft und Wasser verbunden, deren Mondgestalt nachstehend erläutert wird.

Mond im Element Luft

Das Element Luft wird durch die Sternzeichen Wassermann, Zwillinge und Waage verkörpert. Durch seine Teilhabe an den Mondkräften erhalten unsere Träume Nahrung. Wir verleihen unserer Phantasie Flügel und werden zum Baumeister unserer Traumschlösser. So können wir engelgleich auf Wolken schweben und über die rauhe Wirklichkeit lächeln, tragen wir doch eine fast perfekte Vorstellung von dieser Wirklichkeit in uns. Freilich hegen wir unsere Träume nur ungern im stillen Kämmerlein, sondern suchen die Kommunikation und Geselligkeit. Wobei uns jene Gesellschaften am ehesten entsprechen, in denen unsere Wunschvorstellungen nicht nur nicht geteilt werden, sondern auch im Rahmen des Möglichen Verwirklichung finden könnten. So geben wir unseren Träumen etwas Festigkeit und uns selbst den äußeren Schein von Nüchternheit.

Auch wenn wir sinnend zum Wolkenstürmer werden, bleiben wir also nach außen verhalten. Es sind nicht die starken Gefühle, die wir suchen, sondern die süßen und betörenden. Im sanften Empfinden vermuten wir die Wahrheit, während wir hinter dem Lauten und Expressiven die Lüge wittern. Indes bewirkt der Zwiespalt zwischen unseren inneren Wünschen und ihrem äußerlichen Verschleiern ein seltsames Fluchtverhalten. Einerseits suchen wir die Gemeinsamkeit, andererseits scheuen wir zuviel Nähe und ganz besonders solche, in der wir versucht wären, unsere wahren Gefühle preiszugeben. Zu groß ist unsere Sorge, durch Einrede und Überredung innerlich bedrängt und beschnitten zu werden. In Momenten, in denen uns dies geschehen könnte, wünschen wir uns daher in eine Kristallkugel; dementsprechend kühl wirken wir auch dann nach außen. Erfahren wir aber darauf Ablehnung, so wird uns zugleich zum Weinen zumute.

Fazit: Der Mond in den Luftzeichen beflügelt unsere Träume und Kommunikationsfähigkeit, gleichwohl läßt er uns innerlich vereinsamen.

Mond im Element Wasser

Das Element Wasser wird durch die Sternzeichen Fische, Krebs und Skorpion verkörpert. Es ist das Element, das den symbolischen Kräften des Mondes in vollkommener Weise entspricht. Gilt doch der Mond als Planet des Wassers. Von daher verstärkt sich unser Gefühlsempfinden um ein Vielfaches, sobald der Mond in ein Wassersternzeichen tritt. Wir neigen dann dazu, über die Maßen emotional zu reagieren, egal, was uns auch angetragen wird. Ungute Gefühle werden noch ein bißchen dunkler, und Angenehmes empfinden wir noch tiefer und satter. Daß wir dabei gar manches Mal unsere Vernunft hintanstellen, schreckt uns wenig. Ja, wir können in solcher Zeit so gefühlsfixiert sein, daß uns die ohnehin schon ungewöhnliche Intensität unserer Empfindungen bisweilen nicht kräftig genug erscheint. In solchen Augenblicken hegen wir leidenschaftliche Zweifel an der Ehrlichkeit unserer Gefühle, obwohl sie sich wahr und unverfälscht in uns regen. Hier besteht dann die Gefahr, daß wir zum Manipulator unserer selbst und unserer Umgebung werden. Wir fordern dann ohne Scheu und Scham gleichwertige Anteilnahme und Bestätigung. Dazu begeben wir uns freimütig ins Rampenlicht und übernehmen die Rolle des Entertainers. Zudem verspüren wir in uns ein beinahe unersättliches Verlangen nach Nähe, Austausch und Anerkennung. Dies verführt uns wiederum, jedem, der unsere Gefühle erwidert oder auch nur als berechtigt anerkennt, am liebsten sofort ewige Treue und Freundschaft zu schwören. In dieser Haltung ist es uns dann auch ein leichtes, uns soweit zu verleugnen und unserem nächsten die Person vorzugaukeln, die er in uns zu erkennen glaubt. Im gleichen Maße sind wir aus denselben Motiven heraus auch imstande, dort, wo es uns vonnöten erscheint, in eine Mutterrolle zu schlüpfen. Und so suchen wir eifrig den emotionalen Austausch und seelischen Gleichklang, dort aber, wo er uns verwehrt wird oder unser Empfinden nicht ausreichend gewürdigt wird, können wir zur Furie werden. Schließlich scheint uns in solcher Phase ein gegen uns gerichtetes Haßgefühl allemal erstrebenswerter als laue Erwiderung oder gar Gleichgültigkeit.

Fazit: Ein Leben aus dem Bauch heraus. Harmoniestreben. Drang nach gefühlsmäßiger Erwiderung; schlimmstenfalls bis hin zur Selbstaufgabe.

Der Glücksbringer

Mit der hellen Seite des Mondes ist vordergründig die Mondscheibe zur Vollmondphase gemeint. In einem erweiterten Sinn gilt dieser Begriff jedoch vor allem für die lichten, heiteren und harmonisierenden Aspekte, mit denen wir den angenommenen Einfluß wie auch die dem Mond zugedachte Symbolik auf unsere seelische Innerlichkeit umschreiben. Vornehmlich sind dies jene Gefühlsregungen, die unser Gemüt veredeln und uns ein irdisches Wohlgefühl vermitteln. Dies mag sich in sinnlichem Begehren oder schmachtendem Liebesglück und Liebessehnen ausdrücken; grundsätzlich wesentlich ist diesem Wohlgefühl indes eine seltsame, nur unzulänglich in Worte zu fassende Körperlichkeit: Wir empfinden uns in angenehmer, geradezu wärmender und nährender Weise mit unserer Umwelt versponnen. Ja, wir wähnen uns schlechthin in ein größeres Lebendes eingebettet und ihm zugehörig, so, als wäre es eine ferne Erinnerung daran, als wir mit unserer Mutter noch eins waren. Zur hellen Seite des Mondes zählt aber auch seine milde magische Kraft. Es ist eine Kraft, die sich vor allem aus den dem Mond zugedachten magischen Entsprechungen nährt; wobei wir heute kaum mehr nachempfinden können, ob diese meist auf Archetypen gründenden Entsprechungen auch eine merkliche Mondwirkung beschreiben. Jedenfalls entspricht die magische Wirkung der hellen Seite des Mondes einem durch und durch gutmeinenden mütterlichen Aspekt, der sich fürsorglich und behütend auswirkt und somit der weißen Magie zuzurechnen ist. Daß seine Wirkung nicht nur mit dem leuchtenden Mond verknüpft ist, können wir daran ersehen, daß die Mächtigkeit weißmagischer Rituale bei Vollmond wie auch bei Neumond als am durchdringendsten erachtet wird. Diese beiden Mondphasen galten etwa bei den Germanen als Thingzeiten. Und es mag ein urgründiges Empfinden gewesen sein, daß gerade zu dieser Zeit auch eine wohlmeinende Kraft die zu treffenden Ratschlüsse und Urteile lenkt.

Die weißmagisch schützende Kraft des Mondes kommt auch in der Verwendung von Amuletten und Talismanen zur Geltung. Besondere Beachtung finden dabei verschiedene Schmucksteine, die die Kraft des Mondes, insbesondere seine die Fruchtbarkeit, Gemütstiefe und Sinnlichkeit hegende Stärke ihrem Träger zufließen lassen soll.

❱ Der *Mondstein* sei hier an erster Stelle genannt. In der Antike und im Altertum wurden damit verschiedene Quarze bezeichnet, deren Farbe und Licht dem Mond ähnlich waren und von denen man annahm, daß sie vom Mond gefallen seien. Da um diese Steine verklärende Legenden gesponnen wurden – angeblich veränderten sie ihre Farbe entsprechend dem Phasenwechsel des Mondes –, wurde der Stein schließlich zum Mysterium. Erst im 18. Jahrhundert wurde der heute bekannte Mondstein als solcher benannt. Es ist ein milchig-weißer Feldspat, der geschliffen ein wogendes Licht zeigt. Seinen Träger schützt er vor dem bösen Blick und schenkt seiner Stimmung Tiefe und bisweilen melancholische Schwere. Frauen verleiht er Anmut, Männern vermittelt er Duldsamkeit. Wer sich darauf einläßt, kann in seinem milchigen Schein ein Stück weit in die Zukunft sehen und dabei verheißungsvolle Impulse setzen.

❱ Das *Fraueneis*, auch Marienglas genannt, wurde im Mittelalter für den wiederentdeckten Mondstein gehalten. Er wurde der Jungfrau Maria, als der gewandelten Mondin, zugedacht. Es ist ein in dünne Blätter spaltbarer klarer Gips. In den Klöstern wurde er als Schmuck für Heiligenbilder verwendet. Von daher wird die magische Wirkung eines Schutz- oder Glücksbildes verstärkt, wenn es von einem Rahmen gehalten wird, der mit Fraueneis gefaßt wurde. Insbesondere zum Schutz für Haus und Familie soll solcher Bildzauber sich als mächtig erweisen.

❱ *Silber* gilt allgemein als die Farbe des Mondes. Will man sich bei einem Amulett bewußt seiner wohlgesinnten Kraft versichern, sollte man einen aus Silber gefertigten Anhänger wählen. Beispielsweise ist die Doppelaxt, ein Zeichen der starken und emanzipierten Frau, gemeinhin nur in Silber zu erstehen. Daß auch die Mehrzahl an Amuletten in Silber gefertigt wird, dürfte neben der Preisfrage durchaus auch auf das tradierte Wissen von der emotionalen Schutzwirkung und Zaubermächtigkeit des Mondes zurückzuführen sein.

❱ Jede *Perle* eine Träne. Darum darf man Perlen nicht schenken, jedenfalls eine Münze sollte man dafür schon fordern. Die Legende erzählt, daß dort, wo eine

Sternschnuppe niedergeht, eine Fee Perlen ausstreut. Und da Sternschnuppen für Tränen des Mondes gehalten wurden, die dieser um seine Sonnenbraut vergießt, erachtete man Perlen im Sympathiezauber als mächtig für die Liebe und das Liebeswerben. Und in diesem Sinne wird ihr Mondenglanz auch heute noch gedeutet. Ihre schlichte und dennoch edle Anmut schmückt und verzaubert zudem jede Frau.

❯ Im Licht schillert der *Opal* in vielen prächtigen Farben. Im Schatten erscheint er hingegen milchig glänzend wie der Mond. Der Opal ist ein Stein, der sich im wesentlichen aus Wasser und Kieselsäure zusammensetzt. Er gilt in unserer Zeit als besonderer Glücksstein. Als außergewöhnlich mächtig in diesem Sinne wird der Wasseropal erachtet. Dieser ist ein sehr seltener Opal, der die Eigenschaft hat, Wasser aufzunehmen und dabei durchsichtig zu werden. Er wird auch Weltauge genannt und gilt von daher auch als Sonnenstein. Als solcher versinnbildlicht er Mond und Sonne in einem und ist deshalb ein ungewöhnlicher Glücksstein für alle Liebenden.

❯ Der *Jaspis* kommt in verschiedenen Farben vor. Nur ein milchfarbener oder blaugrauer Jaspis trägt in sich Entsprechungen zum magischen Mond. In dieser Form wird er als schützender und zauberstärkender Quarz angesehen. Seinem Träger soll er darüber hinaus die dunklen Träume nehmen.

❯ Der *Ulexit* ist ein nur wenig bekannter Stein von seidigem Glanz. Zusätzlichen Mondcharakter erhält er durch mugeligen Schliff, der bewirkt, daß auf ihm der Lichtschein wandert, als wäre der Stein die Mondscheibe selbst. Manche kennen ihn auch als Fernsehstein.

Dazu wird er speziell geschnitten und poliert. Legt man ihn darauf auf eine gemusterte Unterlage, so erscheinen Farbe und Muster auf der Oberfläche des ansonsten trüben Steines. Insofern liegt es nahe, daß dem Träger dieses Steines Hellsichtigkeit zugesprochen wird. Allerdings soll der Stein Launenhaftigkeit begünstigen, dafür aber auch die Sensibilität für die Mondkräfte steigern.

Ein weiteres glückbringendes Symbol, in dem sich die hellen Kräfte des Mondes bündeln, ist die Karte des Tarot »Rad des Schicksals«, die als Bild diesem Kapitel vorangestellt wurde. Diese Karte erlaubt zwar eine zwiespältige Deutung zum Guten wie zum Schlechten, in dieser Weise steht sie dem Mond nicht nach, doch wer sie als Darstellung des Glücksrades auffaßt, kann sie demzufolge auch unbesehen als Glücksbringer betrachten.

Das Rad selbst wird von drei Figuren umfaßt. Auf der linken Seite für den abnehmenden Mond die Götter bedrohende Schlange in ihrer negativen Deutung als Typhon, in ihrer positiven Deutung jedoch als Äskulap, dem Symbol der Wandlung und Erkenntnis. Von unten her aus dem Neumond aufsteigend Anubis, der ägyptische Totengott, als Sinnbild der Erneuerung, Wiedergeburt und des Fortwährens. Oben auf für den Vollmond die Sphinx als Zeichen der Mächtigkeit und Entschiedenheit. Im Rund des Rades, das als magischer Schutzkreis angelegt ist, die hebräischen Buchstaben für Jahwe und die Buchstaben TARO, die einmal für sich selbst stehen, aber auch als ROTA, Rad, und TORA, Thora, die fünf Bücher Mose, gelesen werden können. Im Innenkreis die alchemistischen Zeichen für Schwefel, Salz, Quecksilber und Wasser, die Symbole der philosophischen Elemente und Weltprinzipien.

Die Darstellung des Glücksrades hebt auf den Zwiespalt zwischen Schicksalsmächtigkeit und Selbstbestimmung ab. Wer jedoch dieses Zeichen sich zum Amulett wählt, der begibt sich gleichnishaft in die Kreismitte, wo sich die Bewegung des Rades verlangsamt. Er vertraut somit auf den göttlichen Schutz und gewinnt dadurch die Gabe der Vorhersehung. Sein Schicksal wird ihm dadurch nicht mehr zum Zufall, sondern zum bewußten Weg der Vermeidung und Vervollkommnung, der es ihm ermöglicht, aus dem karmischen Kreis von Ursache und Wirkung auszutreten. Und in diesem Sinne verstanden, wird das Rad des Schicksals in der Tat zum Rad des Glücks.

Der Fruchtbringer

Frau Holle, die germanische Himmelsgöttin und Gefährtin des Wotan, gilt als ein Aspekt der Göttin Frigg und ist von ihrem Charakter her eine Mondgöttin. Offenbart sie ihre helle Seite, so wird sie meist Frau Hulda genannt und zeigt als solche Ähnlichkeit mit der Göttin Freya, die ihrerseits ebenfalls als ein Aspekt der Frigg aufgefaßt werden kann.

Frau Hulda erscheint der Sage nach mit dem ersten warmen Sonnentag des nahenden Frühlings. Dann tritt sie aus den Bergen heraus und wandelt über die grünende Flur. Überall dort, wo sie den Erdboden berührt, blühen Blumen auf, und sie schreitet segnend durch die Saat. Und alles, was ihre segnende Hand erreicht, wächst und gedeiht. Solange der Sommer währt, regiert sie das Land, und glockenhell wird es auch in der finstersten Nacht, wo sie geht und steht. Und wer ihr begegnet, der begegnet seinem Glück.

In dieser Gestalt wirkt der Mond als Fruchtbarkeitsgöttin, als Mondin. Sie wird zur Feuchtigkeit spendenden und ziehenden Kraft, von Männer betörendem Liebreiz. Die sinnliche Eva, die Liebende, Hingebende und Leben-schenkende. Sie ist der Mensch, der dem Paradies um der Erkenntnis und der Selbstwerdung willen entflieht, selbstbestimmt, seinen Partner zum Glück verführend und in die Welt werfend. Sie ist der Hort des Gedeihens, der Sammlung und des Verweilens. Ihre Sorge um die Frucht und um das Werden, wird zur Sorge um den Frieden. Duldsamkeit, Ausgleich und Bündnisfähigkeit sind dabei ihre machtvollen Tugenden. Unter ihrem Banner läßt sichs gut sein. – Menschen, die zur gleichen Mondphase geboren sind, stehen unter diesem Banner. Finden sie sich als Freunde oder zu einem Paar, so finden sie aneinander Heimat in tiefer Seelenverwandtschaft. In diesem Zusammenhang sei erwähnt, daß einige Ärzte vermuten, daß die Empfängnisbereitschaft der Frau dann am größten ist, wenn die aktuelle Mondphase auch der Mondphase ihrer Geburt entspricht. Andererseits müßte nach der oben erwähnten Menses-Statistik eine beachtliche Häufung fruchtbarer Tage um die Transit-monde herum liegen. Für diese Zeiten wird außerdem der Mond selbst zum Fruchtbarkeitssymbol, zeigt er doch nicht nur gleichmäßig Licht und Schatten, sondern erscheint auch als sinngleiches Bild des Zusammenwirkens von männlicher und weiblicher Kraft wie dies im Yin-und-Yang-Siegel verkörpert wird.

Wollte man dem fruchtbaren Mond eine Farbe geben, so könnte es nur Blau sein. Manche Traditionen sehen ihn zwar auch rot, doch ist dies selbst bei den nächtlichen Auf- und Untergängen nicht seine Farbe. Viel eher erscheint er uns dann orange. Orange aber wäre die Farbe des Mondes, würde man einen synodischen Monat oktavieren. Und würde man diese Schwingung bis in unseren Hörbereich hinab oktavieren, hörten wir ein gis, den Kammerton zu Zeiten Mozarts. Rötlich indes ist allenfalls der äußere Ring des Hofes, wenn der Mond von einem Halo umreift ist. In solcher Verfassung wird ihm übrigens besondere Fruchtbarkeit nachgesagt. Blau jedoch bietet einen eindrucksvoll harmonischen Kontrast zu Silber, der eigentlichen Mondfarbe. Blau galt überdies bis in unsere Zeit hinein als weibliche Farbe. Weibliche Babys wurden auch bei uns bis ins 20. Jahrhundert hinein blau gekleidet; männliche hingegen rosa. In vielen Ländern ist dies heute noch Brauch. Blau und Silber begegnen uns außerdem wieder in den Farben der Weisheit und Reinheit, die als solche die Jungfrau Maria symbolisieren, es sind gleichermaßen auch die Farben der alten Mondin, in denen man Frau Hulda gewandet sah.

Das Licht der Wonne

Ein schöner Stern geht auf in meiner Nacht,
Ein Stern, der süßen Trost herniederlacht.
Und neues Leben mir verspricht –
O, lüge nicht!
Gleichwie das Meer dem Mond entgegenschwillt,
So flutet meine Seele, froh und wild,
Empor zu deinem holden Licht –
O, lüge nicht!

Heinrich Heine: Katharina

Wenn wir uns darauf einlassen, im Mond eine göttliche beziehungsweise feinstofflich wirkende Kraft zu sehen, so sind es in erster Linie chthonische[59], also erdhafte Energien, die durch ihn wirken. Naturverbundenheit, emotionales und körperliches Wohlbefinden entfalten sich, sobald wir seiner wirkenden metaphysischen Kraft in uns bewußt nachgehen. Seine Erdnähe ist unter diesem Gesichtspunkt nicht nur gegebene Körperhaftigkeit. Vielmehr wird der Mond als wirkendes transzendentes Phänomen zum Mittler zwischen einer allumfassenden spirituellen Kraft, als auch zum Künder einer Wechselbeziehung zwischen eben dieser Kraft und unserer seelischen Innerlichkeit sowie unserer Körperlichkeit. Zeitloses und Vergängliches verbinden sich, um sich wechselseitig zu erhöhen. In bildhafter Weise steigen dabei die Götter vom Olymp, um im Menschen zu währen. Und unsere göttliche Urnatur empfindet ihre Nähe als heilsamen, tröstenden und fordernden Bezug, die Kommunikation zu ihnen in wirkender Verbindung zu suchen.
Lassen wir uns also bewußt auf die Mondkräfte in uns ein, so erhellen wir sie. Wir selbst werden zur Sonne, die das

Dräuende in uns ans Licht bringt und ihm seinen Schrecken nimmt. Wir erlangen Selbständigkeit, indem wir solchermaßen unbewußte und nicht konkrete Ängste lösen. Der Mond wandelt sich von der allmächtigen Mutter, an deren Rockzipfel wir uns zuvor noch bang klammerten, zur freundlichen Lichtgestalt, die das furchtsam Verdrängte als etwas uns Eigenes und Annehmbares offenbart. Unsere abgründigen Seelenbewegungen verlangsamen sich, und wir erfahren Heil im Sinne von Ganzwerdung. Was uns vordem in unbestimmter Weise drängend beunruhigte, verliert seine Gewalt, und wir werden ermutigt, Lebenskraft auch aus unserer Seelentiefe zu schöpfen. In solcher Weise mondbeseelt, sind wir imstande, ohne Reue unsere Sinnlichkeit zu bejahen und die Früchte der Erde wissend und lustvoll zu genießen, anstatt sie unersättlich gleichwohl achtlos zu vertilgen.

Wer das Neulicht nahe der untergegangenen Sonne am Abendhimmel aufscheinen sieht, erkennt, warum dieser Tag gemeinhin als Glückstag gilt. In dieser kurzen Weile, die dem Mond verbleibt, bis er gleichfalls hinter den Horizont sinkt, kann man sich seiner Kraft versichern für das, was noch werden soll und was am entstehen ist. Diesen Mondsegen mag man förmlich erbitten, doch unserem heutigen Verständnis gemäßer ist es, sich kontemplativ mit der Erscheinung des Neulichts und unserem Streben auseinander zu setzen. Bei solcher Betrachtung mag man auch das Gleichnis von der Liebe zwischen Sonne und Mond sinnlich nachempfinden. Und in der Tat suchen an diesem Abend nicht nur die beiden Himmelslichter die Nähe zueinander, auch in uns kann sich die Leidenschaft so weit regen, daß wir gleich diesen beiden einem Abenteuer für eine Nacht nicht abgeneigt sind.

Von der rechten Seite her nimmt der Mond zügig zu. Es ist seine gute Seite. Auch wir sind zu dieser Zeit zugänglicher als sonst. Traurige Stimmungen greifen uns nicht so sehr an, hingegen suchen wir in heiterer und beschwingter Weise die Begegnung mit anderen und sind manches Mal geneigt, die ganze Welt zu umarmen. Wer jetzt umziehen möchte, trägt die lebhafte und beglückende Kraft des Neubeginns in seine neue Wohnung. Und so richtig rund macht er diesen Segen, wenn er zu Vollmond das erste Mal in den neuen vier Wänden nächtigt.

Zum Vollmond hin wird der Mond tatsächlich zur Luna, zur Leuchtenden, die uns die Nacht zum Tage macht. Unsere Lebensfreude erreicht einen Gipfelpunkt. Was im allgemeinen mit »ganz im Hier und Jetzt« umschrieben wird, wird nun zum Besonderen. Es verliert seine Floskelhaftigkeit, und wir empfinden eine seelische und körperliche Harmonie, die uns den Augenblick in sinnlicher und transzendenter Weise erschließt. In solcher Gemütsverfassung werden wir auf selbstverständliche Weise eins mit dem, was in unseren Sichtkreis tritt. Wir stehen in unmittelbarer Beziehung zu dem uns nächsten, und wenn wir in Kommunikation mit ihm treten, verschmelzen wir auf wundersame Weise mit dem uns Tragenden. Es ist eine erweiterte Wahrnehmung, die sich uns erschließt und in der wir uns im nächsten erkennbar spiegeln wie auch uns selbst so weit aufschließen, daß wir ihm zugehörig werden. Daß der Mond in seiner Vollmondphase der Sonne am entferntesten ist, ist darüber hinaus von entsprechender Bildhaftigkeit. Erleben wir doch diese über unser Selbst hinausreichende Verbundenheit nur dann, wenn wir auch bereit sind, uns von dem alles überglänzenden oberflächlichen Tagesgeschehen abzuwenden und unserer innerlichen Schattengrenze zu nähern.

Zur Zeit des Vollmonds löst sich nicht nur unsere Seele aus unserer egomanischen Umklammerung, sondern wir können auch tief in ihre Schrunden blicken. Wer einen solchen Blick in sich selbst wagen möchte, um sich in ungeahnter Weise zu spiegeln, kann einen uralten magischen Brauch wiederholen. Dazu richtet man einen Spiegel so auf den Mond, daß man sein Spiegelbild darin sehen kann. Alsdann läßt man sich auf eine Schau ein, bei der das Bild des Mondes im Spiegel fixiert wird. Sehr rasch tritt dabei ein tiefer innerer Frieden ein, bei dem die Gedanken leiser werden und alsbald verfliegen. Dafür beginnt das Bild des Mondes im Spiegel zu changieren. Blickt man weiter unverwandt, so steigen einem vor dem inneren Auge Bilder und Szenen auf, gleichzeitig wandeln einen Gefühle aus der Tiefe des Herzens an. Man kann darauf in einem stillen Zwiegespräch mit seinem inneren Erleben das Gesehene und Empfundene interpretieren und so allmählich Schicht für Schicht seine Seelentiefe aufdecken. Das Zwiegespräch mit dem Gesehenen ist deshalb bedeutsam, weil es lenkend für die Sicht wirkt. So vermeidet man Fallstricke durch Fehldeutungen und Einblicke in Winkel, die wir um unser Seelenheil willen noch vor uns selbst verborgen halten wollen. Nähert man sich dennoch solch inneren Tabus, Barrieren und Grenzen oder betritt Irrwege, verliert sich die Sicht.

Wer sich auf die Radiästhesie versteht, sollte seine Wünschelrute zu Vollmond schneiden und dann am besten, wenn der Mond zugleich im Sternzeichen Krebs steht; sie reagiert dann nämlich am sensibelsten. Auch siderische Pendel, die zu Vollmond gewässert werden, erhalten eine unvergleichliche Präzession.[58] Besonders feinstofflich energiereiche Vollmondphasen sollen nach althergebrachter Ansicht in all jenen Jahren auftreten, die glatt durch sieben teilbar sind; ein Bezug zum tatsächlichen Geburtsjahr Jesu – 7 vor der Zeitenwende konnte mit dieser Auffassung allerdings noch nicht verbunden gewesen sein und ist daher nur im nachhinein als bedeutende Bestätigung zu werten. Das nächste durch sieben teilbare Jahr ist das Jahr 2002.

Obwohl der abnehmende Mond der nördlichen Welt seine grüne Seite zeigt, nämlich seinen linken Bogen, verliert er mit seinem Licht auch seine Symbolträchtigkeit für die hellen Mondkräfte. Jetzt wird er zum Schnitter dessen, was zuvor gesät wurde. Unser lunarer Hunger scheint gestillt worden zu sein. Wir lehnen uns zufrieden zurück und durchleben eine Phase der Besinnung. Zu Neumond erreicht diese sich verlangsamende Bewegung ihr Optimum. Gleichermaßen neigen wir dazu, uns nach innen zu kehren und uns in stiller Weise selbst genug zu sein. Aber auch hier unterstützen die feinstofflichen Kräfte des Mondes unseren Weg der Selbstfindung in bildhafter Weise. Nahe der Sonne zieht der Mond nun unbemerkt übers Firmament. Unser Blick auf uns selbst ist nicht mehr gefühlsbewegend ungestüm, dafür aber klarer und von kühler Sachlichkeit. Jetzt sind es analytische Überlegungen, durch die wir uns die zuvor erspähten und erahnten Tiefen faßbar und in alltäglicher Weise zugänglich machen können. Das zuvor in bildhafter Weise Ergründete wird nun in bedachter Form bestimmt.

7

DIE UNHEIMLICHE NACHT

Mondbeglänzte Zaubernacht,
die den Sinn gefangenhält,
wundervolle Märchenwelt,
steig' auf in alter Pracht![59]

Niemand wird bestreiten können, daß die Nacht ihre ganz besondere Wirkung auf die Menschen hat. Menschen, die in der Nacht den gleichen Weg gehen sollen, den sie am Tag gegangen sind, empfinden die Wegstrecke plötzlich völlig anders. In der Dunkelheit werden jede Bewegung, jeder Schatten, jedes Geräusch wesentlich intensiver registriert als während des Tages. Aus der Mordstatistik der Polizei läßt sich die nächtliche Furcht der Menschen nicht begründen. Wer am hellen Tag völlig unbedenklich durch den Wald spaziert, der wird es sich überlegen, ob er den Weg auch in der Nacht gehen würde. Jugendliche verabreden sich zur Mutprobe um Mitternacht auf dem Friedhof. Was hat es auf sich damit, daß wir die Nacht anders sehen und auf sie anders reagieren als auf den Tag?

Die wundervolle Märchenwelt, mondbeglänzt und voller Träume, das ist die eine, die sehnsuchtsvolle Seite der Nacht. Die zweite, die dunkle Seite der Nacht, das ist einerseits die Furcht vor den unheimlichen Mächten der Dunkelheit, andererseits der Lockruf des anderen Ichs in uns, etwas Verbotenes zu tun. Eine Seite des Unterbewußtseins, die die »aufgeklärte« Gesellschaft kurz vor dem 21. Jahrhundert nur ungern zugibt. Aber wir haben den Beweis, daß die unheimliche Nacht sehr gut funktioniert, denn riesige Produktionsbereiche der Filmindustrie drehen nichts anderes als Filme mit dem berühmten Thrill. In dem Wort Thrill stecken die Begriffe »erschauern«, »zittern«, »sich aufregen«. Wir gehen nicht mehr selbst in die furchterregende Nacht, ebensowenig wie wir (in der Regel) nachts etwas anstellen, aber wir lieben diese Phantasien. Geben wir es nur zu. Wenn die Musik eine bestimmte Tonsequenz erreicht, die Nacht die Straße neblig und dunkel einhüllt und plötzlich der Mond leuchtend hinter den Wolken auftaucht, dann sitzen wir still in unserem Kinosessel und haben dieses berühmte Kribbeln im Bauch. Auch in der Literatur finden wir reichlich Beispiele für das gruselige Zusammenspiel der unheimlichen Nacht und dem Erscheinen des Mondes.

Unsere Sagen und Märchen zeigen zweierlei. Einmal sind die Geschichten aus der »anderen Realität« weltweit zu finden, also nicht regional oder auf einen Kontinent beschränkt. Zweitens sind sie sich inhaltlich so ähnlich, daß man sich fragt, wie kann dies sein, wenn sich die Völker niemals begegnet sind? Oder ist es einfach so, daß sich bestimmte Erfahrungen mit der anderen Realität auf der ganzen Erde ähnlich abgespielt haben? In vielen Märchen, die wir hierzulande kennen, spielen sich oft grauenhafte Dinge ab. Dabei wird häufig übersehen, daß diese Märchen Geschichten für Erwachsene waren, die sie sich zur stillen Stunde der Nacht erzählten. Erst zur Zeit des Barocks wurden die Geschichten aufgeschrieben und im Lauf der Zeit zu Kindermärchen umgearbeitet. Wir haben es in unserer Sagen- und Märchenwelt, trotz aller Bearbeitungen und Umdeutungen, mit einem Dokument aus der Frühzeit der europäischen Menschen zu tun. Und deshalb finden wir in diesen Geschichten natürlich auch jene Wesen, an die die Menschen glaubten oder deren Existenz nicht angezweifelt wurde. Niemand kann allerdings genau sagen, wie alt die Legenden und Märchen sind.

Bei vielen Geschichten, die man sich erzählte, spielte die Angst vor dem Weltuntergang eine zentrale Rolle. Man wollte nichts »verschreien«, wie man so sagt, und sprach über dieses Thema vorsichtshalber verklausuliert. So war bei der Erwähnung des Wortes »Götterdämmerung« jedem klar, was damit gemeint war. Nun war die Frage, wann der Himmel einstürzen würde, der Mond nicht mehr schiene, verbunden mit der logisch folgenden zweiten Frage: Gibt es ein Überleben, wenn die Götter milde gestimmt werden? Die frühen Christen sagten nein, befahlen den Menschen die Geduld und Gnade Gottes und sprachen vom Paradies am Ende der elenden Welt. Statt mit der Götterdämmerung drohten sie mit dem »jüngsten Gericht«. Viele Menschen glaubten den Predigern des Untergangs, verkauften Hab und Gut und warteten auf den Tod. Als die Welt nicht unterging, sagten die Prediger, für Gott seien tausend Jahre wie ein Tag, also könne die Welt auch erst in tausend Jahren untergehen, das sei eins wie das andere. Für die Menschen, die hungerten, weil sie in Erwartung des Weltuntergangs Hab und Gut verkauft hatten, war eins nicht wie das andere, und sie schauten wieder zum Himmel und dankten der Mondgöttin, daß sie lebten. Zwar sprach die Kirche auch danach noch vom Weltuntergang, nannte aber kein Datum mehr. Zur unheimlichen Nacht wurde vielen Menschen der nächtliche Alptraum, in dem sie das Gefühl hatten, daß jemand ihnen auf der Brust saß und langsam den Atem abdrückte bis zum Ersticken. Das war Lilith, die erste Frau Adams, die sich geweigert hatte, sich zum Zeugungsakt unter ihn zu legen und damit die Macht des Mannes anzuerkennen. Lieber floh sie und lebte ein freies, wildes Leben. Da Gott sie verdammt hatte, reizte sie nun als Dämon in der Nacht die Männer und Frauen bis zum Orgasmus. Für die Kirche war es ein herber Schlag, erkennen zu müssen, daß die Menschen im Traum sexuelle Phantasien auslebten. Da half auch keine Drohung mit dem jüngsten Gericht. Andererseits genügte der massive moralische Druck, den betroffenen Menschen dermaßen Schuldgefühle einzureden, daß ihnen vor lauter Sündenangst fast der Atem stehenblieb. Im Meer der Träume gehörte die Sexualität zu den bevorzugten Mondscheinereignissen. Die arme Lilith, die Muttergottheit der Kanaaer, bekam die Schuld daran.

Der Himmel war noch dort, wo er immer war, und so wurden auch die alten Geschichten wieder erzählt. Eine der zentralen Figuren, die bei leuchtendem Vollmond in Erscheinung traten, war der Wolf. Obwohl er zu den Wesen gehörte, die den Menschen angst machten und von denen man nur leise sprach, wurde sein Name trotzdem, oder gerade deshalb, als Gegenzauber benutzt. Die Menschen trugen zur Abwehr von Schadenszauber Amulette. Was sollte einem Mann noch passieren, wenn er den Namen Wolf trug? Wollte man sich in »beide Richtungen« absichern, gab man dem Kind einen christlichen und einen alten Namen als Abwehrzauber. Bereits die Germanen hatten von Fenrir dem Wolf erzählt, dessen Kräfte so unheimlich waren, daß man ihm Fesseln anlegen mußte. Sein schreckliches Geheul war erst verstummt, nachdem er sich während der Götterdämmerung befreit und voller Wut die Sonne gefressen hatte. Deshalb erlosch der helle Tag, ewige Nacht verdunkelte die Erde. Die eisige Wolfszeit hatte begonnen, und mit ihr kam das Ende allen Lebens. Doch das Ende bedeutete immer den Anfang von etwas Neuem. Es war immer verbunden mit dem Neuanfang, der Wiedergeburt. Bis in das 6. Jahrhundert nach der Zeitenwende glaubten die Menschen sogar mit Einverständnis der Kirche an die Seelenwanderung. So erklärt sich, weshalb es Volksstämme gab, die glaubten, daß sie direkt von der großen Wölfin abstammten. An einem Tag im Jahr verwandelten sich diese Stämme zurück in ihre Wolfsahnen und trugen Wolfsfelle und Wolfszähne als Heilamulette. In der Furcht vor den Wölfen steckte ein großer Anteil Verehrung. Noch im Mittelalter wurde registriert, daß sich die Verehrung der Wolfsgöttin fortsetzte und sich junge Männer zurück in Wölfe verwandelten, um zur Zeit des Mondwechsels ihrer Wolfsgöttin zu huldigen. Dabei war der Wolfskult längst verboten und die »Werwölfe« zum Erschlagen freigegeben. Aus dem Verbot, das sich so einfach nicht durchsetzen ließ, entstanden die blutrünstigsten Geschichten über die Werwölfe, denn die Menschen hatten zunächst Hemmungen, die »Wolfsmenschen« einfach totzuschlagen. Man darf nicht vergessen, daß sich die Verehrung der Wolfsmutter unter anderem auch in der Geschichte von Romulus und Remus widerspiegelt, die Wolfskinder waren. Natürlich durfte die Wölfin nicht eine Wolfsgöttin sein, die den beiden Knaben das Leben erhielt, also wurde die Geschichte so umgeschrieben, daß darin keine Verehrung für die

Wolfsgöttin mehr zu erkennen war. Dennoch blieb der Kult so stark, daß sich die Kirche noch im Mittelalter damit auseinandersetzen mußte.

»Ihr sollt nicht für den Mond beten, damit er vor den Wolfszähnen schützt«, zitiert Grimm[60] den mittelalterlichen Versuch, die alten Glaubensrituale zu verhindern. Solange es freilebende Wölfe gab, solange lebte der Glaube an die unheimlichen Vollmondnächte, in denen die Werwölfe umgingen. Und es war keineswegs so, daß die Jagd auf sie ganz allgemein begrüßt worden wäre, wie uns das die christlich geprägten Legenden glauben machen wollen. Es kam nicht gerade selten vor, daß die Wald- und Grundbesitzer, die die freie Jagd verboten hatten, einen Wilderer totschlugen und ihn schnell zum Werwolf erklärten, um sich kein Gewissen machen zu müssen. Die Menschen durchschauten das natürlich und lauschten hinaus in die Nacht, wenn der Mond sich hell am nächtlichen Himmel rundete und die Wölfe die Köpfe hoben, um ihn anzuheulen. Die Freitagnacht war die Nacht der Wolfsgöttin. Ihre Verehrung stand in direktem Zusammenhang mit der Mondverehrung. Selbstverständlich war es dem gewöhnlich Sterblichen nicht gegeben, sich in diesen Nächten frei zu bewegen. Der Einfluß des Mondes weckte den Werwolf, und wer sich in seine Nähe begab, würde angefallen werden und durch die Bisse sterben, aber als Werwolf auferstehen.

In einer dieser Nächte machte sich eine Priesterin auf den Weg, denn sie war durch ihr Priestertum vor Unbill geschützt. Sie richtete einen Korb mit Eßwaren her, um ihn am Mondberg für die Mondgöttin abzustellen. Damit sie von den Wölfen als Priesterin erkannt werden konnte, setzte sie ihre rote Haube auf und begab sich in den dunklen Wald. Die Priesterin wollte von der Mondgöttin erfahren, wieviel Zeit den Menschen noch auf Erden bliebe. Ein Wolf kam zur gleichen Zeit am Mondberg an und schnappte die Mondgöttin, schlang sie hinunter und spie sie wieder aus. Die Priesterin erlebte die Verdunkelung des Himmels im gleichen Moment, in dem der Wolf die Mondgöttin verschlang. Doch sie sah auch, wie der Wolf sie wieder freigab, und wußte, diesmal wird die Mondgöttin an den nächtlichen Himmel zurückkehren, und die Welt wird nicht untergehen.

In dieser Legende steckt die ganze Angst der Menschen vor dem Weltuntergang und gleichzeitig die Hoffnung auf die Wiedergeburt des Mondes. Bei näherer Betrachtung erkennen wir die Sage im Märchen vom Rotkäppchen wieder als »bereinigte«, antiwölfische Version.

Wenn es einer Priesterin, einem Menschen also, möglich war, über den Wolf Kontakt mit der anderen Seite aufzunehmen, war das nur durch Zauberei möglich. So wurde es interpretiert, heißt aber, Zauberei war möglich, also auch die Verwandlung von Männern in Wölfe. Oder Frauen in Schwäne, nur zu dem einzigen Zweck, auf diese Weise der Göttin Freya zu huldigen. Trug ein Mann das Wolfsfell, mußte er neun Tage oder drei Jahre Werwolf sein. Die Zahlen Drei und Neun sowie der Hinweis auf die Göttin Freya belegen die spirituelle Richtung des Kults gen Mondgöttin. Auf fällt, daß es in ganz Europa Sagen und Märchen gibt, in denen der Wolf im Mittelpunkt steht. Es wird vermutet, daß dieses Bild auf den Wintervollmond zurückgeht, der als »Mond-Wolf« die Sonne verschlang, also eine Sonnenfinsternis herbeiführte. Auch wenn in den Geschichten die Wölfe nicht gut wegkommen, die seit dem Mittelalter als verkleidete Teufel galten, sind die vorchristlichen Motive noch erkennbar. So auch in dem Märchen von Schneewittchen und den sieben Zwergen. Das keltische Land der Seligen hieß Apfelland. Der Apfel galt als Symbol der Unsterblichkeit. Der vergiftete Apfel war deshalb wohl ein Zauber im Sinne von Tod und Wiedergeburt. Zwerge lebten ja auf der »anderen«, der kosmisch-paradiesischen Seite, wie auch ihre Zahl, die Sieben, zeigt. »Drüben« brauchte sich Schneewittchen keine Sorgen zu machen: Das Märchen von Schneewittchen ist eine Legende von der Wiedergeburt. Doch der Glaube allein tröstete die Menschen nicht über die Tatsache hinweg, daß sie sterben mußten. Auch wenn sie von ihrer Wiedergeburt überzeugt waren, so wußten sie nicht, wann und als was sie wieder auf die Welt kamen. So versuchten sie, sich gegen das Böse zu schützen, und Schutz bot nur der Zauber. Niemand trug ein Amulett, z. B. einen Wolfszahn, lediglich als Schmuck.

Nicht jeder Mensch, der gestorben war, kam eines Tages wie neugeboren auf die Welt zurück. Viele hatten ein schreckliches Los und mußten als Geister, Vampire oder Wiedergänger erscheinen. Vorherrschender Volksglaube war, daß die Zeit des abnehmenden Mondes besonders zauberkräftig sei. Also hatte man sich besonders vor dem Schadenszauber in acht zu nehmen. In dieser Mondphase wurden keine persönlichen Gegenstände verliehen, mit denen Zauber getrieben werden konnte. Durch die Inquisition und die Hexenverbrennungen wurden alte Frauen oder gebrechliche Menschen, wegen ihres Aussehens, der Fähigkeit Schadenszauber zu betreiben verdächtigt. Als einfachste Methode des Schutzes galt, besonders wenn man kein Amulett oder Maskottchen mit sich führte, vor dem Bösen auszuspucken oder ihm die Zunge herauszustrecken. Noch heute ist es üblich, daß sich Schauspieler vor der Premiere über die Schulter spucken und damit die bösen Hausgeister vertreiben. Wer hat nicht schon einem anderen die Zunge gezeigt? Aber in der Regel weiß man nicht mehr, daß man damit dem anderen eigentlich seine Genitalien zeigt. Die herausgestreckte Zunge symbolisierte den Penis und eine gewölbte Zunge die Vagina. Auch der blanke Hintern sollte das Böse vertreiben können. Es ist erstaunlich, an wie vielen großen Kathedralen solche »heidnischen« Symbole des Abwehrzaubers noch immer abschreckend wirken sollen.

Der Zauber war nicht ausschließlich negativ besetzt. Aus der Überlieferung kennt unser Wortschatz noch Begriffe wie »zauberhaft«, »bezaubernd« oder »sich verzaubern lassen«. Begriffe, mit denen in der Regel sehr positive Vorstellungen verbunden werden.

Das galt auch für den Heilzauber, dessen Wirkung mit der richtigen Mondphase in Verbindung gebracht wurde. Auszehrung konnte nur bei abnehmendem Mond bekämpft werden, während Warzen zur Zeit des Vollmonds besprochen wurden, um nur zwei Beispiele zu bringen. Die Mondnacht war somit Teil der Heilbehandlung und verlieh der eintretenden Heilung, so sie stattfand, etwas Übernatürliches.

Schadens-, Gegen- und Heilzauber gehörten zur unheimlichen Nacht und blieben tief im Volksglauben verwurzelt. Besonders in ländlichen Gegenden kann man den

Zauber noch finden. Unheimlich war den Menschen der Umgang mit dem Tod und den Toten. Da die Überzeugung, daß Tote wiederkommen konnten, keinen Standesunterschied machte, galt die Auferstehung von den Toten für jeden Verstorbenen. Dementsprechend bemüht war man, die Toten nicht zu verärgern, damit sie nicht »zu Besuch« ins Haus kamen. Verstarb jemand aus der Familie, dann wurde alles getan, um durch ein großartiges Begräbnis aufzufallen. Aber auffallen wollte man nicht den Lebenden, der Tote sollte zufriedengestellt werden. Zur Sicherheit, damit der Tote nicht so leicht aus seinem Grab heraus konnte, wurden schwere Steine oder eine Steinplatte auf sein Grab gelegt. Man wollte vermeiden, daß der Tote übers Jahr in der Nacht als Wiedergänger herumirrte und sich über das Verhalten seiner Familie beklagte. Es war für die Menschen der Inbegriff des Horrors, sich vorzustellen, daß der Tote sich als Gast in ihrem Haus befinden und sich nicht wohl fühlen könnte.

Vorstellungen, die besonders in Verbindung mit Mitternacht und Vollmond, der berühmten Geisterstunde, die Menschen in Angst und Verzweiflung stürzten. Ein Entkommen war nur möglich, wenn man den Toten mehr als zufriedenstellte. Also verwandelte man die Angst in Aktivität, ging zu dem Toten ans Grab, schmückte es prächtig, damit er sich wohl fühlen konnte, und versuchte damit zu erreichen, daß er in seinem Grab blieb. Einmal jedes Jahr, wenn die Nacht des 31. Oktober das neue Jahr gebar, konnten die Lebenden mit den Toten feiern. Mit dem Mond wurden kultische Feste grundsätzlich zur Nachtzeit gefeiert, weil nur so die Begegnung mit den Ahnen möglich war, um sie nach der Zukunft zu fragen. Aus diesen Totenritualen entwickelte sich das Totengedenken am 1. November.

Der Kreislauf des Lebens, von der Geburt bis zum Tod, bestimmte das Denken der Menschen, wobei der Tod im Zentrum stand. Dem Tod konnte man nur die eigene Lebensfreude entgegensetzen. Man zeigte ihm, daß man noch vital war und daß das Sterben noch warten konnte. Ein jeder kennt das Bild vom Schnitter, der mit seiner Sense das Leben beendet. Häufig wird dazu bemerkt, daß die Sichelform der Sense dem Halbmond nachgebildet sein soll, womit der Bezug zwischen dem Tod und dem Mond hergestellt ist.

Zu der rituellen Lebensbejahung gehört der Tanz. Wollte der Tänzer die spirituelle Welt für sich gewinnen, dann tanzte er nur in der Nacht und ständig linksherum. Dreimal linksherum, so wie der Mond dahinzieht, und es öffneten sich die geheimen Türen zur anderen Welt. Linksherum zu tanzen wurde von der Kirche ebenso verboten wie alles andere, was mit links gemacht werden konnte. Generationen von Kindern mußten Schläge einstecken, wenn sie als »Linkshänder« entdeckt waren. »Wenn du mit dem Mond tanzt, dann natürlich linksherum.« Ein Zauber, an den die Menschen glaubten. In den Legenden, in denen die Kraft des Zaubers die wesentliche Rolle spielte, findet sich auch die unheimliche Nacht im Lichte des Mondes, in der Feenwesen über Wiesen tanzen. So verband sich das unheimliche der Nacht häufig auch mit der Hoffnung, aus ihr »verzaubert«, also glücklicher, hervorzugehen. Obwohl Herkunft und Bedeutung des Wortes Zauber unbekannt sind, wir den Hintergrund des Begriffs nie erfahren werden, verbindet sich mit diesem Wort aus der Frühzeit europäischer Kultur eine ganz konkrete Vorstellung. Während die Menschen heutzutage nichts dagegen hätten, wenn sich ihre materiellen Wünsche herbeizaubern ließen, galt die Zauberei der Frühzeit offenbar in erster Linie der Spiritualität und der Heilung. Es ist allerdings bei den Nichtwissenden, dem gemeinen Volk also, von Anfang an der Verdacht da gewesen, daß es bei der Heilkunst nicht immer mit »rechten« (richtigen) Dingen zuging. Insbesondere dann, wenn die Heilung keinen Erfolg hatte. Andererseits gehörte zu den Unwägbarkeiten des Lebens auch die dunkle Seite. Man konnte versuchen, sich mittels Gegenzauber und Verehrung der Götter zu schützen, der letzte Weg war unvermeidbar. Wenn ein Sänger oder Dichter seinen Vortrag mit der Bemerkung schmückte, nun sei wieder ein Jahr und ein Tag vergangen, dann wußten die Zuhörer, daß das alte Mondjahr gemeint war. Als es noch nicht verboten war, große Kessel auf schweren Wagen heranzufahren, wurde der alte Brauch gepflegt, diese Kessel anzuheizen und in ihnen den Zaubertrank zu kochen. Die Kessel der vorchristlichen Kelten lieferten mit großer Wahrscheinlichkeit den Begriff Zauber, denn in ihnen brodelte »der Zauber des ewigen Lebens«. In vielen Geschichten und Sagen wird der brodelnde Kessel zum Zauberkessel. Er nährt die Menschen wie ein »Tischlein-deck-Dich«, und wer in ihn eintauchte, der war mit dem ewigen Leben gesegnet. Die berühmteste Sage, die uns auch heute noch geläufig ist, ist die Geschichte von Parzival und seiner Suche nach dem Heiligen Gral. Dieser Heilige Gral war nichts anderes als der brodelnde Zauberkessel des ewigen Seins. Die keltische Fassung dieser Sage gab es nur in mündlicher Form. Obwohl das

Mittelalter diese Legende im christlichen Sinne umgestaltete, blieb der Kern erhalten. Bereits die ältesten erhaltenen Fassungen zeigten Umgestaltungen.

Der Zauberkessel stand im Zentrum des Glaubens. Bei den im Mittelalter erzählten Sagen von Parzival, dem Heiligen Gral, König Artus Tafelrunde und so weiter, fällt immer wieder auf, daß auch bei schlimmsten Verwundungen schnell eine weise Heilerin zur Stelle war, die den verletzten Ritter aufopfernd pflegte. Natürlich wurde dahinter die weise Frau versteckt, die die Verfasser aus den genannten Gründen nicht nennen konnten.

Welcher Zauber ließ den Ritter Lancelot in menschlicher Gestalt auftreten? Kam er, als Ritter der Tafelrunde, vom Heiligen Gral, und war er seine eigene Wiedergeburt? Lancelot stand unter dem Schutz der Mondgöttin, die ihn Gawain besiegen ließ, dessen Kampfkraft mit Eintritt der Dunkelheit sank. Die Sage von Tristan und Isolde ist nicht minder berühmt. Eine Zauberin reichte den Trank, der die beiden in ewiger Liebe verband.

Diese zauberhaften Sagen, die die Menschen bis auf den heutigen Tag faszinieren, berichten vom Heilen und vom Heil-Zauber der weisen Frauen. Die Heilerin benutzte den Kessel, um darin Heilmittel zu kochen. Ihre zauberkräftigen Kräuter dienten der Liebe, wie bei Tristan und Isolde, sie konnten Tote wieder erwecken, gaben den edlen Kämpfern Kraft und waren als Jungbrunnen Spender des ewigen Lebens. In dieser Suche nach dem heiligen Gral, der nur nach vielen Proben und gefährlichen Abenteuern gefunden werden konnte, lag die Sehnsucht der Menschen nach dem ewigen, dem paradiesischen Leben. Die Sagen versteckten häufig das Leben auf der anderen Seite, das sich zwischen paradiesisch und unheimlich bewegte. Immer verstand man beides darunter: ewiges Paradies und ewiges Totenreich.

Der Kessel, dem der Verstorbene wieder lebend, der Kranke geheilt und verjüngt entstieg, diente kultischen Handlungen. Tatsächlich wurden Menschen in den kochenden Sud gesteckt, in dem sie sich verbrühten und starben. Die Überzeugung, daß die Reinkarnation diese Menschen über Nacht göttergleich zurückkehren ließ, sie quasi durch diese Taufe im Heiligen Gral über die gewöhnlichen Sterblichen hinaushob, findet sich in der Sage von Parzival. Dieser keltische Glaube, daß Heilung und ewiges Leben über Nacht möglich wären, wenn man nur den Heiligen Gral finden würde, blieb noch lange erhalten, nicht nur in den Geschichten. Bei Prozessionen wurden Wagen mitgeführt, auf die Kessel aufgestellt wurden. Im 8. Jahrhundert mußte eigens ein Gesetz geschaffen werden, das den Kesselkult verbot.[61]

Daß die Toten auferstanden und immer an der üppig gedeckten Tafel saßen, gewährleisteten die Herrinnen des ewigen Feuers. Es waren Göttinnen, die zu dritt und zu neunt auftraten, also in Verbindung mit den Zahlen des Mondes standen. Die Macht des Zauberkessels, als Symbol von Tod und Wiedergeburt, symbolisiert gleichzeitig den Glauben an die Heilerin. Was hatte der Tod noch Schreckliches, wenn der Heilige Gral wie ein Jungbrunnen wirkte? Nur das Feuer mußte in Gang gehalten werden, und so sangen die Dichter von dem Jahr und dem einen Tag, den 13 Monden mit den 28 Tagen, das noch einen zusätzlichen Tag brauchte, damit es 365 Tage wurden.

Der Sinn des Mythos vom Heiligen Gral bestand darin,

den Menschen in schwerer Zeit die Hoffnungslosigkeit zu nehmen. Immer war die Heilung möglich, und immer gab es einen Krieger, der den Drachen, das Symbol der Dämonen, besiegte.

Menschen, die sich in der unheimlichen Nacht fürchteten, die gab es bis zum Mittelalter und weit darüber hinaus. Nur Heilerinnen gab es öffentlich nicht mehr, die die richtigen Zaubermittel anwenden konnten. Es gab aber auch Priester, die sich des Abwehr- und Heilzaubers bedienten, wie Dokumente belegen. So wie die archaischen Krieger im Mittelalter zu christlichen Rittern ohne Furcht und Tadel mutierten, galt die plötzliche Gesundung als Wunder und nicht mehr als Folge heidnischer Zauberei.

Wer die Nacht und ihre Dämonen fürchtete, den kümmerten solche Sophistereien wenig. Dadurch entstand ein »Heilbedarf«, der überwiegend von Scharlatanen abgedeckt wurde, was zu grotesken Rezepturen führte. Im Mittelalter war offiziell die Schwarze Magie schuld an den Dämonen, die sie angeblich herbeirief, die wiederum für sämtliche Unbill verantwortlich gemacht wurden. Egal, was im Haus oder in der Natur an Katastrophen geschah, es steckten Dämonen dahinter. Daraufhin war es ein leichtes, die alten Götter des ständigen Frevels zu bezichtigen und zu behaupten, sie seien schreckliche Dämonen.

Besonders die nächtliche Zeit, die der alte Glaube mit der Suche nach dem Heiligen Gral, der Suche nach der Unsterblichkeit, verband, galt als Zeit der Dämonen, und wer nicht zur Kirche ging, war natürlich von Dämonen besessen und wurde dem Exorzisten vorgeführt.

Die Angst der Menschen vor den alten Dämonen war kaum einzudämmen und die Furcht vor den kirchlichen Schwarzen Magiern so groß, daß das Leben angstbesetzt war. Die Opfer der Schwarzen Magie sollten nicht schlafen und nicht essen können, ihre Welt sollte aus Trugbildern bestehen, und mit dieser Macht über einen Menschen schafft es der Magier, Vergangenheit, Gegenwart und Zukunft zu sehen.

Im Kreislauf vom Kommen und Gehen, symbolisiert in der dreifachen Göttin, gab es Priesterinnen und weise Frauen, die bis zur anderen Seite sehen konnten. Viel hatte sich in der unheimlichen Nacht also nicht geändert.

Ebensowenig im Gebrauch von Rauschmitteln, mit denen sich die Menschen in die Nähe der Götter bringen wollten. Um den Göttern nahe zu sein, wurde manche Droge zubereitet. Es war nicht wichtig, was man trank; auch Wermut beispielsweise konnte den Menschen gefährlich nah an den Weg zur anderen Seite bringen. Andererseits war das Einatmen von Weihrauch im geschlossenen Raum einer Kirche auch Drogenkonsum. So mancher ist in einer Kirche schon durch das Inhalieren von Weihrauch in Ohnmacht gefallen; und wie man weiß, führt bei Kindern das Einatmen zu Übelkeit. Rauschmittel dienten dem Ziel, die Angst zu besiegen und dem Paradies, den Göttern, näher zu kommen.

Die Nacht zog herauf, der Wagen mit der Mondgöttin kam hervor, schnell betete man sein Ave Maria. Und dazu sang der Dichter sein Lied von dem einen Jahr und dem einen Tag. Hüten wir uns davor, Menschen, die diesen

dualen Weg wählen, Heuchelei oder Inkonsequenz vorzuwerfen. Die Furcht vor der unheimlichen Nacht kann
schreckliche Dimensionen erreichen, ebenso wie die
vollmondselige Euphorie völlige Abgehobenheit verursa-
chen kann.

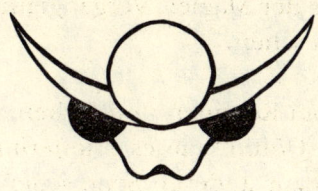

8

DIE DUNKLE SEITE
DES MONDES

Der Mond in Moll

Mehr noch als die helle Seite des Mondes wird seine dunkle Seite durch Wahlverwandtschaften, die mit seiner empfundenen Kraft in Wechselbeziehung stehen, bestimmt. Von daher muß die tatsächliche Erscheinung des Mondes nicht zwingend mit dem ihm zugewiesenen Wesenszug sinngleich einhergehen. So wird etwa die Erscheinung des Vollmondes mal als anheimelnde mal als unangenehme Kraft gedeutet. Wobei diese wechselhafte Deutung zugleich dem launenhaften Charakter des Mondes entspricht. Will man die dunkle Seite am Monde selbst ausmachen, leiten verschiedene Gesichtspunkte die Betrachtung. Einmal gilt die Rückseite des Mondes als die dunkle, weil sie uns für immer verborgen bleibt, beziehungsweise weil wir, bedingt durch die Libration, nur einen kleinen Blick über ihren Rand erhaschen können. Andererseits werden auch dem Neumond, dem sich verbergenden Mond, dunkle Kräfte zugewiesen, bewegt er sich doch durch eine unseren Blicken entzogene »Unterwelt«. Aber auch der volle Mond zeigt uns offensichtlich nicht nur seine helle Seite, wie wir dies an Hand der vielfältigen dräuenden Aspekte ersehen können, die mit dieser seiner machtvollsten Gestalt verflochten scheinen. Freilich ist die dunkle Seite des Mondes nur selten auch von wahrlich furchterregender Natur, viel öfters erscheint sie uns nur schattenhaft und von sündigem Reiz. Der französische Dichter Charles Baudelaire hat dieses Empfinden in einem Gedicht in beeindruckender Weise festgehalten:

*Der Mond, der die Launenhaftigkeit selbst ist, sah durchs
Fenster, während du in deiner Wiege schliefst, und sagte zu
sich: »Dieses Kind gefällt mir.«*

*Und er stieg leise seine Wolkentreppe hinab. Dann breitete er
sich über dich und legte seine Farben auf dein Angesicht.
Davon sind deine Augäpfel grün geblieben und deine Wangen
bleich. Weil du ihn angeschaut hast, sind deine Augen so
seltsam groß geworden, und er hat dir so zärtlich die Kehle
geschnürt, daß du nun immer weinen möchtest.*

*Der Mond indessen füllte das ganze Zimmer aus wie ein
leuchtendes Gift; und all dies lebendige Licht sprach: »Ewig
wirst du die Wirkung meines Kusses verspüren. Du wirst
schön sein auf meine Art. Du wirst lieben, was ich liebe; das
Wasser, die Wolken, das Schweigen und die Nacht, das
unermeßliche Meer, die Stätte, wo du nicht sein kannst, den
Geliebten, den du nicht kennen wirst, die Düfte, die Fieber-
träume bringen, die Katzen, die sich wohlig auf Klavieren
rekeln und wie die Frauen seufzen …*

*Und du wirst geliebt werden von meinen Geliebten. Du wirst
Königin sein der Männer mit den grünen Augen, deren Kehle
ich in meinen nächtlichen Zärtlichkeiten geschnürt habe;
derer, die das Meer lieben, das unermeßliche Meer, das gestalt-
lose Wasser, die Frau, die sie nicht kennen, die unheilvollen
Blumen, die den Weihrauchfässern einer unbekannten Religion gleichen, die Düfte, die den Willen verwirren, und die
wilden wollüstigen Tiere, Sinnbilder ihrer Tollheit …«*

*Und darum, verwünschtes, verwöhntes Kind, liege ich jetzt zu
deinen Füßen und suche in deinem Wesen den Widerschein
der furchtbaren Gottheit, der giftspendenden Amme aller
Süchtigen des Mondes.*

In der dieses Kapitel schmückenden Karte des Tarot »Der Mond« wurde die schattenhafte und weltverlorene Stimmung, die uns beim Aufscheinen seiner dunklen Seite anrührt, festgehalten. Dargestellt ist der Mond in seiner zunehmenden Phase und zeigt sich so trotz der melancholischen Atmosphäre der Karte von seiner versöhnlichen Seite. Ein Zeichen dafür, daß die abgründige Dunkelheit, die wir manches Mal mit dem Mond assoziieren, keine vernichtende, sondern durchaus eine wandelnde Kraft sein kann. Gleichzeitig mag man auch die Darstellung einer Finsternis in dem Bild vom Mond vermuten, sofern man im großen Strahlenkranz die verdunkelte Sonne und im kleinen Strahlenkranz das Licht des Mondes sieht. Sechzehn lange und kurze Strahlen wechseln einander ab. Sechzehn ist eine Symbolzahl für Ganzheit und Vollkommenheit. Sie ist das Ergebnis aus vier mal vier, der weiblichen Grundzahl, die Symbol für die vier Elemente, die Erde und die schaffende und begrenzte Kraft des Menschen ist. In der Verknüpfung mit Sonne und Mond weist der Strahlenkranz auf die Begrenztheit unserer Vernunft und die Unbegrenztheit unseres transzendenten Erlebens hin. Denn unsere Vernunft ist nur der Widerschein einer Erkenntnis, die sie selbst niemals ergründen kann. 15 Tränen fallen als Mondmilch auf die Erde. Als Mondmilch wird der heilsame und belebende Morgentau bezeichnet. Er steht für die ungeträumten Träume, die der Mond als Tränen vergießt. Und da 15 die Summe der ersten fünf Zahlen ist, die in ihrer Folge die Vollkommenheit der Schöpfung versinnbildlichen (1 = der Ursprung, 2 = das Weibliche, 3 = das Männliche, 4 = die Erde, 5 = der Mensch), weisen uns diese Tränen auf die Läßlichkeit hin, mit der wir wahre Seinserkenntnis buchstäblich verschlafen, indem wir uns vor uns selbst verschließen.

Auf diese Scheu vor dem Blick in unser innerstes Selbst weist uns der Tümpel hin, aus dem der Krebs am unteren Bildrand aufsteigt. Der Krebs gilt als das Mondsymbol, das für die unbewußten und abgekapselten Seelenkräfte archetypischer Natur steht. Unter seinem Panzer befürchten wir eine Büchse der Pandora. Pandora war im griechischen Mythos die erste Menschenfrau und manifestierte als solche eher die verheerende Seite des Mondes, die wir am liebsten verdrängen möchten. Freilich zeigt das Bild, daß dies nicht die genehme Lösung sein kann. Nehmen wir indes unsere urgründige Angst an, so können wir uns von ihr sogar leiten lassen. Denn dort, wo die Angst sitzt, dort entlang führt auch der Weg der Selbsterkenntnis. Betreten wir ihn, so führt er uns fort aus dem Bekannten ins Unbekannte. Auf dem Bild passieren wir dazu den Durchlaß zwischen den beiden Türmen, die zwar einerseits Weitsicht, andererseits aber auch die Einsamkeit der Behüteten symbolisieren. Ob jedoch das Unbekannte, das vor uns liegt, auch das Unbefriedete sein wird, ist nicht zu erkennen, ersichtlich ist allerdings, daß es ein weiter und mühevoller Weg sein wird, der uns zu den wahren Höhen führt. Zuvor allerdings müssen wir an dem Wolf und dem Hund vorbeiziehen. Sie weisen auf die wilde und die gezähmte Triebnatur in uns hin. Der Weg daran vorbei wird zu einer fortwährenden Bewährungsprobe werden; denn zumindest der Hund ist uns ein treuer Begleiter, damit aber auch der Wolf in ihm. Und so mahnt uns schließlich auch hier das Bild, unsere Triebnatur nicht zu unterdrücken, auf daß uns der Wolf in ihr nicht angreife, vielmehr sollen wir sie durch Bejahung bändigen; was letztlich einer Veredelung gleichkommt. In welcher Art dies allerdings geschehen könnte, zeigt uns wiederum der Blick hinauf zum Mond. Womit sich auch der Kreis auf dieser Karte schließt.

Die wägbaren Eigenschaften auf diesem Weg weist seinerseits der Mond auf seiner Bahn durch den Tierkreis, auf der er wiederum die beschriebenen Aspekte betont. Durch die *Qualitäten der beiden Elemente* Feuer und Erde, denen die hierbei tangierten Sternzeichen entsprechen, können wir mit den *Schattenseiten des Mondes* eine erfahrbare körperliche und seelische Verbindung aufnehmen und uns dadurch das Rüstzeug erwerben, das uns für die lebenswährende Entdeckungsreise zu uns selbst befähigt.

Mond im Element Feuer

Das Element Feuer wird durch die Sternzeichen Widder, Löwe und Schütze verkörpert. Es belebt Herz und Verstand gleichermaßen. Doch im selben Maße wie es in uns auflodert, verzehrt es uns auch. Darum gilt es für uns, das erhaltende Gleichgewicht zwischen Leidenschaft und Vermögen zu bewahren. Damit ist vor allem der Widerspruch zwischen unserer Vorstellungswelt und unserer Körperhaftigkeit gemeint, der durch dieses Element hervorgehoben wird. Zieht nämlich der Mond durch eines der drei Sternzeichen, dann steigert sich unsere Sinnlichkeit um ein Vielfaches, und wir sind allzugern geneigt, unserer Wesenhaftigkeit vornehmlich körperlich nachzuspüren. Beinahe jede Bewegung und jede Berührung erfahren wir dabei in unmittelbarer beglückender oder bedrückender Weise, und unser Gefühlsleben ähnelt dem eines brodelnden Vulkans.

Dementsprechende Eruptionen nehmen wir deshalb, wenn auch gelegentlich erstaunt, als gemäßen Ausdruck unserer Innerlichkeit hin. Andererseits nährt der Mond in den Feuerzeichen unsere Phantasie und unseren Ideenreichtum. Wir sind nunmehr um Einfälle wahrlich nicht verlegen. Und mit sicherem Instinkt halten wir unsere Nase in den Wind und ahnen, aus welcher Richtung Gefahr und aus welcher Nutzen kommt. Ja, wir glauben, Feen und Zwerge zu sehen; was also kann uns bei solcher Feinfühligkeit noch feien, außer unsere eigene Hochnäsigkeit? Hier aber liegt die Gefahr, der wir uns aussetzen; mit dem Blick auf die Wolken stolpern wir über unsere eigenen Füße. Folglich streben wir danach, unseren Dünkel zu veredeln. Uns verlangt es nach höherem Sinn, der uns unsere unerhörte Selbstbefindlichkeit erklärt; und wir suchen nach übergeordnetem Transzendentem, das hinter dem Schleier des Alltags verborgen ist. Wir sehnen uns nach jener Kraft, die die Welt im Innersten zusammenhält, erleben wir uns doch augenblicklich selbst als flüchtig und auseinanderstrebend. Gelingt uns indessen die Rückgliederung dieser widersprüchlichen Komponenten unserer Befindlichkeit nicht, so beginnen wir an Psyche und Physis zu leiden.

Fazit: Übersteigertes emotionales Wirklichkeitsempfinden. Ideenreichtum, der sich leicht im Utopischen verliert. Spannung zwischen Erwartung und Erfüllung kann die körperliche Befindlichkeit einschränken.

Das Element Erde wird durch die Sternzeichen Stier, Jungfrau und Steinbock verkörpert. In diesen Sternzeichen offenbart der Mond wahrscheinlich seinen dräuendsten, weil lähmenden Aspekt. Indes ist es nicht Trägheit, die hier Gestalt gewinnt, als vielmehr das Verteidigen des Status quo beziehungsweise der Wunsch nach Festigung des Erreichten und allenfalls seiner bedachten Reform. In dieser Welt orientieren wir uns am Handfesten und verfolgen klare Linien. Am liebsten denken wir dabei schwarzweiß. Phantasie ersetzen wir durch Ideale, die wir möglichst so hoch ansetzen, daß sie uns zwar leiten, durch ihre ferne Erhöhung aber nicht allzu sehr fordern und knebeln können. Ist uns doch der ersichtliche Erfolg – für den wir übrigens ein geschicktes Händchen haben – lieber als das späte Glück. Folgerichtig bleibt auch unsere Sinnlichkeit aufs Erreichbare und Umsetzbare fixiert. Dementsprechend lassen wir uns hierbei auch weniger von unseren Träumen lenken als von unserer Leidenschaft und Sinnenfreude. Gerade deswegen können wir uns dabei in moralische Abgründe stürzen, aus denen wir gesättigt und ohne schlechten Beigeschmack wieder auftauchen. Mögen sich dabei auch die Muster wiederholen und von anderen als abgeschmackt empfunden werden, uns sind sie so teuer, daß wir sie ein jedes Mal wahrhaft neu genießen können. Dabei tragen wir etwas von kindlicher Unschuld in uns, die uns auf unaussprechliche Weise über unsere Begrenzung hebt. Uns hierbei jedoch zu verlieren, ist uns eine tiefe Sorge, die wir gar manches Mal begraben wollen. Indes, diesem dahinterliegenden Wunsch nach fortwährender Festigkeit nachzugeben wäre unser Verhängnis; würde doch darauf unser Herz versteinern und unsere Sinnlichkeit bleiern. Heilsamer ist es für uns in solchen Momenten der Unsicherheit, wenn wir uns in unser Schneckenhaus zurückziehen und abwarten, bis uns das Leben wieder lockt.

Fazit: Überwiegend konservative Verhaltensweisen und Wirklichkeitsauffassung. Stark materiell gewichtete Gegenwartsbezogenheit. Handfeste Sinnlichkeit. Geringe Neigung, spirituelle Bezüge nachzuvollziehen.

La Luna, der Launische

Julia:
»Schwör nicht beim Mond, beim unbeständigen Mond,
Der seine Rundung jeden Monat wandelt.
Sonst könnt sich deine Liebe auch so ändern.«

Diese Befürchtung, die Julia Romeo zuflüstert (Übertragung: Erich Fried), zeigt den Mond nicht mehr als die verklärte Leuchte der Liebenden, sondern als ein banges Licht, das zwar Romanzen anfacht, ihnen aber keine Festigkeit verleiht. Er ist der Wankelmütige, der Tändelnde, der nach Gutdünken Lieb und Segen schenkt und ebenso plötzlich wie zuvor erschienen auch wieder entflieht. Im Mittelalter wurden daher dem Mond und dem Glück die gleichen Eigenschaften zugesprochen; wie das Rad des Glücks einen jeden mal nach oben, mal nach

unten trägt, so sah man auch im Mond mal den Künder
der Glückseligkeit und mal den dunklen Engel der Melancholie.

> *O Fortuna,*
> *velut luna*
> *statu virabilis,*
> *semper crescis*
> *ant decrescis;*

»O Fortuna! / Wie der Mond so veränderlich, / Wächst
du immer / Oder schwindest! –«, so eröffnet der Chor
Carl Orffs Oper »Carmina Burana«. Und in dieser be-
klagten Launenhaftigkeit wird der Mond uns zum Gesellen. Allzu menschlich werden seine Züge. Denn in einem
abstrakten Sinn fügen sich in ihrer steten Veränderung
weder Mond noch Mensch in die scheinbar so unverän-
derliche Sternenwelt. Schließlich brauchen wir für unser
Reifen den Wandel, das Hoch und das Tief und die
wiederkehrende Forderung, sobald wir die Fülle eines
heilen Rundes erreicht haben, in einem noch »runde-
ren« Rund letztgültige Erfüllung zu finden. Und so
tragen wir gültig Erschaffenes beharrlich ab, um uns in
der Näherung ans Ideale kosmische Konstanz zu sichern.
Die simple Erkenntnis freilich, daß das Ideale lediglich
eine sich gleichfalls unaufhörlich verändernde Spiege-
lung ist, schieben wir zugleich großzügig beiseite. Was
allerdings verständlich ist, ist doch das Idealisieren eine
sehr tieffrührende und treibende Mondkraft, die gleichermaßen unserem Hang zum Verdrängen mittels
Selbstmaßregelung und positiver Vorsatznahme entspricht.

In diesem Zwang zum ständig verändernden Ideal steht der Mond der Sonne nach, die das Absolute versinnbildlicht, also jenen Gipfel der Zeitlosigkeit, wonach Mensch und Mond zu streben scheinen und was beide zur ewigen Bewegung verdammt. In dieser Verbindung verkörpert der Mond das Machbare, die Sonne das Unerreichbare. Und selbst im Maß der Zeit ist die Sonne die Präzise, während der Mond läßlich bleibt. So werden uns die Züge des Mondes als Brudergestirn der Sonne vertrauter und selbst in ihrer Schattenhaftigkeit tröstlicher. Der Mond, die abtrünnige Gottheit, die im Westen anwächst und im Osten vergeht, rückt dem Menschen nahe als ihm verwandte Gotteskraft. Er bleibt der verlorene Sohn, dem in Zeiten der Finsternis das Vaterhaus offensteht.

Schattenhafter werdend, nimmt jedoch die Launenhaftigkeit des Mondes bedrückendere Züge an. Hier verstärken sich die nachtdunklen Kräfte in ihm. Etwas Fratzen- und Dämonenhaftes mutet uns an. Der Mond wird zur garstigen Pechmarie aus dem Märchen der Frau Holle. Nicht mehr nur satyrische Lebenslust, sondern auch ein geschütteltes Maß an anarchischer Zerstörungslust und boshafter Laune beginnen sich in uns zu regen. Was uns aber daran vor allem erstaunen und erschauern läßt, ist unsere Freude in solchen Momenten. Sie steigt tief aus unserem Bauch auf und kann unsere vordergründige Person bis zur Unkenntlichkeit verzerren und überfluten. Allein das Gebaren vieler Menschen als Gaffer bei Unglücksfällen verrät uns einiges über diese in uns so tief verborgen schlummernde Gewalt. Hier wird der Mond zum anwachsenden Unheimlichen, zur Hydra, die der Krebs einst gegen Herakles verteidigte und zum ewigen Fortleben in den Himmel versetzte. Als Wasserschlange steht sie dort am Südhimmel in der Nähe des Krebses und ist damit auch mit dem astrologischen Haus des Mondes verbunden.

Im Ausbruch aus dem Gleichförmigen und im Regelverstoß lebt diese dunkle Seite als bedrückende Furcht und höllische Lust gleichermaßen in uns fort. Wie sich indes beides, Furcht und Lust, gegenseitig trägt, offenbart beispielsweise der blaue Montag, an dem im Mittelalter Handwerksburschen dem Müßiggang und der Zecherei frönten und der andererseits, weil Mondentag und erster Tag nach Feiertag, als Unglückstag galt. Und in der Tat wurden in beiden Fällen nächtliche Kräfte bewußt in den Tag projiziert und durchlebt. Folglich war der Montag ein Meidetag, an dem man allem Unangenehmen möglichst aus dem Wege ging. Wer dennoch am Montag Pech hatte, dem sollte es auch die ganze Woche über anhaften; eine Beobachtung, die sich auch heute noch vielfach bestätigt. Als weitere Unglückstage galten das Aufscheinen des Altlichts am 27. Tage für Frauen und am 28. Tage für Männer, immer gezählt vom Tage des neuen Mondes an. Auch der erste Tag des abnehmenden Mondes wurde als Unglückstag empfunden.

Wenn wir dem furchtbesetzten Zwiespalt zwischen unseren mondigen und sonnigen Seelenwehen ein wenig von seinem Schmerz nehmen wollen, sollten wir uns unsere Schattenseite etwas trauter machen. *Kleine spielerische Übungen* können uns dabei mehr helfen als ein bemühter meditativer Blick in unser Herz. Lassen wir uns darauf ein, verliert das Abgründige in uns seinen vulkanischen Charakter, und wir erwerben heilsame Herrschaft über unser Selbst. In dieser Weise nehmen wir der schattenhaften Macht des Mondes ihren maliziösen, boshaften, Zauber.

❯ Eine vergleichsweise einfache Übung, weil wir sie ganz mit uns alleine austragen, besteht darin, ein *Tagebuch der schwarzen Gedanken* zu führen; es ist gewissermaßen ein Nächtebuch. Hier machen wir aus unserem Herzen keine Mördergrube, sondern halten all das Unausgesprochene fest, was wir an Düsterem, Boshaftem und Absonderlichem denken. Dabei sollten wir uns jedoch an die Regel halten, nur ein Thema zu behandeln. Dies kann ein aktuelles gesellschaftliches als auch familiäres Ereignis sein; es sollte aber auch von Fall zu Fall ein ganz persönliches Thema sein, etwa unsere Sexualität, das wir uns vornehmen.

❯ Nur mit einer sehr vertrauten Person können wir diese *Gesprächsübung* vornehmen. Dabei unterhalten wir uns bewußt abgründig und destruktiv über ein gemeinsames Thema. Einzige Regel ist, daß wir nicht über Personen sprechen, mit denen wir Umgang pflegen; so vermeiden wir, daß wir schwarzmagische Kräfte anregen. Indes dürfen wir dieses Gespräch durchaus als einen Wettstreit der Verderbtheit auffassen und uns bemühen, einander an Häßlichkeit zu übertreffen. Nur so kehren wir unsere Schattenseite auch wirklich nach außen und werden zugleich zum Spiegel, in dem sich unser Gegenüber ebenso wie wir uns in ihm erkennen können. Um nicht ins Oberflächliche abzudriften, sollten wir auch folgende Gesprächsdisziplin beachten: Nach einer zuvor festgesetzten Zeit, höchstens zwei Stunden, muß Schluß sein. Keiner darf den anderen kritisieren, weder positiv noch negativ. Wir sollten uns beim Reden nicht unterbrechen, weshalb auch keiner länger als fünf Minuten hintereinander sprechen sollte. Nach Abschluß des Gesprächs, darf das Besprochene nicht mehr reflektiert werden. Gerade letzteres erfordert eine große Disziplin, sie ist jedoch unerläßlich. Denn wenn wir in dieser Art unsere Tiefen ergründen, wissen wir meist selbst nicht, was wahres Empfinden, was Phantasterei und was in uns Hineinwirkendes ist. Durch nachträgliche Analyse des Gesagten entwirren wir jedoch dieses Seelengespinst nicht, sondern verfestigen es nur so weit, daß uns ursprünglich Fremdes unerbetenes Eigenes werden kann.

❯ Diese Übung können wir allein und auch im größeren Kreis durchführen. Wir benötigen dazu farbige Ölkreide und Malpapier. Zunächst *malen* wir in kräftigen Farben mehrere Bilder, in denen wir dämonische Eigenschaften des Mondes fratzenhaft festhalten. Anschließend notieren wir mit Bleistift auf der Rückseite der Bilder, was wir damit darstellen wollten. Alsdann übermalen wir sie mit schwarzer oder dunkelblauer Ölkreide. Auf diese Weise versenken wir unsere *Mondbilder* gleichsam in der Neumondnacht. Daraufhin vertauschen wir sie, auf daß wir nicht mehr feststellen können, welches Bild unter dem schwarzen Farbfilm liegt. Mit einem stumpfen Messer und einer Stricknadel können wir nun die schwarze Farbschicht abtragen, wodurch die darunterliegenden Farben aufleuchten. Hierbei sollten wir uns jedoch nicht davon lenken lassen, das ursprüngliche Bild aufzudecken, sondern unser Bemühen sollte es sein, nur von den aufscheinenden Farben inspiriert, ein intuitives Kratzbild zu zeichnen. Abschließend können wir die Metamorphose, Umgestaltung, der Bilder allein oder gemeinsam analysieren.

Der schwarze Mond

Wer fürchtet sich noch vorm schwarzen Mann? Heute, wo wir in nächtlich erleuchteten Städten und Dörfern leben, können wir nur noch selten die tiefe Furcht unserer Ahnen vor der mondlosen Nacht nachvollziehen. Wann ziehen wir auch schon des nachts durch Feld- und Waldwege, um teilzuhaben an dem Reich der Elben, Trolle und Dämonen, die lange Schatten werfen und Büsche und Steine in Schreckgestalten verwandeln. Dabei wäre ein solcher Mondgang durchaus auch eine angebrachte Übung, die dunkle Seite des Mondes in uns zu entdecken. Schließlich ist das, was wir in die Dunkelheit hineinsehen und -deuten, schlechthin eine Reflektion aus unserem Seelengrund. Außerdem könnten wir zugleich unsere Sensibilität für die Kräfte des Mondes schulen.

Freilich gibt es nur noch wenige Gegenden, in denen wir eine wirklich abgrundtiefe Nacht erleben können. Die Lichter unserer Zivilisation überstrahlen weithin das nächtliche Firmament. Dabei ist selbst eine mondlose Nacht in der Heide oder in den Bergen niemals so dunkel, wie wir sie uns gemeinhin vorstellen. Schließlich wird der Horizont rundum vom Nachthimmelslicht erhellt. Es entsteht durch Leuchterscheinungen, wie das

Airglow[62] oder Zodiakallicht[63], in den äußersten Bereichen der Atmosphäre. Gleichwohl verfinstert die Abwesenheit des Mondes die Nacht um ein beträchtliches, es ist als würde die einzige Kerze in einem dunklen Zimmer erlöschen.

In derart finsteren Nächten wandelt einen jeden Beklommenheit und Furcht an. In solch nächtlichem Unbehagen wandelnd, können wir am eigenen Leibe nachvollziehen, wie treffend die Vorstellung von einem schwarzen unheilbringenden Mond ist. Dabei gehen die Ansichten darüber, wie dieser Mond zu bestimmen ist, auseinander. Überwiegend wird der Neumond damit gleichgesetzt, seltener assoziiert man damit die Schattenseite der Transitmonde. Manche Astrologen indes gehen von einem imaginären Mond aus, dessen Umlauf sie mit der Halbachse der eliptischen Bahnbewegung des Mondes verbinden. Danach soll der schwarze Mond dem äußeren Brennpunkt seiner Bahnelipse entsprechen; der innere Brennpunkt liegt etwa 4000 Kilometer von der Erdachse versetzt im Erdinneren. Der solchermaßen definierte Mond wird häufig mit der Lilith aus dem Zohar, dem kanonischen Buch der Kabbalisten[64], gleichgesetzt. Lilith bedeutet soviel wie »die Nächtliche« und ist ein böser Dämon des jüdischen Aberglaubens. Vielfach wird Lilith als erster Mensch gesehen, dem Adam zum Mann gegeben wurde, wobei diese Verbindung eher als hermaphroditische Metapher aufgefaßt werden muß. Jedenfalls entzog sich Lilith dieser Eingebundenheit respektive Verbindung mit Adam und floh. Da sie danach nur noch als Märe und wehende böse Kraft auftaucht, ansonsten aber nicht mehr dingfest gemacht werden kann, ist der astrologische Gedanke vom schwarzen Mond im äußeren

Brennpunkt als energetischer Ursprung der schattenhaften Kräfte recht reizvoll.

Will man Lilith als die dunkle Kraft des Mondes deuten, die in sich die Macht trägt, die Sonne zu verdunkeln, ähnelt sie sehr dem Bild der Frau Holle in ihrer schrecklichen Ausformung. Allerdings wird durch Lilith die Verweigerung, sowohl das Unangepaßte und die Mißachtung von Grundprinzipien als auch die seelische und geistige Autonomie stärker betont. Sie zeigt die von vielen Männern gefürchtete stolze und nicht zu erobernde Frau als Amazone. Sie läßt sich nicht beherrschen, sondern erwählt und verwirft. Und dies macht sie allgemein wiederum so verwerflich, denn wer sich der Ordnung nicht fügt, zeigt indirekt auf den Untertanengeist der sich unter ihr Beugenden. Wer aber ein wildes Leben führt, weckt in seinen Mitmenschen gleichermaßen unterdrückte Wünsche nach und Angst vor dem Unregulierten, das in seinem höchsten Ausdruck schöpferisches Chaos in sich birgt. Die Furcht davor entspricht indes vor allem unserer tiefsitzenden Furcht vor Entgrenzung unserer Person, was dem urgründigen Erkennen unserer Flüchtigkeit und Bruchstückhaftigkeit gleichkommt. In so geartetem Empfinden bemerken wir unvermittelt unsere Endlichkeit. Todeshauch weht uns an, und wir erkennen den Mond als Symbol des Todes in uns. Hier endlich nimmt er jene Wesenszüge der Frau Holle an, die sie als Kinderfresserin und Herrscherin der Unterwelt ausweisen, und die in dieser Gestalt als Göttin der Nacht das Geisterheer der Toten in der Wilden Jagd zur Zeit der Wintersonnenwende anführt.
Entsprechend diesem Verständnis verändert sich auch

das Bild des Mondes. Jetzt ist er nicht mehr milder Schein und Fruchtbringer, sondern wandelt sich zum niedersten aller Planeten, so zum Beispiel im kabbalistischen Lebensbaum zu Malkuth[65], der archaischen Wurzelsphäre. Im griechischen Mythos wird er darob zum Gegenolymp, zur ätherischen Erde, die als Insel der Seligen zur Heimstatt der luftgereinigten Seelen wird. In dieser Gestalt gilt der Mond als Hüter der Seelen, die als mondbeschienene Wolken mit ihm ziehen. Unter seinem Schein öffnen sich die Gräber, und der Totentanz beginnt. In übertragener Weise sind es jene Augenblicke, in denen wir zu Besessenen werden. Womit keinesfalls ein Irresein gemeint ist, sondern jene Gemütsverfassung, in der wir zu Getriebenen unserer animalischen Natur werden und uns als von unkontrollierten Gefühlen Beherrschte wahrnehmen. In solchen Zeiten ist es nicht mehr der weiche, anmutsvolle Tanz, den wir nächtens ausleben wollen, sondern der harte, schnelle und stampfende Rhythmus der Diskotheken. Nicht mehr Glückseligkeit ist es, was wir suchen, als vielmehr Trance und Selbstvergessenheit. In solcherart lunarem Rausch fürchten wir auch nicht die alte Mär, daß beim Tanz unterm Mond die Erde zu einem seidenen Gespinst würde, durch das die Geister aufstiegen. Wünschen wir sie uns doch jetzt geradezu herbei, um sie mit unserer Lebendigkeit zu schrecken.

Wie der Mond die Toten und die Geister lockt, hat Carl Orff in seinem Stück »Der Mond« vertont. Grundlage dieses Stücks ist ein Märchen der Gebrüder Grimm, in dem erzählt wird, wie vier Burschen aus dem Reich der dunklen Nacht den Mond stahlen, um in ihrer Heimat die Nacht zu erhellen. Als sie jedoch alt wurden und einer nach dem anderen starb, wurde einem jeden ein Viertel des Mondes mit ins Grab gegeben. Das ungewohnte Licht aber weckte darauf die toten Seelen, und sie stiegen auf und trieben ihren Schabernack unter den Lebenden. Erst Petrus, dem Himmelswächter, gelang es schließlich, dem Treiben ein Ende zu setzen. Er brachte die Toten unter die Erde und den Mond an seinen angestammten Platz zurück. Die alte Ordnung kehrte wieder ein.

Insofern ist der schwarze Mond nicht nur ein Schreckenssymbol, sondern auch ein tröstliches Zeichen. Schließlich erlaubt er uns, unser wütendes Wallen in beinahe aufbauender Weise auszudrücken und so eine Katharsis zu durchleben, nach der wir uns in die alte Ordnung einfügen können, ohne uns ihr in hergebrachter Weise unterwerfen zu müssen. Es ist ein Gefühl innerer Freiheit und Weite, die uns das Gegebene etwas kleiner und unbedeutender anmuten läßt, als es uns zuvor erschien. Durch das Erleben solcher emotionalen Wendepunkte blicken wir nämlich so weit in unser Herz, daß wir den Doktor Jekill und Mister Hyde in uns zu unserer Person einen können, anstatt unter der Verleugnung dieser Wesenszüge weiterhin zu leiden. Wobei dieses Leiden sich vornehmlich in einer rigiden Sexualmoral und asketischen Körperfeindlichkeit ausdrückt. Daß diese Körperfeindlichkeit zum Teil bizarre Wege geht, mag man an gewissen Ausformungen der Fitneßkultur erkennen, die einem asexuellen und sterilen Körperkult frönt.

Doch wie erlangen wir jene Katharsis, die uns diese Wandlung und seelische Integrität ermöglicht? Früher mögen uns hierzu die alten Bräuche der Freinächte etwa zu Martini oder im Karneval Gelegenheit geboten haben. Heute, wo viel enger geknüpfte Konventionen längst auch solches Treiben dämpfen, müssen wir wieder auf die Anfänge zurückgreifen. Fertigen wir uns also eine Schreckmaske und ein Kostüm, auf die wir alle gedachte Schrecklichkeit übertragen. Schlüpfen wir daraufhin in diese Ungeheuerlichkeit und streifen dabei unsere Person ab. Alsdann bewegen wir uns in dräuender Nacht zu dumpfen Schlägen und geben dem vorgestellten Schrecken Gestalt. Von Schritt zu Schritt und von Schlag zu Schlag nähern wir uns dergestalt dem Fürchterlichen und erfahren es durch unsere Maske geschützt und doch in unmittelbarer Weise. Tanzen wir so durch die Nacht, bis der alte Mond im Osten den kommenden Morgen ankündigt und mit der Erschöpfung auch der Frieden in uns einkehrt.

Wem das jedoch zu ungeheuer ist, der sollte sich zusätzlich mit einem Amulett schützen, mit dem rumänische Zigeuner die dunklen Mondkräfte seit jeher bändigen. Dazu werden zwei silberne Halbmonde an ihren runden Seiten zusammengekettet. So verbindet sich das erste Mondviertel, das Zeichen der Fruchtbarkeit, mit dem zweiten, dem Symbol des Schattenreiches, und zeigt somit dieselbe Fülle wie der volle Mond. Solchermaßen gerüstet trägt man gleichsam jene silberne Kugel bei sich, die im Falle der lunaren Übermannung selbst Werwölfe bannt.

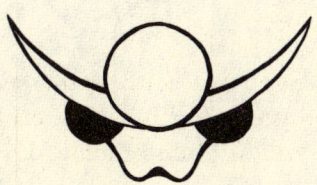

9

DAS JAHR HAT 13 MONDE

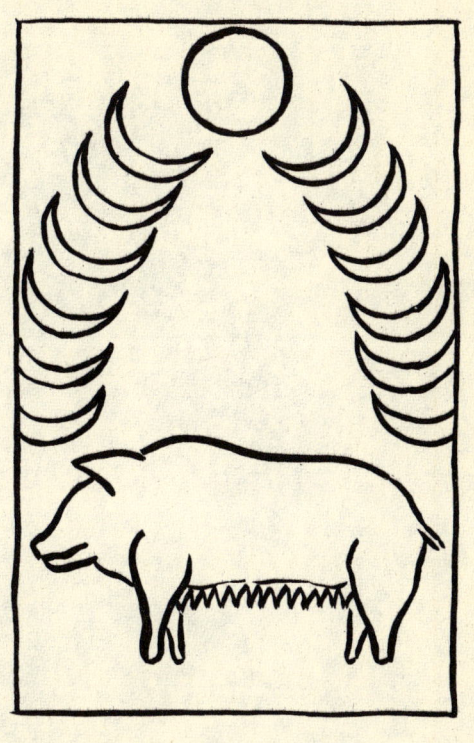

Mich wundert,
wie die Sonne nimmt dem Mond
seinen Schein.[66]

Diese Zeile eines Gedichts aus dem 13. Jahrhundert zeigt zweierlei. Die Sonne, die dem Mond das Licht nimmt, beweist die Absage an den Mondkalender. Die Monate wurden nach der Sonne gezählt, die neuen Götter waren Licht- beziehungsweise Sonnengötter. Die alte Dreigöttin des Mondes hieß nun in der neuen Trinität: Gottvater, Jesus Christus, Heiliger Geist, sonnenstrahlend im Heiligenschein.

Andererseits zeigt der Dichter die verbliebene Verwunderung, sie blieb unverändert erhalten. Wie kann es denn sein, daß der Mond einfach im Westen verschwindet, nur weil die Sonne im Osten heraufkommt? Und allen, die zu wissen glauben, sei gesagt, Vorsicht vor dem Hochmut. Wir sagen, die Erde ist keine Scheibe. Wir sagen, die Erde ist eine Kugel. Oder ist sie nicht doch eher wie ein Football geformt? Was wissen wir denn wirklich? Wer ist denn in der Lage, den naturwissenschaftlich-mathematischen Beweis zu erbringen, daß die Erde sich als blaue Kugel um die eigene Achse dreht. Wenn sich die Erde dreht, dreht sie sich dann zum Mond, also zu einer Seite, auf der es immer dunkel ist? Gibt es denn eine Seite, auf der immer die Sonne scheint?

»Mich verwundert, wo die Nacht am Tage hingeht und wo der Tag, dessen Licht uns heute geleuchtet hat, in der Nacht ist.«[67]

Der Dichter des 13. Jahrhunderts hatte für seinen Blick zum Himmel nur eine Erklärung, alles das ist durch Gott.

Gaius Julius Caesar hatte den nach ihm benannten julianischen Kalender erlassen, der im 16. Jahrhundert vom gregorianischen Kalender abgelöst wurde. Einmal hatte das Jahr 365,15 Tage, zuletzt 365,24 Tage. So ist es, wird jeder sagen und dabei übersehen, daß unser Kalender nicht ohne Skurilitäten auskommt. Die Monate zählen 30 und 31 Tage, außer dem Februar, der auch schon mal variiert, wenn ein Schaltjahr kommt. Der moderne Mensch hat das so gelernt, sich daran gewöhnt und empfindet dabei nichts Ungewöhnliches. Was sagt er aber zu den Namen der Monate? Wir benutzen die Namen des römischen Kalenders und sagen September[68], siebenter Monat, meinen aber den 9. Monat. Zählen Oktober, November und Dezember und zählen richtig acht, neun und zehn. Die Zahlen für die Monate in unseren Kalendern sagen etwas anderes. Dort heißt es, der 8. sei der 10. Monat, der 9. sei der 11. Monat und der 10. der 12. Monat. Das ist doch bemerkenswert.

Für die Menschen, die erstmalig mit dem neuen Sonnenkalender leben sollten, war dieser unverständlich. Das Neujahr zum 1. Januar war für sie Unsinn. Das neue Jahr begann am 1. November, wenn die dunkle Winterzeit begann. Samon oder Samhain hieß der Tag bei den Kelten, an dem sie sich die Zukunft voraussagen ließen. In dieser Nacht hob sich die Grenze zwischen den Lebenden und den Toten, denn die Toten kamen für diese kurze Zeit zu ihren Familien zurück. So dachten die Menschen. Die neue Zeitrechnung entsprach nicht dem Lebensrhythmus. Die Natur erwachte im Frühjahr, ließ im Sommer gedeihen, im Herbst ernten. Ihre Feste hatten sie dem Lauf des Jahresrades angepaßt. Selbst am

Jordan, dem Ursprungsland der neuen Götter, wurde Neujahr im Oktober begangen.

Im 3. Buch Mose lesen wir: »Und der Herr redete mit Mose und sprach, rede mit den Kindern Israel und sprich, am fünfzehnten Tage dieses siebenten Mondes ist das Fest Laubhütten.«[69] Dies wurde, weil der religiöse »Kult an die regelmäßig wiederkehrende heilige Zeit gebunden«[70] war, im Frühjahr durch ein weiteres Vollmondfest ergänzt. Es gibt die These, daß Menschen, die auch heute nicht mit dem sonnenbestimmten Kalender zurechtkommen, krank werden. Ihre innere Uhr geht anders, weil sie sich nicht auf das Sonnenjahr programmieren können. Menschen, die in der Nacht munter werden, wurden als lichtscheu verleumdet. »In der Nacht wird der Faule fleißig«, lautet ein bekannter Spruch.

Die Auseinandersetzung darüber, ob es mondbeeinflußte Menschen gibt, währt schon Hunderte von Jahren. Dabei ist die Angelegenheit ganz einfach zu erklären. Es gibt Menschen, die sagen, sie fühlen sich vom Mondzyklus beeinflußt und reagieren auf besondere Weise auf die jeweiligen Mondphasen. Wenn die Menschen das so empfinden, dann ist es so. Die Wissenschaft akzeptiert den sogenannten Pseudo- oder Phantomschmerz. Ein Phänomen, das bei amputierten Extremitäten auftritt. Wie kann ein amputiertes Bein schmerzen? Es schmerzt vom Kopf her, lautet die Erklärung. Wir kennen die Magnetkraft des Mondes, sehen z. B. Ebbe und Flut mit eigenen Augen. Wie kann man da mit Gewißheit sagen, einen Mondeinfluß kann es nicht geben? Zu allen Zeiten haben Menschen an den Mondeinfluß geglaubt. Häufig waren es künstlerische Menschen, die zu den Eliten ihrer Völker gehörten. Es ist im Grunde genommen der alte

Kampf um den wahren Glauben. Wenn die Sonnengötter die absolute Wahrheit besitzen, dann darf es keinen Mondeinfluß geben.

Eines Nachts traf ein junges Mädchen eine weise Frau, um sie zu bitten, den Liebsten für immer an sie zu binden. Die weise Frau riet, sie solle einen taufrischen Apfel pflücken, wenn sie ihre Mondzeit habe, und das Fleisch des Apfels mit diesem Blut benetzen. Wenn der Liebste davon gegessen habe, würde er für immer treue an ihrer Seite bleiben.

Es kann sein, daß diese Sage sehr alt ist, das wissen wir nicht, aber sie wird immer noch erzählt.[71] Wir kennen allerdings den Zusammenhang zwischen der Mensis (Monat, Mond) und die Bedeutung des Apfels für die Menschen der Frühzeit. Die nordische Göttin Iduna war Hüterin der Äpfel der Unsterblichkeit. Eva reichte Adam den blutroten Apfel. War der von ihrem Monatsblut so rot? Die Geste jedenfalls ist eindeutig sexuell gemeint.

Die Frauen aller Kulturkreise und Zeiten gingen davon aus, daß ihre Körper in gewisser Weise die Himmelsreise des Mondes mitmachten und ihr Lebensrhythmus von den Mondzyklen bestimmt wurde. Ob sich aus der periodischen Wiederkehr der Mensis tatsächlich der Mondkalender ableiten läßt, wie manche Feministin behauptet, ist einerlei, denn das gesamte Leben, was wir Heutigen »Zeit« nennen, wurde vom Mond »abgelesen«. Damit bestimmte der Mond das Leben am Tag und während der Nacht.

In dieser Verbindung stand das Blut der Frau, und man sprach in diesem Zusammenhang auch vom »roten« Mond. Nun hatte jede Frau bei wohl regelmäßiger Mensis, nicht den gleichen Blutverlust. Diesen Frauen sollte die Periode erleichtert werden, und die Helferinnen kochten einen Aufguß aus getrocknetem Frauenmantel. Kräuterkenner empfehlen auch heute wieder den Frauenmantel gegen Blutungen, Wechsel- und Geburtsbeschwerden sowie gegen Hautunreinheit bei jungen Mädchen.

Auch wenn es keine Beweise für kausale Zusammenhänge gibt, gehörte der Mond zum Sexualleben der Frauen, und ganz offensichtlich hatte die Mensis-Idee positive Auswirkungen auf die Psyche und das Wohlbefinden der Frauen.

Die Beobachtung des Mondes führte dazu, daß man sich die Zeit zu merken begann. Calendae, zu deutsch Kalender, ist ein Wort, das nur im Plural vorkommt und der Ursprung des Wortes Kalender ist. Die Calendae sind der erste Tag des altrömischen Monats, und das heißt, man begann die Zählung mit dem ersten Mond-Tag.

Die Frauen sahen zwischen ihrem Blutverlust und der Kraft des Mondes einen Zusammenhang, was verständlich kultische Handlungen veranlaßte. Es ist aber keineswegs so, daß die christlichen Mythen keine Blutkulte kannten. Ganz im Gegenteil: Jesus opferte sein Blut für die Menschheit. Der Bund mit dem großen Gott wurde durch Blut besiegelt, was immer noch durch den Weingenuß beim Abendmahl versinnbildlicht wird. Um den Unterschied zum »Genuß des heiligen Bluts« festzumachen, wurde das Monatsblut der Frauen für unrein erklärt, um jeden Kult damit zu verhindern. Der Grund dafür war aber nicht in erster Linie der Konflikt zwischen Matriarchat und Patriarchat, weiblicher und männlicher

Gottheit, sondern die Dualität des Kultes. Es gab nämlich die Sitte, das Mondblut der Frauen in Form von Rotwein zu trinken. Blut war der Saft, mit dem sich die Sünden abwaschen ließen. (Dieses Denken bildet auch den Hintergrund der unausrottbaren Blutrache.) Es durfte nicht sein, daß anderes Blut gleichberechtigt neben dem des Gottessohns »reinigen« konnte, der seines für die Katharsis der Menschheit geopfert hatte.

Natürlich interessierte das Verbot niemanden wirklich. Noch im 19. Jahrhundert berichteten Pastoren aus Niedersachsen davon, daß ihre »Schäfchen« mehr schlecht als recht die Kirchen besuchten und dafür lieber ihrem heidnischen Zauber anhingen. Man darf dabei die historische Wahrheit nicht vergessen, daß die alten Mythen und Kulte mit Beginn der Einführung des Christentums blutig verfolgt wurden. Blutig verfolgt auch deshalb, weil nach jüdisch-christlicher Vorstellung ein Mensch nur durch Vergießen des eigenen Blutes Sühne leisten kann. Ein Gedanke, der in den Mythen der Völker allerdings schon immer lebte wie der Sündenbock, dessen Blut stellvertretend vergossen wurde. In Europa trug lange Zeit der Stier die Bürde des Blutopfers.

Die »alten« Mittel kamen, trotz des Kirchenverbots, immer wieder zur Anwendung. Eines der berühmtesten Beispiele ist der Versuch der Marquise de Montespan, die, um sich den Sonnenkönig Ludwig XIV. gefügig zu machen, diesem ihr Mensisblut kredenzen ließ. Übrigens kann man nicht sagen, daß es nicht funktioniert hat, immerhin war sie jahrelang seine Geliebte und hatte einige Kinder von ihm.

Blut galt als heilig und durfte deshalb nur durch Gott vergossen werden. Dies wiederum bedeutete, daß er auf

Erden ein Medium benötigte, welches seinen Willen formulierte und umsetzte. Menschen, die Blut vergossen wie Richter und Henker, trugen deshalb blutrote Arbeitskleidung.

Wie wollte man nun die Mensis der Frau erklären? Frauen vergossen jeden Monat mehr Blut, als es Gottes Sohn jemals vermöchte. Die Mensis der Frauen mußte abgewertet werden, und so bezeichnete man die Frauen für die Zeit der Blutung als unrein und untersagte den Männern, zu ihnen zu gehen. Man zerschlug sozusagen einen gordischen Knoten. Daß sich die alten Kulte so einfach nicht abschaffen ließen, zeigt, daß sie im Volksglauben noch lange Zeit sehr lebendig waren. Wer konnte denn schon genau wissen, ob Rotwein trinkende Männer dem Mensiskult huldigten oder nur Alkohol tranken? In vielen Fällen wurden christliche Symbole lediglich als Analogiezauber benutzt. Die Hoch-Zeit des Reliquienhandels legt darüber beredtes Zeugnis ab. Bei kaum stillbaren Blutungen wurde Jesus gerufen, den Blutfluß zu beenden, so wie er dem Wasser befohlen hatte stehenzubleiben. Es handelte sich dabei natürlich um die abgewandelte Art, Krankheiten durch Heilzauber zu behandeln, so wie es die Heilerinnen getan hatten. Wie stark die alten Riten sich im Bewußtsein und im Tun der Menschen hielten, zeigt die Bitte an ein Heilkraut, das mittels magischer Beschwörungen sein Gift entfalten sollte.

»Im Namen Christi. Ich beschwöre dich, Kraut, beim Mond und bei den Sternen, laß mich siegen, besiegen sollst du alle meine Feinde, Prälaten und Priester ...«[72] Diese Zeilen aus dem 14. Jahrhundert sind nicht einmal gründlich getarnt, so daß man den »Hilferuf« an den

Mond und die Bitte an das Heilkraut deutlich erkennen kann. Diese Offenheit ist naturgemäß selten zu finden, besonders wenn es um Riten und Handlungen ging, bei denen es um den Mond und das Blut ging. Die Durchsetzung des Sonnenjahres forderte unter jenen Todesopfer, die sich öffentlich gegen seine Einführung aussprachen. Im Jahre 1589 wurden die lettischen Führer eines Aufstandes hingerichtet, der gegen die Einführung des neuen Kalendersystems gerichtet gewesen war. Die christliche Obrigkeit hatte erkannt, daß sich hinter diesem Aufstand die alte Mondgläubigkeit verborgen hatte. 1751 führte in England die Verlegung des Neujahrstages vom 25. März auf den 1. Januar zu Unruhen unter der Bevölkerung. Daß sich eine Kalenderverwirrung nicht nur durch die Christianisierung einstellte, dafür zeugt der griechische Dramatiker Aristophanes, in dessen Theaterstück »Die Wolken« es schon 450 Jahre vor der Zeitwende heißt:

»Dennoch habt auf ihren (Selene-Mond-)Tag ihr nicht pünktlich acht und werft sie durcheinander kunterbunt.«[73]

Was der Dichter seinen griechischen Landsleuten vorwarf, war, daß sie den Kalender durcheinanderbrachten und die alten Festtage der Mondgöttin Selene nicht mehr einhielten. Man kann vermuten, daß sich mit dem Sonnenjahr auch die männlichen Götter endgültig durchsetzten, die alten Feste öffentlich nur noch heimlich oder gar nicht mehr gefeiert werden konnten.

Für die Menschen nach der Zeitenwende blieb die Zeit-Verwirrung, und diese war verständlich. In ihrem Weltbild gab es die Macht von Mond und Sonne, der fünf

Sterne, sowie deren Magie. Daraus ergab sich die heilige Zahl Sieben. Viermal sieben Tage hatten sie gezählt, wenn der Mond einen Monat hinter sich gebracht hatte, deshalb dauerte eine Woche genau sieben Tage. Daran hatte sich trotz der Einführung des Sonnenkalenders nichts geändert. Man sagte in unseren Breiten weiterhin Monat (Mond), und der Monat hatte immer noch vier Wochen. Das heißt, bei 30 beziehungsweise 31 Tagen stimmte das nicht mehr, aber man sagte weiterhin, der Monat habe vier Wochen. Warum sollte die Wahrheit der heiligen Sieben nicht bestehen bleiben, denn die Tage hießen auch weiterhin Mond, Mars, Merkur, Jupiter, Venus, Saturn und Sonne, exakt passend zu einer Sieben-Tage-Woche. Die vorchristlichen Astrologen hatten die Planeten von ihren Himmelsplätzen geholt und sie auf einen Papyrus gezeichnet. Sie zogen je zwei Geraden zu dem gegenüberliegenden Stern, so entstand ein sieben-zackiger Stern. Das alles hatte weiterhin Bestand. Die Mondverehrung der Bevölkerung beantworteten die An-beter des Sonnengottes recht bald. Da waren die sieben Planeten, die in der magischen Sieben verwahrt wurden, die täglich präsent waren, und das siebenmal in der Woche, 28 Tage im Monat, 13mal im Jahr. 13 mal 28 ergab ein Jahr mit 364 Tagen. Das hieß ständige Präsenz des Mondkults. Sinnbild dieser Verehrung war die 13, die erst im 17. Jahrhundert zur abergläubisch-bösen 13 wur-de. Nimmt man die zwölf Jünger und zählt Jesus hinzu, dann war er der 13. Verhält es sich bei Zeus und seinem Olymp nicht ähnlich? Lag die Bedeutung der 13 in ihrer Außergewöhnlichkeit, einer Göttlichkeit gleichermaßen, anwendbar nur auf Auserwählte? Ganz offensichtlich, denn die 13 durchbrach das System der erdverbundenen

Ordnungszahl Zwölf. Das aber konnte nur Wesen möglich sein, die sich zwischen der profanen Erde und dem göttlichen Himmel bewegen konnten. Etwas offener verhielt man sich gegenüber der Sieben und dem siebenten Tag, an dem der Mond sich in der Veränderungsphase befand und die Menschen ruhten, um die Mondgöttin nicht zu behelligen. Aber auch der Sieben wurde wegen ihrer Ambivalenz Mißtrauen entgegengebracht.

Im Zentrum von Kulthandlungen stand die Bitte, Himmel und Erde nicht untergehen zu lassen. Darum flehten die Gläubigen aller Glaubensrichtungen ihre Götter an. Sie beteten um den Erhalt der Schöpfung, wie es bei den Christen heißt. So ließen sich die Mondzahlen Sieben und 13, die das Ordnungssystem der Zahlen, somit die Ordnung zwischen Himmel und Erde durchbrechen konnten, zu bösen Zahlen machen. Das wirkte sich auf die Verehrung der Mondgöttin aus. Damit ließ sich ihr Band zu den männlichen Licht- und Sonnengottheiten sozusagen argumentativ durchschneiden. Das Gute (männlich) besiegte das Böse (weiblich).

Der Sonntag wurde Feiertag, obwohl die alten Sonnengötter dem christlichen Gott gewichen waren. Dessen Feiertag war ursprünglich der Sabbat/Samstag, was aber der Volksglaube, den Tag der Sonne zu heiligen, nicht zuließ. Der Sonnenkalender beschwor einen ganz wesentlichen Konflikt herauf, der in die Frage mündete, was denn mit der Sonne nach dem zwölften Monat geschehe? Denn es gab noch den 13. Mondmonat und mit ihm die Angst, daß die Sonne nach dieser Zeit nicht wiedergeboren werden könnte. Die alte Furcht der Menschen vor der Verfinsterung des Mondes oder seine blutrote Verfärbung als Ankündigung drohender Katastrophen kennen wir unter anderem aus der Bibel. Man kann diese Furcht nicht anders interpretieren, als daß die Menschen dem Mond eine größere Macht zusprachen als der Sonne. Das vorderasiatische Neujahrsfest, von dem im alten Testament die Rede ist, wurde wohl im Oktober gefeiert und dauerte zwölf Tage. Es war ein Dankfest; man dankte für das Weiterleben. Dieses Fest war, ähnlich dem ersten Monatstag zu Neumond, ein offizielles Kultfest. Der alte Glaube an die Mond- beziehungsweise Sonnengottheit ist deutlich erkennbar. Insoweit war die Verlegung des Neujahrstages aus der Sicht der neuen Religionen verständlich. Die Erinnerung an die Macht der Sterne sollte ausgelöscht werden. Vor allem das Weibliche der Mondgottheit wurde zur Zielscheibe, ob bei den Juden, Christen oder den Mohamedanern. Der Kampf gegen die 13 Monde war aber wesentlich älter. Ein direkter, kausaler Zusammenhang zwischen den »jüngeren« Religionen und der Verfolgung der Mondgöttin ist nicht nachweisbar. Die bereits herrschende Verfolgungspolitik wurde lediglich fortgesetzt.

Die Mondgöttin delegierte ihre Macht an eine irdische Königin. Deren Vertreterinnen waren Priesterinnen, die fähig waren, Regen zu machen, also Fruchtbarkeit zu bringen. Diese Priesterinnen waren Vertreterinnen einer archaischen Zeit, sie wirkten vor mehr als dreitausend Jahren. Damals entstand der Blutkult, das heißt, die Opferung eines Lebewesens zu Beginn des neuen Mondjahres. Das Blut wurde über einem Altar verspritzt. Wenn die These Ranke-Graves zutrifft,[74] dann wurden die Könige von ihren Königinnen am Ende eines Jahres mit 13 Monden geopfert. So völlig unterscheidet sich davon das Blutopfer Jesu nicht, durch dessen Blut die Sünden der Menschheit abgewaschen wurden. Einen Unterschied gibt es schon, denn nach ihm mußte kein »König« mehr geopfert werden, um die Korrektur des Kalenders durch das Einschalten eines 13. Monats mit dem Opfertod des Königs zu bezahlen. In diesem Zusammenhang wird auch das berühmte »mene, mene tekel upharsin« gesehen. Die Bibel wußte keine Übersetzung, sondern lieferte eine freie Interpretation. Mene kann, wie im Altgriechischen, die Bezeichnung für den Mond sein, so daß die Warnung an Belsazer bedeuten würde, daß nach dem Mondkalender seine Zeit abgelaufen war. »Der König ist tot, es lebe der König.« Im Namen der Mondgöttin durfte der neue König leben, bis wieder ein 13. Monat kam. Wen kann es wundern, daß die Könige Anhänger des Sonnengottes wurden?

Zunehmender Mond, Vollmond und abnehmender Mond bildeten die drei Lebensabschnitte der Frau: Mädchen, Frau, Greisin; sie bildeten gleichzeitig die göttliche Dreieinigkeit. Aus dieser Analogie bildete sich die Heiligkeit der Zahl Drei. Ihre Potenzierung war die Neun. Von den Mondzahlen Sieben und 13 war schon die Rede. Die Mondgöttin konnte sich multiplizieren, deshalb gab es für sie auch diverse Namen. Frauen sahen sich der Mondgöttin besonders verwandt, weil auch sie sich, durch die Geburt von Kindern, multiplizieren konnten. Die enge Verbindung zwischen dem Mondkult und den Frauen ist mehr als nur eine Legende. Wie stark das bäuerliche Leben, die Domäne der Frauen, mit den

13 Monden verbunden war, ist den Monatsnamen der Inselkelten zu entnehmen: Hirsch, Flut, Wind, Tautropfen, Falke, Blume, Freudenfeuer, Speer, Lachs, Hügel, Keiler, Welle und Seeschlange. Die 13 Blutungen der Frau und die blutige Geburt lieferten für den weiblichen Schöpfungsmythos die Basis. Aus der Erde Lehm wurde der erste Mensch wohl geformt, aber keine männliche Gottheit hatte ihm seinen Atem eingehaucht, sondern das Blut der Mondgöttin versah ihn mit Leben. So galt das Blut als Lebenskraft und symbolisierte die bleibende Verbindung mit der Göttin. Das Mensisblut zeigte die reinste Verbindung zur Göttin an und wurde auch innerhalb des Heilzaubers eingesetzt. Wie schon gesagt, später wurde auch geweihter Rotwein verwendet, der vor allem von Männern getrunken wurde, weil sie keinen direkten Kontakt zur Göttin hatten. Kein Wunder, daß die Frauen außerordentlich selbstbewußt waren. Als es nicht mehr »schick« war, Menschen oder Tiere für kulturelle Handlungen zu töten, wurde der rote Wein zum Opferblut.

Diese kleine Ironie muß erlaubt sein, denn rituelle Männerkämpfe oder heutige Kriege zeigen, wie gerne Männer, ähnlich den Frauen, regelmäßig bluten möchten. Das archaische Denken, daß jemandes Blut die Erde reinwaschen müsse, ist längst nicht aus der Welt. Es ist durchaus denkbar, daß Belsazer und andere Könige »stellvertretend« für die Männer dieser Welt ihr Blut opfern mußten.

Kommen wir noch einmal auf den berühmten Apfel zu sprechen, der, in Mensisblut getaucht, seine Zauberkraft entfalten konnte. Der Apfel war einerseits Fruchtbarkeitssymbol, andererseits war Avalon, das Apfelland, das Land der Toten und symbolisierte das Paradies. In dieser Verbindung von Sterben und Wiedergeburt, Kommen und Gehen, finden wir die Merkmale der Mondgöttin.

Das Jahr mit den 13 Monden wurde – staatlich verordnet – beseitigt, ob es aber tatsächlich »aus den Menschen« gewichen ist, mag bezweifelt sein. Zu deutlich sind die Zeichen, daß Menschen körperlich und seelisch auf den Mond reagieren.

Diesbezüglich kommt offenbar Bewegung in die Medizin, die immer kräftiger bejaht, daß schwere Schlafstörungen mit dem »falschen« Lebensrhythmus des Patienten zusammenhängen können. Wer häufig von diesen befallen wird, besonders wenn die Mondphasen wechseln, der sollte lieber ein »Mondbuch« führen und seine Störungsdaten eintragen, als zur organschädigenden Schlaftablette greifen. Dann kann er sich in aller Ruhe auf seine nächtlichen Wachphasen einstellen und sie rechtzeitig in seinen Tagesablauf einplanen. Sich mit psychischer Gewalt gegen seine Mondempfänglichkeit wehren zu wollen, ist nämlich völlig sinnlos.[75]

10

DER TAG HAT
25 STUNDEN

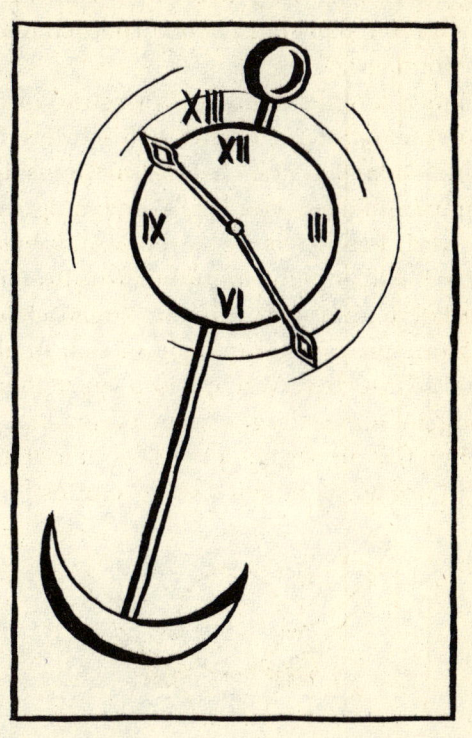

Der Hüter des Schlafs

Den Rhythmus von Schlafen und Wachen diktiert scheinbar der Lauf der Sonne. Nach ihrem Umlauf richten wir unser Tagwerk und unsere Erholungsphasen in einer Tageslänge von 24 Stunden. Jeder andere Rhythmus würde uns auch in mehr oder minder große Verlegenheiten bringen. Wer eine Zeitlang ein verbummeltes Leben geführt hat, weiß ein Lied davon zu singen. Die sozialen wie auch die natürlichen Chronizitäten entwickeln sich nämlich dabei asynchron zur eigenen Lebensführung und bereiten erhebliche Schwierigkeiten unterschiedlichster Natur. Folglich wächst mit der sozialen Reife auch die Einsicht, sich um seiner selbst willen dem allgemeinen Tagesrhythmus anzupassen. Gleichwohl kennt so gut wie jeder von uns dieses stille, aber dennoch ungestüme Regen, sich immer wieder dieser Gegebenheit zu widersetzen, der Nacht noch ein Stündchen mehr zu entreißen und den kommenden Tag Tag sein zu lassen. Fühlen wir uns doch in solchen Momenten aufgekratzt und voller Tatkraft und vom Diktat der Zeit vermeintlich wider unsere Natur gegängelt. Dabei macht es keinen Unterschied, ob wir jung oder alt sind. Bei Kindern, die selbstverständlicher als die Erwachsenen der dem Menschen eigenen Natur nachgeben, kann man häufig beobachten, daß sie ihren Tag entsprechend verlängern und zeitlich scheinbar aus dem Tritt geraten. Und würden wir sie nicht einschränken und ihnen unseren Tag- und Nachtrhythmus aufzwingen, so würden sie gleich dem Mond mal die Nacht und mal den Tag beherrschen wollen.

Daß der Mond nicht nur Nachtgestirn ist, sondern – wenn zum Neumond gewandelt – gemeinsam mit der Sonne durch den Tageshimmel zieht, liegt an seinem Tagesumlauf von 24 Stunden und 50 Minuten. Dieser Tagesrhythmus aber scheint auch einem uns innewohnenden Rhythmus zu entsprechen. Chronobiologen, die sich unter anderem die Erforschung des menschlichen Schlaf-Wach-Wechsels zur Aufgabe gemacht haben, konnten eine solche Periodik nachweisen. Hierzu wurden Probanden in von der Außenwelt hermetisch abgeschlossenen Räumen über mehrere Wochen isoliert. Während dieser Zeit konnten sie ihren Tagesablauf nach Gutdünken einrichten, das heißt ihrem Schlaf-Wach-Rhythmus entsprechend ihrem individuellen Bedürfnis nachgeben. Allerdings gab es in den Räumen weder eine Uhr noch sonst einen Taktgeber, der einen irgendwie gearteten zeitlichen Bezug ermöglichte. Ein Ergebnis dieser Experimente war, daß die meisten Probanden spätestens nach zwei, drei Tagen eine Wach-Schlaf-Periode von 25 Stunden entwickelten. Wobei die Verlängerung dieser Periode weitestgehend der Wachphase und nicht der Ruhephase zuzumessen war. Zudem war von dieser Veränderung nicht nur das reine Wach-Schlaf-Verhalten der Probanden beeinflußt, sondern auch ihr biologischer Rhythmus paßte sich diesem selbstgesteuerten Zyklus an.

Das Resultat dieser Experimente ergab unter anderem, daß unsere innere Uhr, würden wir sie nicht täglich neu justieren, täglich eine Stunde »nachgehen« würde. Warum dies allerdings so ist, darüber gaben die Versuchsreihen keine befriedigende Auskunft. Einige Chronobiologen neigen dazu, den Mond dafür verantwortlich zu machen. Da aber durch die hermetische Abgeschlossenheit – die Laborräume befanden sich schließlich tief unterhalb der Erdoberfläche – auch kein erkennbarer Impuls durch den Mond gegeben war, müßte dieser 25-Stunden-Rhythmus mehr oder minder genetisch bedingt sein. Diese genetische Festlegung, so vermuten manche Wissenschaftler, wäre im Zeitalter des Devon vor 348 bis 400 Millionen Jahren impliziert worden, als die ersten Tiere vom Meer ans Land wechselten. In dieser Zeit also müßte sich den amphibischen Geschöpfen, die in den riesigen Wattenmeeren lebten, auch das Maß der Gezeiten als Lebensrhythmus eingeprägt haben. Dieses Gezeitenmaß aber ist unabdingbar mit dem irdischen Mondtag verknüpft, der derzeit annähernd 25 Stunden währt. Allerdings gilt dieser Takt nicht für das Devon. Denn durch die Gezeitenreibung wie auch durch die Massenzunahme der Erde durch kosmischen Eintrag verlangsamt sich die Erdrotation um durchschnittlich zwei Millisekunden pro Jahrhundert. Dieser als säkulare Tagesverlängerung bekannte Effekt ist für menschliches Ermessen unbedeutend. Über die Zeiten hinweg kann jedoch unter Berücksichtigung der Akkumulation eine Beschleunigung der Erdrotation bis ins Devon auf etwa 400 Tage pro Jahr errechnet werden. Auszählungen der täglichen Inkremente fossiler Korallen bestätigen diese Annahme. Demnach währte jedoch ein irdischer Mondtag damals nur 22,6 Stunden. Dies würde freilich bedeuten, daß das Gezeitenmaß in uns nur als solches genetisch fixiert wäre, nicht aber seine Intervalle. Mit der Verlangsamung der lebensformenden Gezeiten muß sich also auch der Takt der durch sie bedingten inneren Uhr verzögert haben.

Die Einflußgröße für die Angleichung unserer inneren Uhr an den Mondtag dürfte jedoch kaum die mechanisch wirkende Mondgravitation sein; schließlich hat sie auf uns gerade mal soviel Einfluß, als würden wir zehn Meter an Höhe gewinnen. Vielmehr muß eine periodische Gezeitenwirkung des Mondes auf die Magnetosphäre der Erde als maßgebliche Kraft angenommen werden. Hierdurch kommt es zu Schwankungen des Magnetfelds, die die katalytische[76] Wechselwirkungen von Enzymen beeinflussen. Enzyme sind Eiweißmoleküle und wesentliche Bausteine des Lebens. Vor allem ein Enzym[77], das in der Netzhaut des menschlichen Auges als auch in unserer Zirbeldrüse vorkommt, reagiert bereits auf kleinste Änderungen des äußeren Magnetfelds. In der Zirbeldrüse aber wird das Hormon Melatonin gebildet, das den Schlaf-Wach-Rhythmus steuert. Da andererseits jedoch Lichtreize, die wir übers Auge wahrnehmen, gleichfalls die Melatonin-Ausschüttung beeinflussen, konkurrieren gewissermaßen zwei periodische Einflußgrößen als Taktgeber für unsere innere Uhr. Einmal ist es der mehr oder minder gleichmäßige 25-Stundentakt des Mondes, zum anderen aber wirkt, dies überstrahlend, der sich übers Jahr zwar verschiebende 24-Stundenrhythmus des Tages von Sonnenaufgang zu Sonnenaufgang.

Diese ungleiche Periodizität mag indes auslösend sein für eine grundlegende Asynchronität unseres körperlichen und geistigen Müdigkeitsempfindens, dem vor allem sensible Naturen unterworfen sind. So gehorchen wir zwar einerseits dem tageslichtbeeinflußten Rhythmus unseres Körpers und legen uns mehr oder minder immer zur gleichen Zeit abends zu Bett. Im Gegensatz dazu scheint jedoch unsere geistige Aktivität eher dem mondbeeinflußten Takt unterworfen zu sein. Entsprechend erleben wir die Einschlafphase unterschiedlich deutlich als Dämmerphase. Auch kann es insgesamt zu einer zyklischen Verschiebung der Leistungshöhepunkte durch den Tag kommen. Vor allem geistig tätige oder spirituell wirkende Personen nehmen diese Veränderungen an sich wahr. Wollte man diesen Effekt bewußt in seinem Tagesablauf ausnützen, müßte man sich nach dem Gezeitenkalender richten, der für den jeweiligen heimatlichen Längengrad gilt. Wobei es die Zeiten der Ebbe, also des unter- oder aufgehenden Mondes, sind, in denen unsere geistigen Kräfte kulminieren.

Die Dämmerphase des Einschlafens wird im übrigen von spirituell wirkenden Personen gerne als meditative Phase genutzt. Sie ist gewissermaßen die persönliche Stunde des Tages, die der Mond regiert. Von besonderer Intensität ist sie, wenn der Mond zur selben Zeit den Horizont berührt. In dieser »Mondstunde« sind okkulte wie auch transzendente Erfahrungen möglich. Hellsichtige Personen etwa berichten, daß sie in dieser Zeit oft ungewöhnlich deutliche Wahrnehmungen zukünftiger oder vergangener Ereignisse haben, während spirituell gewichtete Persönlichkeiten häufig von Entkörperungen, Seelenreisen oder Kundaliniprozessen[78] berichten.
Die eine wie die andere Wahrnehmung läßt sich durch eine Mudra noch befördern. Mudras sind koordinierte Handhaltungen, durch die feinstoffliche Kräfte als auch mentale Energie bewußt gelenkt werden können. Für die hier wirksame Mudra kreuzt man Mittel- und Zeigefinger beider Hände und hält gleichzeitig das Nagelglied des Zeigefingers gegen das Nagelglied des Ringfingers. Diese

Mudra formt man, sobald man sich zum Schlafen nieder-
gelegt hat und hält sie so lange bei, bis sich die Finger
von alleine wieder lösen. Wenn an dieser Stelle nicht
jedem auch eine besondere spirituelle Erfahrung garantiert werden kann, kann zumindest den meisten Lesern,
die diese Mudra praktizieren, ein sich anschließender
Schwebetraum verheißen werden.

Der Inspirierende

Neben der vorerwähnten geistig belebenden Wirkung
des Mondes zu Zeiten der Ebbe, gibt es noch weitere auf
Erfahrung fußende Umstände und Zeiten, zu denen sich
seine Erscheinung positiv auf unsere geistige Befindlichkeit auswirkt.
Ein individuelles Moment eines derartigen Mondeinflusses scheint an die Mondphase gekoppelt zu sein, in der
jemand geboren wurde. Wiederholt sich nämlich diese
Phase für uns nach Ablauf eines synodischen Monats, so
erleben wir eine ungewöhnliche Mächtigkeit unserer
schöpferischen Kraft. In dieser Zeit gelingt uns, was uns
an anderen Tagen versagt bleibt. Wir verspüren einen
deutlichen Zuwachs an Tatkraft und sind darüber hinaus
befähigt, anstehende Probleme in unserem Sinne erfolgreich zu lösen. Dieses Leistungshoch hat zwar seine Spitze eindeutig in der Wiederholung des Geburtsmondes,
die Kurve steigt jedoch etwa zwei Tage vorher bereits an
und währt auch gut zwei Tage darüber hinaus. In dieser
Zeitspanne mag uns dann in der Tat so manches Mal ein

Tag mit 24 Stunden viel zu knapp bemessen sein. Dieser Kraftzuwachs widerfährt uns zu unserem Geburtsmond unabhängig davon, welches Potential ansonsten von der entsprechenden Mondphase allgemein angeregt wird. Und da es sich hierbei um einen grundlegend stärkenden Einfluß handelt, werden etwaige ungute Transformationen weniger drückend empfunden, während positive Umbrüche entsprechend kräftiger durchschlagen.

Daß dem so ist, mag mit der Entwicklung der Aura zusammenhängen, die jeden Menschen umgibt. Zum Zeitpunkt der Geburt entfaltet sich diese Aura zum erstenmal im Raum. Sie ist der feinstoffliche Ausdruck der mentalen Befindlichkeit eines Menschen. In ihr sind auch karmische Bindungen und Blockierungen zu erkennen, die wir durch unser Tun und Lassen anhäufen beziehungsweise festschreiben. Diese karmischen Verdichtungen in unserer Aura gilt es zu lösen und zu klären. Hierzu eignet sich also die Wiederkehr unseres Geburtsmondes in hervorragender Weise. Denn zu diesem Zeitpunkt atmet unsere Aura gleichsam auf, sie wird weiter und lichter, als sie es den Monat über sonst ist. Jetzt können Verschattungen leichter ausgeschwemmt werden als an anderen Tagen.
Zu diesem Zweck empfiehlt es sich, eine altbewährte einfache Reinigungsmudra zu praktizieren. Dazu hält man den Daumen der rechten Hand gegen die Spitzen des kleinen und des Ringfingers dieser Hand. Den Daumen der linken Hand legt man gegen die Spitzen von Ring- und Mittelfinger dieser Hand. Daraufhin atmet man langsam ein, wobei man sich vorstellt, daß über die Mudra der rechten Hand Lebensenergie einfließt, die

sich längs der Körperachse sammelt und von dort in unsere Aura ausstrahlt. Dabei können wir vor unserem inneren Auge nachempfinden, wo Verdichtungen und Schatten diese Kraft dämmen. Um nämlich die eigene Aura »sehen« zu können, muß man nicht hellsichtig sein. Über sein drittes Auge, was gleichbedeutend mit dem inneren Auge ist, verfügt jeder Mensch über ausreichend Feinsinn, seine Aura intuitiv wahrzunehmen. Nach dem Einatmen hält man die Luft für einen Augenblick an, um sie darauf zügig abzuatmen. Dabei stellt man sich vor, wie die gelösten Schattierungen auf die Körperachse zuströmen, um alsdann über die Mudra der linken Hand abzufließen. Diese Übung können wir so lange wiederholen, bis wir den Eindruck gewinnen, daß sich unser Energiekörper geklärt hat. Der günstigste Zeitpunkt für diese Übung ist die Stunde vor Sonnenaufgang.

Nachstehend eine *Übersicht herausgehobener Befindlichkeiten,* die durch den Wechsel der Mondphasen besonders angesprochen werden. Wer im übrigen seinen Geburtsmond nicht kennt, kann die ungefähre Mondphase, in der er geboren wurde, anhand der Epakten (Anmerkungen: 44) bestimmen:

Zunehmend: vom Neulicht bis zum Halbmond

Wie in der aufkeimenden Saat, so regt sich auch in uns die Lebenskraft. Willensentscheidungen und Strategien können jetzt ausformuliert und Bündnisse geschlossen werden. Ideen sind am Reifen, sollten aber noch unbewußten Ausformungsprozessen überlassen werden. Zu rasch ans Tageslicht gehoben, könnten sie mißdeutet werden und darauf alsbald verblassen. Für unmittelbare und urplötzliche Einfälle und Lebensäußerungen ist die Zeit indes günstig. Ansonsten sollte man sich auf das Naheliegende konzentrieren.

Zunehmend: vom Halbmond bis zum Vollmond

Geplante Vorhaben sollten zum Halbmond den entscheidenden Anstoß erhalten, damit ihre Verwirklichung auch möglich wird. Wankelmütigkeit ist in dieser Phase nur hinderlich. Ausgeprägte Urteilskraft. Jetzt ist die Zeit günstig, verborgene Schwierigkeiten anzusprechen und allseits befriedigende Lösungen vorzubereiten. Wer gut zuhört, wird um Einfälle nicht verlegen sein. Forderungen sollten unmißverständlich gestellt werden.
Nimmt der Mond weiter zu, wird vor allem das Gefühlsleben angesprochen. Freude und Leid wollen ausgelebt werden. Wirklich intuitive Entscheidungen werden nicht bereut, andererseits können Entschlüsse nach Gutdünken zum Hemmschuh werden. Die Tatkraft nimmt zu, begonnene Entwicklungen sollten vorangetrieben werden. Hindernisse können jetzt überwunden werden, lästige Gegenspieler sollten abgehängt werden. Was jetzt versäumt wird, kann für längere Zeit zur Bürde werden.

Vollmond

Eine Phase des Überschwangs, sei es der Empfindsamkeit, der Lebenslust oder des Schaffensdrangs. Um Einfälle ist man jetzt nicht verlegen. Lang gehegte Vorstellungen erhalten ihre Reife. Gut Vorbereitetes kann zum Abschluß gebracht werden. Soziale Kontakte werden gesucht und intensiv erlebt. Freunde und Feinde wachsen einem in diesen Stunden zu. Was jetzt aufblüht, hält lange vor.

Abnehmender Mond:
vom Vollmond zum Halbmond

Was zuvor gesät wurde, kann jetzt geerntet werden. Die Schaffenskraft hat ihren Gipfel erreicht und verharrt auf hohem Niveau. Dinge werden jetzt instinktsicher zum Abschluß gebracht, Vorhaben beschleunigt und Entwicklungen eindeutige Impulse vermittelt. Es ist eine Zeit der Füchse, wer jetzt nicht schnell, gewieft und mit Biß handelt, gerät ins Hintertreffen. Die persönlichen Angelegenheiten werden hinterfragt und Veränderungen angestoßen. Das Bedürfnis nach sinnlichem Erleben verlangt trotz alledem Befriedigung. In diesem Zusammenhang besteht aber auch die Gefahr, zielgerichtetes Handeln durch Schaumschlägerei zu ersetzen.

Im Halbmond verliert sich der Überschwang. Nüchternheit tritt ein, und es besteht der Hang, sich zurückziehen zu wollen. Diesem nunmehr nicht nachzugeben, sondern Begonnenes zu Ende zu führen, wird jetzt zur Aufgabe. Freilich muß man sich hierzu bewußt anhalten. Gelingt es, bleibt der Erfolg nicht aus; andernfalls welken die Lorbeeren rasch, auf denen man sich auszuruhen gedachte. Forderungen werden einem angetragen.

Mit weiter abnehmendem Mond löst sich die Strenge des Halbmondes. Eine Phase der Entspannung und Erholung steht bevor, in der es vorteilhaft ist, Kraft für weitere Taten zu schöpfen. Besinnung auf das Wesentliche steht an. Liegengebliebenes sollte jetzt erledigt werden. Vorgenommene Veränderungen können nun am ehesten durchgesetzt werden. Das Gefühlsleben verliert an Fülle, dafür wird tieferen Empfindungen nachgelebt. Statt spritzige Ideen zu entwickeln, schwelgt man nun lieber in überschäumenden Träumen. Ein Lob der Langsamkeit.

Neumond

Es ist eine Zeit des Übergangs. Die Bereitschaft ist da, Vergangenes zu überprüfen und Erinnerungen zu korrigieren. Gleichzeitig schärft sich der Sinn, zukünftige Entwicklungen geistig vorauszunehmen und ihre noch ursächlichen Ansätze in der Gegenwart zu erkennen. Ein etwas kalter analytischer Blick bemächtigt sich einem, dem gegenüber steht indes auch ein gefühlsstarker Hang zum Irrationalen. Idealistische Bestrebungen können jetzt den entscheidenden Impuls erhalten, um sich vom Gestaltlosen zum Dinglichen zu wandeln.

Daß der Mond nicht nur in seelischer und körperlicher Weise auf uns einwirkt, sondern uns auch in spiritueller Weise beeinflussen kann, wurde mit den Worten über seine wirkende Kraft auf unsere Aura bereits angedeutet. Zudem zeigen Geschichte und Vielgestaltigkeit des Mondkults, daß ein Erleben der Mondkraft auch stets mit einer tiefgreifenden Erfahrung seiner spirituellen Energie einhergegangen sein muß. Diese Kraft mit dem Mond selbst zu verbinden wäre allerdings eine falsche Deutung. Der Mond als solcher ist lediglich die greifbare Metapher für wirkende spirituelle Phänomene, die einer offensichtlichen Wahlverwandtschaft entsprechen. Indes gibt es nur wenige spirituelle Phänomene, die neben dem subjektiven Erleben seelischer Innerlichkeit auch so weit nach außen in die dingliche Welt hineinwirken, daß sie objektiv erfahrbar gemacht werden können. Eines der bedeutendsten Phänomene dieser Art ist mit der zuvor erwähnten Kundalinikraft verbunden.

Die Kundalinikraft ist eng verbunden mit den Chakren, die als mentale Energiezentren gelten und in sympathetischer[79] Anbindung an verschiedene Drüsen entlang unserer Körperachse aufgereiht sind. Die mit der Kundalini verbundene Symbolik trägt gewisse Züge eines alten Mondkultes in sich. Zum einen geht es um die Verbindung männlicher und weiblicher Schöpfungskräfte, die sich im Körper des Erleuchteten zu einem transzendenten Weltverständnis verbinden sollen. Hinter diesen beiden Kräften kann man Entsprechungen zur mystischen

Gestalt von Sonne und Mond erkennen. Die sieben Chakren, die die aufsteigende Kundalini verbindet, haben ihrerseits Entsprechungen in den Sternzeichen des Zodiak, des Tierkreises. Dabei ist das vorgegebene Maß mit dem allmonatlich durch die Mondknoten aufsteigenden und absteigenden Mond verbunden. Denn auf seiner Reise durch den nördlichen und südlichen Bogen der Ekliptik von Mondknoten zu Mondknoten tangiert der Mond sieben Sternzeichen. In der chinesischen Mythologie entspricht dies der Bewegung eines himmlischen Drachens, der sich durch das Firmament windet. Und auch dem Prinzip der Kundalini, die gleichfalls als Schlangenkraft übersetzt wird, liegt diese Entsprechung zugrunde. Hier ist es einmal diese Schlangenkraft selbst, aber auch die sie stützenden Energiekanäle Ida und Pingala, wobei Ida für die Kraft des Mondes und Pingala für die Mächtigkeit der Sonne steht. Wer sich also mit der Aktivierung seiner Chakren, gemeinhin als Chakrenarbeit umschrieben, beschäftigt, erschließt sich demzufolge einen urmächtigen sinnbildhaften Weg, die Mondkräfte in sich zu vereinigen und frei fließen zu lassen, was einem unendlich tiefen Erkenntnisprozeß in die eigene Wesenheit entspricht. Durch eine derartige Chakrenarbeit erschließen wir uns gleichermaßen die Kraft der Kundalini und damit einen unerschöpflichen Quell himmlischer Inspiration.

Der grüne Mond

Die Beobachtung, daß der Mond Einfluß auf das Wachsen und Gedeihen der Frucht hat, war einer der Gründe für die Verehrung, die der Mondgöttin in den Mondkulten entgegengebracht wurde. Ursächlich für diese Verknüpfung mag der uralte magische Sympathieglaube unserer Ahnen gewesen sein, die zaubermächtige Verbindungen und Parallelen nicht nur zwischen irdischen Erscheinungen und der Götterwelt nachspürten, sondern solche wirkenden Entsprechungen auch zwischen den Gestirnen und dem Gedeihen auf der Erde suchten. Nur so konnte allmählich ein fester Regelbezug entstehen, der die landwirtschaftlichen Methoden aneinander anglich und eine planmäßige Bewirtschaftung ermöglichte. Hierzu ist allerdings auch anzumerken, daß ein Großteil der vermeintlich festgestellten und überlieferten Synchronizitäten etwa zwischen Mondkraft und Landbau akausal sind. Sie beruhen zwar auf einer sehr präzisen Naturbeobachtung, der Einfluß des Mondes bleibt jedoch in diesen Zusammenhängen spekulativ. Gleichwohl dürfen die praktischen Regelungen solcher Bauernweisheiten nicht verworfen werden, da sie ein wertvolles und wirksam anwendbares Wissen fortschreiben. Insbesondere für den ökologischen Landbau ist dieses Wissen unersetzlich; fußt es doch letztlich, wenn auch aus unterschiedlichen Motiven heraus geschöpft, auf dem gleichen Verständnis des Wirtschaftens in harmonischer Verbindung mit den Kräften der Natur. Allerdings darf dieses Wissen nicht pauschal als Gesetzmäßigkeit übernommen werden, vielmehr gilt es, die ursächlichen Zusammenhänge in jedem einzelnen Fall neu zu entdecken. So werden im Aufeinanderbezogensein von Mond und Landwirtschaft von Landstrich zu Landstrich und gar manches Mal von Dorf zu Dorf Anbauregeln behauptet, die sich elementar widersprechen. Nichtsdestotrotz bestätigten sie sich Jahr um Jahr, ansonsten wären sie zweifelsohne längst als Unsinn entlarvt und verworfen worden. Das bedeutet freilich, daß die ihnen zugrunde gelegten lunaren Gesetzmäßigkeiten unwirksam sind und demzufolge von anderer Art als behauptet sein müssen. Als Beispiel sei der Umgang mit dem Holz genannt. So wird in nördlichen Küstengebieten das Fällen der Bäume im abnehmenden Mond empfohlen, um die geschlagenen Stämme vor Wurmbefall zu schützen, während auf der Südseite der Alpen das Bauholz aus demselben Grund bei zunehmendem Mond aus dem Wald geholt wird. In der Karibik wiederum, wo der Bambus als Bauholz dient, darf dieser nur bei Neumond geschlagen werden, nur dann bleibt er von Holzböcken verschont, die auf den westindischen Inseln als wahre Nimmersatte bekannt sind. Daneben gibt es noch besonders ausgewählte Tage im Jahr, an denen Bäume gefällt werden sollen, um eine besondere Güte zu erhalten. So wurde etwa nicht entflammbares Holz für den Kaminbau mancherorts am 1. oder 24. März geschlagen. Diese Regelung reicht indes in Zeiten des julianischen Kalenders zurück. Durch den Kalenderwechsel aber rückten die unverändert beibehaltenen Stichtage um 11 Tage nach vorne. Trotzdem behielt das Holz den gewünschten Effekt bei; weshalb anzunehmen ist, daß mit diesen Stichtagen nur ein mittlerer Zeitabschnitt beschrieben wurde, in dem das Holz diese seltene Eigenschaft besitzt.

Als Einflußgröße des Mondes auf das Wachstum gilt einmal sein Licht, obwohl es bei Vollmond nur etwa 0,5 Lux im Gegensatz zu den 100 000 Lux der sommerlichen Tageshelligkeit ausmacht. Gleichwohl weiß man, daß selbst schwache Lichtquellen biologische Systeme beeinflussen können. Allerdings scheint das Licht des Vollmondes eine zu vernachlässigende Rolle bei der Entwicklung der Pflanzen zu haben. Meßbar hingegen ist sein Einfluß bei ansteigender Deklination. Unter Deklination ist der Winkelabstand des Mondes zum Himmelsäquator zu verstehen. Eine ansteigende Deklination liegt vor, wenn der Mond sich im nördlichen Tierkreis befindet, also durch die Sternzeichen Fische, Widder, Stier, Zwillinge, Krebs und Löwe zieht. In dieser Zeit Gesätes gedeiht besonders gut, wobei die Frühlingszeichen Fische, Widder und Stier dem Wachstum noch mehr entgegenkommen. Als ursächliche Einflußgröße für diese Mondeinwirkung wird wiederum eine mit ihr einhergehende Schankung des geomagnetischen Feldes und der Luftelektrizität (Ionendichte) angenommen.

Unabhängig von diesen Beobachtungen bleibt indes auch die Erfahrung, daß eine Mondphase als solche verschiedene gärtnerische Tätigkeiten begünstigt. Beachtet man zudem die jeweilige Monddeklination, so kann man entsprechende Ernteerträge auch ohne Einsatz chemischer Wachstumshilfen erzielen. Die Ratschläge, wie man unter Berücksichtigung der Mondeinwirkung Landbau betreiben sollte, sind seit der Wiederbelebung des Mondmythos in unserer Zeit Legion geworden. In den meisten Fällen jedoch wird damit nur eine Minderheit angesprochen, denn die wenigsten unter uns werden Gelegenheit haben, ein Wissen, welches den besten Zeitpunkt für die Weizenaussaat oder den Schlachttermin für Fleckvieh bestimmt, auch in die Praxis umzusetzen. Hingegen mag das Wissen, wann man am besten Blumenzwiebeln steckt, einen Kirschbaum beschneidet oder ein Tomatenbeet anlegt, für viele unter uns hilfreich sein. Aus diesem Grunde nachstehend eine auf kleingärtnerische Tätigkeiten beschränkte Übersicht. Neben der jeweiligen Mondphase kann zudem noch der durch die Mondknoten auf- und absteigende Mond berücksichtigt werden. Wobei der aufsteigende Mond eher die Tätigkeiten im abnehmenden Mond, also in seinem zweiten und vierten Viertel stützt, während der absteigende Mond sich eher günstig auf die *Pflanzzeit* im zunehmenden Mond auswirkt. Im übrigen mag ein jeder, der sich seine kleine Freude am Staunen bewahrt hat, die Tips durch gegensätzliche Versuche überprüfen.

Erstes Viertel des zunehmenden Mondes

Einjähriges Blattgemüse, außer Salat – er würde zu schnell schießen –, sollte in dieser Phase gepflanzt werden. Auch ausgesäte Gurken gedeihen jetzt am besten. Das gleiche gilt für gefüllte Blumen, die sich besonders prächtig entwickeln. Obstbäume, die bis zum Vollmond geschnitten oder gesetzt werden, entwickeln eine kräftige Blüte. Das Pikieren von Pflanzen kann jetzt erfolgen, sie wurzeln darauf besser. Nach Wurzeln von Heilkräutern sollte gleichfalls in dieser Mondphase gegraben werden. Die Heilkraft der Wurzeln ist dann am wirksamsten.

Zweites Viertel des zunehmenden Mondes

Einjähriges Gemüse, dessen Früchte genossen werden, darf jetzt ausgesät werden. Ausgenommen hiervon sind Hülsenfrüchte, die sonst überblühen, dafür aber zu wenige Schoten ausbilden. Zucchini und Kürbisse werden am besten drei Tage vor Vollmond gesät. Blumenzwiebeln sollten in dieser Phase gesteckt werden, um eine schöne Blüte zu erhalten; das gleiche gilt für nicht gefüllte Blumen, die nun ausgesät werden.

Erstes Viertel des abnehmenden Mondes

Beim Übergang zum Vollmond kann bereits gedüngt werden. Grundsätzlich gilt aber die Phase des abnehmenden Mondes als günstig für die Austragung von Dung. Salat kann jetzt ausgesät werden. Das gleiche gilt für alle Wurzelgemüse, wobei Kartoffeln, kurz nach Vollmond ausgebracht, am besten gedeihen. Auch Hülsenfrüchte dürfen nun gesät werden. Ziersträucher und Bäume können zurückgeschnitten werden; das gleiche gilt für Strauchobst, das im Gegensatz zum Baumobst jetzt beschnitten werden sollte.

Zweites Viertel des abnehmenden Mondes

In diesen Tagen ist vor allem die Pflege des Gartens begünstigt. Gras sollte jetzt geschnitten werden. Komposthaufen werden gleichfalls jetzt angelegt. Die Bekämpfung von Unkraut durch Umgraben oder Jäten zeig nunmehr anhaltende Wirkung. Auch für Maßnahmen gegen Schädlinge ist es an der Zeit. Verkümmerte Pflanzen können nun durch einen radikalen Rückschnitt wieder belebt werden. Schließlich beginnt mit dem Neumond wieder die Pflanzzeit, und zwar wächst im Neumond gesäter Rasen besonders dicht.

Neben diesen allgemeinen Regeln fürs Hegen und Pflanzen wird gelegentlich auch auf die Tageszeit Wert gelegt, zu der eine Verrichtung ausgeübt werden sollte; beispielsweise soll Buchweizen nach alter Bauernweisheit bei sichtbarem zunehmenden Mond gesät werden. Auch beim Sammeln von Kräutern wird auf günstige Stunden geachtet. Wobei Heilkräuter prinzipiell bei abnehmendem Mond vor der Mittagszeit gepflückt – keinesfalls geschnitten – werden sollten. Als besonders *günstige Stunden* für den Mondeinfluß werden seit der Antike folgende Stunden am Tag gewertet, die nach astrologischen Regeln *vom Mond regiert* sein sollen:

Montag: 1., 8., 15. und 22. Stunde
Dienstag: 5., 12. und 19. Stunde.
Mittwoch: 2., 9., 16. und 23. Stunde
Donnerstag: 6., 13. und 20. Stunde
Freitag: 3., 10., 17. und 24. Stunde
Samstag: 7., 14. und 21. Stunde
Sonntag: 4., 11. und 18. Stunde

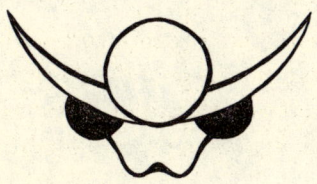

11

MONDMILCH UND MONDKLEE

In des Erdballs Mittelpunkt,
in des Mondes Grüften,
in der Sterne Klüften,
Herrscht allmächtig auf und ab,
der in Drachenblut
getunkte Zauberstab.[80]

Der Zauber des Zeus wirkte sofort. Io, die Schöne, so wird erzählt, wurde von Zeus, der Io liebte, vor der eifersüchtigen Hera »versteckt«, indem er das Mädchen in eine weiße Kuh verwandelte, die sich Hera schenken ließ. Da Hera weder Zeus noch Io traute, gab sie ihr den hundertäugigen Riesen Argos zum Hüter: Zeus aber schickte Hermes, der die Augen einschläferte und den Argos tötete. Doch Heras Wut mündete in eine Attacke: Sie sandte Io eine Bremse, die durch ihren Stich das Mädchen zum Wahnsinn trieb. Diese Qual jagte sie über den ganzen Erdkreis, bis sie endlich nach Ägypten kam, wo ihr Zeus die menschliche Gestalt wiedergab.
Die Reise des Mondes wurde nach ihr genannt[81], und die Menschen beobachteten diese, auf der Io zyklisch ihre drei Farben trug. Das Weiß für den Neumond, das Rot für den Vollmond und das Schwarz für den vergehenden Mond. So zog Io als Mondkuh über den Himmel, immer bewacht von den Sternen, den Augen des Argos.
Die griechischen Mythen kennen viele Mondgeschichten, aber die der Io ist eine der symbolhaftesten. In der Region von Argos wurde Io als Mondgöttin verehrt. Sie spendete die Milch des Lebens, das Regenwasser, um das gebetet wurde und das Jungfrauen mit ihrem Regentanz herbeizuholen suchten. Regen brauchte man, um über-

leben zu können. Ohne die Milch der Mondgöttin trocknete die Erde aus, die Früchte des Feldes verdorrten, das Vieh verdurstete, und der Mensch verhungerte. Nichts galt als schändlicheres Verbrechen, als Wasser zu verderben. Bis weit über das Mittelalter hinaus wurde bei uns der »Brunnenvergifter« mit dem Tod bestraft.

Eine Variante dieses Mythos erzählt, daß der Flußgott Inachos, der Vater der Io, ihr den heiligen Namen der Mondgöttin gab. Also hieß eigentlich der Mond Io, abgeleitet von dem Wort wandern. Eine Namensgebung, die den Himmelsbeobachtungen der Menschen entsprach.

In Ägypten, wo Io ihren Frieden wiederfand, gebar sie einen Sohn, der als goldenes Kalb verehrt wurde.[82] So kann der Tanz um das Goldene Kalb auch ein Bittanz um Regen gewesen sein. Der aufgeklärte Mitteleuropäer schüttelt den Kopf über die Verehrung der Kuh in Indien und ist durchaus bereit, auch schon mal eine »heilige Kuh« zu schlachten. Die Frage ist allerdings, ob er weiß, was er damit eigentlich sagt. Zumindest widerspricht der Volksmund mit den Worten, »man tötet doch nicht die Kuh, die Milch gibt.« Was heißen soll, schone jene, die dich nähren, damit du sie besser nutzen kannst. Daß die Kuh nicht nur im fernen Indien oder im archaischen Griechenland verehrt wurde, deuten die genannten »Spruchweisheiten« an. Der Tanz um das Goldene Kalb stellte in Mitteleuropa einen wesentlichen Teil von Kulthandlungen, auch wenn sie optisch anders aussahen.

Am 13. Tag nach der Geburt des Sonnenkindes, in der Nacht vom fünften zum sechsten Januar, zogen vermummte Gestalten von Haus zu Haus, schlugen und scharrten den Boden und forderten die Bewohner auf, ihnen etwas zu essen zu bringen. Die Menschen hielten es für geraten, dieser Aufforderung Folge zu leisten. Gleichzeitig zog eine Prozession durch den Ort. An der Spitze schritt eine kräftige Person, die in einer Kuhhaut steckte und den schweren gehörnten Kopf hin und her schwenkte. Auch sie ging von Haus zu Haus, beschenkte aber Kinder mit Äpfeln, Birnen und Nüssen. Es war die Nacht der Perchta (auch Bertha und Frau Holle genannt).[83] Diese Allegorie, auch in abgewandelter Form, war noch im 19. Jahrhundert in Bayern Teil des Brauchtums. Und das, obwohl am 6. Januar Epiphanias[84], Dreikönigstag, gefeiert wurde. Die griechisch-orthodoxe Kirche begeht darüber hinaus noch das Fest der Wasserweihe. Die Wasserweihe hat vorchristlichen Ursprung, was durch das Perchtenfest auch bestätigt wird. Zweifelsfrei war das Kostümieren und Umherziehen für die Kinder und Jugendlichen ein unschuldiger Spaß, kannten sie die Ursprünge und Hintergründe ihres Tuns nicht. Auch war die Perchta, in Verbindung mit ihren Attributen, ihrer überlangen Nase und dem Reisigbesen, längst zur Hexe geworden, mit der Kindern gedroht wurde. Dieser Umstand wird der Grund dafür gewesen sein, daß die Kirche gegen diese Umtriebe nicht einschritt. Die Wasserweihe am 6. Januar entspringt der gleichen kultischen Quelle wie das Ausschütteln der Kissen durch Frau Holle, die mit dem Schnee das Wasser vom Himmel auf die Erde brachte. So wird die Bitte an der Tür um Nahrung zur Opfergabe an die vorchristliche Göttin, die wiederum die dank ihr gewachsenen Früchte an die Kinder zurückgibt. Dahinter verbirgt sich die bäuerliche Weltsicht, nach der sich zunächst Wasser und Erde vereinen müssen, damit die in die Erde eingebrachte Saat aufgehen und etwas wachsen kann. Die Früchte werden an die Kinder verteilt, weil diese Früchte des Menschensamens sind. Letztlich steckt die Kenntnis vom ewigen Kreislauf der Gestirne, dem der Kreislauf des Lebens entsprach, hinter der Überzeugung, daß das Wasser der Anfang der Fruchtbarkeit, also des Seins, war. In der Dreiheit, Perchta, Bertha und Frau Holle, erkennen wir nicht nur die fruchtbringenden Wasserspenderinnen, sondern auch die Zahl Drei der dreieinigen Göttin, also den Mondbezug. Es sind drei Namen, drei Personen, die zusammen die Eine symbolisieren. »Die Glänzende« nannten die Menschen in vorchristlicher Zeit diese Göttin. Die Namen Perchta und Bertha heißen im Althochdeutschen »die Glänzende«. Die Menschen erzählten sich, daß die Glänzende in Brunnen und Seen lebte, wo man sie in der Nacht in ihrem Element sehen konnte. Wenn sie ihren Zorn zeigte, fuhren sie und ihr wildes Heer vom Himmel herab mit den halbmondförmigen Sicheln in den Händen. Im Bewußtsein der Menschen blieb sie aber die gutmütige, mildtätige Göttin der Fruchtbarkeit. In vielen Gegenden zelebrierte man das Perchtenspringen, wobei man über einen »Besenstiel« hüpfte. Wenn eine Frau auf dem Besenstil »geritten« war, konnte es geschehen, daß sie schwanger wurde. Deutlicher läßt sich »das Ziel« dieses Ritus nicht beschreiben. Kein Wunder, daß das Besenspringen von der Kirche verboten wurde.

Frau Holle, die eigentlich Holda hieß, blieb sehr beliebt, was sich daran ablesen läßt, daß im Deutschen der Unhold[85] das Gegenteil von der Holda ist. Grimm[86] stellte fest, daß sie die deutsche Diana gewesen sei, was als ein weiterer Hinweis auf ihre Mondbezogenheit gelten kann.

Es ist sicher auch kein Zufall, daß es immer drei Personen waren, die am Perchtentag bettelnd an die Türen klopften. Mit Einführung der Heiligen DREI Könige wurde die Triade, Dreizahl, am 6. Januar im Grunde genommen beibehalten.

Wie in Bayern gab es die Tradition des Überziehens einer Kuhhaut auch in Schottland. Dies spricht für einen keltischen Ursprung, hatten doch in beiden Regionen Kelten gelebt.

Da bereits steinzeitliche Felszeichnungen Kühe und Kuhhörner zeigen, ist die Verehrung des Monds sicher älter, als die mündlichen Überlieferungen uns vermuten lassen. Grabbeigaben aus Horn lassen die These der frühen Mondverehrung wahrscheinlich erscheinen. Die Mondsichel symbolisierte das Kommen und Gehen, Leben und Tod, und die Rückkehr aus der Anderswelt.

Die Kelten legten ihren Toten Hornsymbole im Glauben an eine Rückkehr aus der Anderswelt ins Grab. Ihre Krieger zogen mit horngeschmückten Helmen und dem Bewußtsein in die Schlacht, daß ihr Blut der Göttin geopfert wurde und sie die Reise ins Paradies antraten, um zurückzukehren. Der Glaube, den Schutz der Mondgöttin zu genießen, indem man ihre Insignien trug, war so fest, daß römische Feldherrn den Kopf darüber schüttelten, mit welcher Todesverachtung die keltischen Krieger kämpften. Dank ihrer Kampfeskraft hatten die keltischen Stämme zwar fast ganz Europa und Kleinasien unter ihren Einfluß gebracht, waren aber letztlich den römischen Anstürmen nicht gewachsen und gerieten unter römischen Einfluß. Die römische Eroberungsstrategie war – könnte man sagen – die Strategie von Kaufleuten, die über die von Gotteskriegern siegte.

Die Kelten opferten ihr Blut der Göttin der Wiedergeburt. Sie glaubten an die Unsterblichkeit der Seele, die
nach ihrem Tod aus dem Körper austreten würde, um
sich einige Zeit in der Anderswelt aufzuhalten, bis sie in
einen anderen Körper zurückkehren konnte. Diese Vorstellung, sich wie der Mond »auf die andere Seite« bewegen zu können, um dann wie neugeboren zurückzukehren, hat noch einen zusätzlichen Aspekt. Die Totenritua-
le, besonders das Fest am 1. November, waren Feste für
die Seelen, die unruhig herumwanderten und darauf
warteten, wieder in die Welt zurück zu dürfen. Die Kelten
hatten die Vorstellung, daß diese Seelen Tarnkapuzen-
mäntel trugen und dadurch für die Sterblichen unsichtbar blieben. Reliefdarstellungen der keltischen Kapuzenfiguren erinnern an die Zwerge unserer Märchen. Sichtbar wurde die Seele nur, wenn man ein solches Figürchen
festhielt und ihm die Kapuze herunterzog. Es kann kein
Zufall sein, daß diese Vorstellung in die europäischen
Märchen eingegangen ist. Die Kapuzenfiguren der Kelten waren wie anfänglich auch die Zwerge unserer Märchen keinem Geschlecht zugeordnet gewesen. Erst viel
später hat man den Zwergen die »männlichen« Bärte
angeklebt. Von den Römern wurden die Figuren »genii
cuculati«[87], »Geister mit Kapuze«, genannt. Ihre Verbreitung ist im gesamten keltischen Kulturraum nachgewiesen. Die Rückkehr, Wiederkehr der Seelen war eine
(Wieder-)Geburt und diese ist mit Fruchtbarkeit gleichzusetzen. Da sich diese Figuren auch bei Quellen fanden,
bestätigt sich die Verbindung zwischen ihnen und den
Heilkräften des Wassers. Ein weiterer Hinweis für ihre
Mondbezogenheit liefern die Reliefdarstellungen von
Dreiergruppen, die häufiger anzutreffen sind als Einzel-

figuren, wobei viele gehörnte Tiere im Hintergrund zeigen.

Wenn die Milch der Mondkuh auf die Erde kam, dann bedeutete das Wasser, also Fruchtbarkeit, und Quelle dieser Fruchtbarkeit waren die Quellen, die heiligen Quellen. Denkt man diesen Gedanken konsequent weiter, wird aus der Quelle ein Bach, aus dem Bach ein Fluß, der auch in einen See münden kann. Eine irische Sage erzählt von Elcmar, dem bösen Zauberer, der sich zum Gebieter eines Elfenreiches gemacht hatte und den Reichtum der Fluren am Ufer des Flusses Boyne genoß. Die Göttin des Flusses Boyne nannten die Kelten Boann, »weiße Kuh«.
Die Göttin Damona, die an heiligen Quellen Galliens verehrt wurde, bildete mit Borvo, dem Gott der Heilkunst, ein Paar. Damona ist das gallo-keltische Wort für »große Kuh«. Sie wurde auch mit Apollo zusammen abgebildet. Daß sie von verschiedenen Männern begleitet dargestellt wird, belegt die Freiheit der keltischen Frau, ihren Mann zu wählen, und ist nicht als Hinweis auf Vielmännerei der Göttin zu werten. Die Verbindung des »großen Gottes« mit der »großen Kuh« war für die Kelten Irlands auch eine Aufforderung, fruchtbar zu sein. Das entsprechende Fruchtbarkeitsfest hieß Imbolc, »Säugen der Lämmer«, und wurde am 1. Februar begangen. Es gehörte zur Feier, daß die Frau nicht beim ersten Mann dieser Nacht liegenbleiben mußte. An Imbolc begann die helle Zeit, die Zeit des Frühlings.
Die Göttin des Imbolc-Festes war Brigit, eine Göttin der Heil- und Wahrsagekunst. Brigit konnte als dreifache Göttin erscheinen, denn sie hatte zwei Schwestern mit

gleichem Namen. Ihr Heiligtum lag bei Kildare unter einer heiligen Eiche, dem Baum der Weissagungen und der Unsterblichkeit. Viele Quellen trugen ihren Namen. Brigit, altirisch »die Tugendhafte«, wird auch als Namenspatronin der Städte Bregenz in Österreich, Brig in der Schweiz, Brega in Irland und Brent in England angenommen. Sie ist wohl auch mit der Göttin Brigantia aus Nordengland gleichzusetzen, die dem Volk der Brigantier ihren Namen verlieh und deren Existenz durch sieben Weiheinschriften überliefert ist. Die Nachfolge der keltischen Brigit trat St. Brigida als Schutzheilige Irlands an. Diese, 453 in der Region Leinster (Laigrin) geboren und am 1. Februar 525 im heutigen Kildare verstorben, soll sich nach Brigit benannt haben. Brigida gründete ihr erstes Kloster in Cill-Dara, keltisch Eiche-Kirche, dem Heiligtum der keltischen Brigit! Auf Heiligenbildern wird sie auch als Kuhhirtin dargestellt.

Ob auch die Quellen der Donau heilige Plätze der Kelten waren, wird sich mit letzter Sicherheit nicht beweisen lassen. Doch ihr ursprünglicher Name, Danube, weist auf eine Verquickung mit der großen Mutter Erde hin, die sich mit den Wassern des Himmels vereinigte. In Irland gibt es eine Hügellandschaft, die »die Brüste der Danu« genannt wird. Die Plätze, aus denen die Milch der Mutter Erde quoll, waren der Danube, Danu, geweiht und galten als heilig. Rituelle Handlungen an heiligen Quellen und größeren Flüssen werden noch heute vollzogen. Man denke an den Brauch, Münzen in Brunnen zu werfen. Die Kelten glaubten, mit Opfergaben die Götter beeinflussen zu können. An diesen Plätzen, die von den Römern geplündert wurden, fanden sich große Mengen gehämmerten Silbers. Das Silber war das Metall der

Mondgöttin. In nordischen Gräbern fand man silberne Halbmonde als Amulette.

Als das Eis zu schmelzen begann, damit die Welt entstehen konnte, gab es bereits Audumla, »die große Kuh«, die den ersten Menschen nähren würde. Aus ihren vier Zitzen flossen Ströme von Milch. Audumla begann die salzige Eisschicht abzulecken, und am Ende des ersten Tages wurden die Haare eines Menschen sichtbar. Am zweiten Tag befreite sie seinen Kopf, und am dritten Tag stand der ganze Mann vor ihr.

Diese Sage aus der altisländischen Edda-Mythologie stellt die lebensspendende Mondkuh in den Mittelpunkt des Schöpfungsmythos. Zweifelsfrei wurde Audumla als heilige Kuh angesehen. Sie nährte den Riesen Ymir, dessen mächtiger Körper zerfiel und dessen Blut Meere und Flüsse schuf, der Körper Erde, Berge und Wälder. So entstand die Welt nach altnordischem Glauben. An den Küsten des Nordmeeres (Ostsee?) verehrten die Menschen die Göttin Nerthus, die einmal im Jahr von einer Insel kam, die weit draußen im Meer lag. Sie fuhr auf einem Wagen, der von weißen Kühen gezogen wurde. Der Wagen war verhüllt, die Göttin unsichtbar. So wurde sie in ein Wasser gefahren und dort gewaschen, während die Menschen sie im Gebet verehrten.

Diese Wassertauche (aus dem althochdeutschen Wort toufi[n], Taucher – wurde Taufe) – verbunden mit der Bitte um Fruchtbarkeit – war augenscheinlich ein Regenkult. Daß die Göttin Nerthus »von einer Insel im Meer« kam, scheint sowohl ein Hinweis auf die andere Seite, die Anderswelt, zu sein als auch auf den Mondbezug. Fraglos dienten diese Kulthandlungen auch immer dem eigenen

Körper, wobei mit Fruchtbarkeit auch die eigene Gesundheit gemeint war.

Die nordischen Sagen erzählen von Königen, die ständig eine heilige Kuh mit sich führten, deren Milch sie tranken und die sie sogar mit in den Krieg nahmen. Ihre sichelförmigen Trinkhörner zeugten von der Verbindung zwischen der Kuh und dem Mond. Den Toten wurden Trinkhörner auf den langen Weg zur Anderswelt mitgegeben, galten sie doch auch als Symbole der Lebenserneuerung.

Sahen die Kelten rotohrige Kühe als Wesen aus der Anderswelt an, die aus dem Meer auftauchten und auch darin wieder verschwanden, galt bei den Nordvölkern die schwarze Kuh als etwas Besonderes. Und im Volksmund hieß es, »wo eine schwarze Kuh geschlachtet wird, holt sich der Tod dafür ein Mitglied der Familie«.

»Leabhar nah Uidre«, das Buch der dunklen Kuh, eine irische Prosasammlung, die um 1100 von drei Mönchen verfaßt wurde, erzählt uns diese Geschichte: Die dunkle Kuh nährte das Kloster und die drei Mönche während ihrer Arbeit. Als die Kuh starb, wurde ihr Fell zur Reliquie, und wer sich auf dem Fell zur letzten Ruhe bettete, der kam direkt ins Paradies.

Die Verbindung zum keltischen Mythos ist offensichtlich. In Irland kam es nicht selten vor, daß ein christlicher Mönch gleichzeitig Druide war. Natürlich war die dunkle Kuh, die ein Kloster ernähren konnte und deren Fell einen direkt ins Paradies verhalf, die Mondkuh. Eine zweite Geschichte der dunklen Kuh berichtet von Fergus, der nach seinem grausamen Tod aus seinem Grab heraus eine Sage zu Ende erzählt, die auf die Haut der dunklen Kuh geschrieben wurde. Fergus verfügte zu Lebzeiten über die Kraft von siebenhundert Männern, aß regelmäßig sieben Rinder, sieben Schweine und trank dazu sieben Fässer leer. Nase, Mund und Penis waren sieben Zoll lang, und von Ohr zu Ohr maß man sieben Fuß Länge. Daß er zu seiner Befriedigung sieben Frauen brauchte, versteht sich fast schon von selbst. Eine Liebschaft mit Medb bescherte ihm Drillinge. Dies analysierend, läßt sich die Sage, die von einem christlichen König erzählt, auf den ursprünglichen keltischen Vegetationsgott Fergus zurückführen, mitsamt seiner Mondkomponente.

Die Menschen erzählten sich nicht nur Geschichten von dunklen oder roten Kühen, sondern sie bezogen diese Tiere ganz konkret in ihre magischen Riten mit ein. In Norddeutschland hielt sich bis über das Jahr 1900 hinaus der Glaube, daß man sein Vieh vor Analogiezauber schützen konnte, wenn man eine rote oder schwarze Kuh im Stall hatte. In Mecklenburg galten rote und schwarze Kühe als Garanten für Wohlfahrt, denn wer sie mit in der Herde hatte, wurde von den Zwergen reich belohnt.
Seine Tiere schützte man vor Zauberei, indem man drei weiße Kreuze an den Stall malte. Zusätzlich wurde dreimal ein Abwehrzauber geflüstert.
Dreimal mußte auch die Braut um den Herd schreiten, nachdem der Bräutigam sie über die Schwelle getragen hatte, unter der eine scharfe Axt versteckt lag. Bevor eine Kuh zum Stier geführt wurde, mußte sie dreimal über eine scharfe Klinge springen. Axt und Klinge wehrten Dämonen ab.
Die Nachgeburt einer Kuh vergrub man in der Nähe von Obstbäumen.

Zwischen Legenden, Sagen und dem Volksglauben gibt es häufig kaum Unterschiede. Leider blieben Ursprünge und Sinn der Riten nur als Rudimente erhalten. Dennoch ist erkennbar, daß es sich in der Regel um Heil- oder Fruchtbarkeitszauber gehandelt haben muß, was auch das Einbeziehen der Anderswelt deutlich macht. Natürlich läßt sich trefflich darüber streiten, was an Wirkungen mit dem jeweiligen Zauber erreicht werden sollte. Andererseits ist die häufige Anwendung der Drei ebenso auffällig wie die Tatsache, daß eine Hochzeit immer eine Acht-Tage-Feier bedeutete und am neunten Tag beendet wurde. Unstrittig nachweisbar ist die Einbeziehung der Mondzyklen in das tägliche Leben.

Zu Festtagen wurden Kühe und Ochsen geschmückt und besonders ihre Hörner mit leuchtendem Schmuck versehen. Dankbarkeit beweist man durch das Schlachten eines Tieres. Blutopfer galten als unentbehrlich, wenn Vieh und Felder fruchtbar bleiben sollten. Zur Fruchtbarkeit der Felder trugen auch Jungfrauen bei, die sich zur Zeit ihrer Mensis dreimal auf dem uneingesäten Acker hin- und herwälzten. Wer von der Göttin mit besonderem Wohlwollen bedacht wurde, der erhielt ein Füllhorn des Glücks.

Solange die Mondkuh ihre Milch in Strömen fließen ließ, solange würde es der Erde an Fruchtbarkeit nicht mangeln. Aber die Mondkuh gab ihre Milch nicht nur der Erde. Gleichgültig, wie immer die Göttin mit den Insignien des Mondes bei den einzelnen Stämmen und Völkern auch hieß, aus ihren Brüsten waren die Sterne in den Himmel geflossen. Milch heißt griechisch *gala*, und was aus den Brüsten der Mondkuh in den Himmel floß, das wurde die *galaxias*, die Milchstraße, die Galaxis.

Daß geronnene Milch sich zu einem großen, gelben Ball formte und deshalb der Mond in Wahrheit ein Käse sei, geht auf alte Erzählungen zurück.

Zu den Mythen zählt auch die Geschichte von Europa, der schönen Tochter des Königs Agenor, die in Wirklichkeit Io, die weiße Mondkuh, gewesen sein soll, der sich Zeus in Gestalt eines Stieres näherte.

Häufig sind die Mondbezüge in den Sagen zwar stark kaschiert, bleiben aber doch erkennbar. Das gilt auch für die Geschichte des irischen Königs Cormac, der bei Blitz und Donner unter freiem Himmel geboren wurde und den eine Wölfin säugte. Seine Macht wurde so groß, daß es nicht genug Eimer gab, um die Milch aufzufangen, die die Kühe in seinem Königreich gaben. Alle drei Monate brachten sie Kälbchen zur Welt, die großgewachsen wie Normalgeborene waren. Es war das goldene Zeitalter Irlands. Eines Tages fand Cormac sich vor einem silbernen Haus wieder, in dem eine Frau lebte, deren sieben Kühe Milch für die ganze Welt gaben und deren sieben Schafe Wolle für alle Menschen wachsen ließen. Der Mann des Hauses beherrschte einen Zauber, der bei drei gesprochenen Lügen seinen goldenen Becher in drei Teile zerfallen ließ, der aber nach drei gesprochenen Wahrheiten seine ursprüngliche Form wieder zurück bekam.

Fruchtbarkeit und Glück waren für die Menschen der Frühzeit ganz offensichtlich Dinge, die zusammengehörten. Ein Land, in dem Milch und Honig fließt, das war der Inbegriff des Paradieses. Neben der Milch galt auch der Honig als Ausfluß der Mondgöttin, denn Bienen waren Reinkarnationen der Mondnymphen. Der Honig gehörte als Mondflüssigkeit auch zu den Substanzen beim Auferstehungszauber, galt also als Lebenselixier.

Zu ihren Glückstagen zählen die Menschen immer noch den Honigmond oder Honeymoon. Damit war der erste Monat der Vereinigung von Mann und Frau gemeint.

Mit Fruchtbarkeit und Glück verbanden und verbinden die Menschen auch den Klee. Daß der Klee von den Iren zum Staatswappen (shamrock) erhoben wurde, hat sicher mit ihren Ahnen zu tun und weniger mit dem Heiligen und Schutzpatron Patrick, der kein irischer Kelte war. Er soll zwar mit einem Kleeblatt in der Hand die christliche Dreifaltigkeit begreifbar gemacht haben, aber die Zahl Drei gehörte bei den Kelten längst vorher zu den heiligen Zahlen. Wobei interessant ist, daß der heilige Patrick auch als Zauberer aufgetreten sein und Druidenzauber durch einen Gegenzauber vernichtet haben soll. Auf der Flucht vor Häschern – erzählt die Legende – habe er sogar Nebel aufkommen lassen und sich und seine Begleiter darin in ein Rudel Rehe verwandelt. Der Morgennebel symbolisierte nach dem Mythos den Übergang von der dunklen in die helle Welt. Nebel, Kleeblatt, Zauberkraft, dies alles waren die Insignien eines Druiden. Und nach keltischer Sage soll die dreifache Göttin Macha die Mutter des Patrick gewesen sein, die auch den Gott des Kleeblatts geboren hatte. In Wales habe sich Patrick, so heißt es, Maenwyn[88] genannt. Dieser Name war nur möglich, wenn er ein Geweihter war, denn Maenwyn bedeutete »der dem Mond Geweihte«. Daß sich das Heiligtum des heiligen Patrick in der Nähe einer Heilquelle befindet, unterstreicht die Wahrscheinlichkeit, daß der keltische Patrick von Druiden der Mondgöttin geopfert wurde, was heißt, daß er ein Geweihter war, dem der Kopf abgeschlagen wurde, damit sein Blut für die Katharsis der Welt über den Altar rinnen konnte. Die Verehrung Patricks dürfte, ähnlich der Brigits, dazu geführt haben, daß sich der Sohn des Calpurnius von Banna und spätere Bischof von Irland mit dem keltischen Namen schmückte. Patrick, auch Patricius genannt, war Bürger des Imperium Romanum, geboren in Britannien. Der Klee in seiner Hand, mit dem er die Trinität des christlichen Gottes erklärt haben soll, symbolisiert die Lebenskraft des keltischen Mythos. Sterben und Wiederauferstehen, das war dem »Mond-Geweihten« Patrick möglich. In diesem Bewußtsein wird der keltische Patrick gestorben und im heiligen Patrick auferstanden sein.

Was Druiden ver-nebeln, verzaubern, konnten, dazu gehörte die Morgenstunde. In dieser Morgenstunde, einem Zwitter aus Nacht und Tag, bescherte die Mondgöttin den Menschen den Tau, Milch der Mondkuh, die sie bei ihrer Reise um den Himmel verloren hatte. Zur Morgenstunde wirkten zusätzlich starke Einflüsse des Himmels auf die Erde. An der Morgenstunde und dem Tau erquickten sich die Menschen wie am Wasser eines Jungbrunnens. Nackt legten sie sich in die taufrischen Gräser und wälzten sich, um ein Stück Unsterblichkeit in ihren Körper aufzunehmen. Besonders glückverheißend war das Bad in der Mondmilch, wenn ein vierblättriges Kleeblatt gefunden wurde, denn die Vier ist eine Ordnungszahl. Sie ist die Zahl der Elemente: Feuer, Wasser, Luft und Erde, birgt in sich also die notwendigen Voraussetzungen für ein Menschenleben.
»Wo der Tau herkommt, von dort kommen vielwissende Frauen«, erzählt der Edda-Mythos.

Die letzte Vollmondnacht im August galt als richtiger Zeitpunkt für das Pflücken von Heilkräutern. An diesem Datum sollen sie die stärkste Heilkraft entwickeln.

»Von Menschen und Gestirnen ungesehen, ungesprochen und ungegessen, soll der Sammler sich den heiligen Kräutern nahen«[89], so sprachen die Menschen. Für die weisen Frauen galt es, die Riten einzuhalten, da sonst die Heilkraft der Kräuter und Wurzeln verflog. Ein Symbol der guten Kräfte und Zeichen der Heilerin war die langstielige Doppelaxt. Ein Relief zeigt die keltische Göttin Rosmerta mit dieser wie mit einem vollen Füllhorn. Sie war quasi zuständig für den täglichen Mittagstisch, eine Göttin der Versorgung also. Versorgerinnen waren auch die weisen Frauen, denn ihr Kräuterwissen fand den Weg in die Küchen jener Zeit.

»Mit der linken Hand wurde gebrochen und ausgezogen.«[90]

So legte die weise Frau nur an bestimmte Pflanzen die scharfe Sichel an, von der angenommen wird, daß sie dem Halbmond nachgebaut sei, dem Symbol der immer wiederkehrenden Ernten. In jedem Fall waren die Ernte zur Vollmondzeit und ähnliche rituelle Handlungen eng mit dem Bewußtsein verknüpft, daß die Macht und Fruchtbarkeit der Mondgöttin in die Pflanzen eingedrungen seien.

»Die Sonne kannte ihre Säle nicht; die Sterne kannten ihre Stätte nicht; der Mond kannte seine Macht noch nicht.« Was sich in diesen zwei Zeilen der älteren Edda ausdrückt, war jahrtausendelang bindendes Gesetz für die Menschen. Denn als der Mond seinen Platz gefunden hatte und seine Macht erkannte, nahmen die Menschen seinen Einfluß wahr. Das Bad in der Mondmilch, der heilenden Quelle, das Bad im taugrünen Mondklee, die Anwendung der zur richtigen Mondzeit gepflückten Heilpflanzen, alles das zusammen wirkte auf die Menschen, und sie spürten, daß da etwas mit ihnen und in ihnen geschah. Ohne diese archaischen Erfahrungen und das geheime Wissen der weisen Frauen hätte es weder eine Hildegard von Bingen noch einen Pfarrer Kneipp geben können. Altes Wissen überdauerte nicht nur den Christianisierungsprozeß, sondern wurde übernommen und dem Kreuz »geweiht«.

Die Mondgöttin und die Mondkuh werden das mit »kuhischem« Gleichmut hinnehmen, solange den Menschen geholfen wird. Milch und Honig, Tau und Klee, das sind probate Mittel, mit sich und seiner inneren Uhr wieder in Einklang zu kommen.

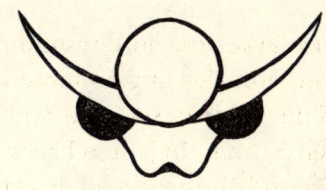

12

MIT DEM MOND GESUNDEN

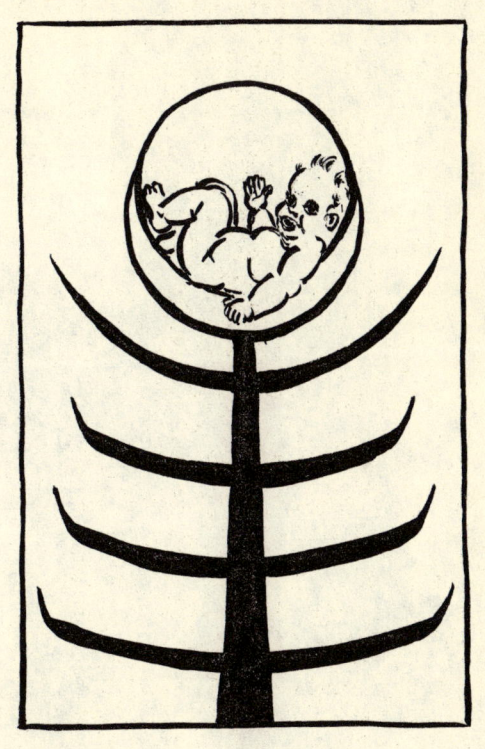

Das rechte Maß

Es gibt verschiedene Beobachtungen von Medizinern, die auf eine Wechselbeziehung zwischen Mondphase und krankhaften Erscheinungen hindeuten. Allerdings sind diese meist sehr individuell, und selten beruhen sie auf wirklich methodischem Vorgehen, weshalb sie sich auch oftmals widersprechen. So wird einerseits behauptet, daß problematische Nachblutungen nach Operationen in der zunehmenden Mondphase gehäuft auftreten, andererseits wird die exakt gegenteilige Beobachtung gemacht. Gleiches gilt im übrigen für die Volksmedizin, die zwar auf einer langen Tradition der Beobachtung fußt, wobei allerdings der Erkenntnisfindung oftmals Überlieferungen im Wege stehen. Aus diesem Grunde werden in diesem Kapitel nur diejenigen Wechselwirkungen dargestellt, die so gut wie verbrieft sind.

Will man eine Begründung für die verbrieften Zusammenhänge zwischen Mondphase und Gesundung, bleibt nur als nachweisbare Einflußgröße das sich wandelnde Licht des Mondes. Auf den Zusammenhang zwischen der erhöhten Gelbempfindlichkeit unserer Augen zu Vollmond und dem Stoffwechselhormon Thyroxin der Schilddrüse wurde bereits hingewiesen (Seite 144). Darüber hinaus scheint zumindest eine gewisse Synchronizität zwischen der Lichterscheinung des Mondes und der vermehrten Ausschüttung des Zirbeldrüsenhormons Melatonin zu bestehen. Dieses Hormon steuert nicht nur unseren Schlaf-Wach-Rhythmus (Seite 224), sondern wird unter anderem auch für unsere Immunabwehr und Alterungsprozesse mitverantwortlich gemacht. Junge Menschen produzieren weit mehr Melatonin als ältere. Wird indes älteren Menschen dieses Hormon durch Medikamente oder Heilkräuter zugeführt, so stabilisiert sich ihre Gesundheit, und Alterungserscheinungen verlangsamen sich. Von daher stehen melatoninhaltige Präparate derzeit auch im Ruf, wahre Jungbrunnen zu sein, obwohl die Zuführung von Melatonin klinisch nur bei depressiven Erscheinungen als angezeigt erscheint.

Die körperliche Reaktion auf den äußerst schwachen Lichtimpuls des Mondes ist jedoch derzeit letztlich nicht befriedigend zu erklären, vor allem, da wir mehrheitlich des Nachts wesentlich intensiveren künstlichen Lichtquellen ausgesetzt sind, nachweisbare Wirkungen auf schwache Lichtquellen aber nur nach längerer Dunkelheit wissenschaftlich belegbar sind. Dennoch sind beispielsweise Phänomene wie Schlafwandeln, unruhiger Schlaf oder nächtliches Erwachen, die bei vielen Menschen nur dann auftreten, wenn sie im Mondlicht schlafen, eigentlich Beleg genug. Gleiches gilt für jene Personen, die zu Vollmond überhaupt keinen Schlaf finden. Bemerkenswert ist allerdings, daß diese lunare Einschränkung sich auch dann auswirken kann, wenn ein solcher Mensch dem Mond gar nicht ausgesetzt ist. Dies läßt wiederum einen uns eingeborenen Mondrhythmus beziehungsweise eine ererbte Mondempfindlichkeit vermuten.

Daß Mondzyklen auch Körperzyklen sein können, erleben wir eigentlich schon, noch ehe wir das Licht der Welt erblicken: Währt doch eine durchschnittliche Schwangerschaft neun synodische Monate, also ganze 265 Tage.

Und so ist es nur wenig verwunderlich, daß sich der gebende und nehmende Einfluß des Mondes, den wir in der Natur beobachten können, auch in uns selbst zu wiederholen scheint. Offenbar ist der Mond der Taktgeber, der uns in das größere irdische und gleichermaßen astrale Walten einbindet und uns dabei zugleich lenkt und begleitet. Unser Körper und unsere Seele leben jedenfalls dieser mächtigen Bewegung nach. In der zunehmenden Phase mobilisieren wir Lebenskraft und lenken sie nach außen, während wir in der abnehmenden Phase Kräfte sammeln und uns mehr nach innen wenden. Es ist ein wiederkehrendes Anspannen und Sichlösen, und solange wir diesem Rhythmus nachgeben, fühlen wir uns rundum wohl.

In dieser Weise kann uns der Mond in bildhaftem Sinne heilen. Spricht er doch mit Psyche und Soma unser ganzes Wesen an. Es ist zunächst die autonome Intelligenz unseres Körpers, die uns diesen Mondkräften gegenüber öffnet und uns Zeichen gibt, sobald wir uns asynchron verhalten. Bleiben wir in diesem Bild, so erkennen wir unseren Körper als das an sich Erdhafte und den Mond als ein geistiges, schöpferisches Prinzip. Und so können wir wiederum den Mond in uns selbst entdecken, indem wir beginnen, uns als seine Geschöpfe zu verstehen. Dies ist zwar einerseits eine innere Umkehrung der Gesetzmäßigkeit von Yin und Yang, denn für diesen Moment wirkt der Mond als männliches Prinzip, andererseits bezeugen wir so unsere Bereitschaft, uns selbst aus vollem Herzen ebenfalls als ganz erleben zu wollen, indem wir das Fehlende als das uns Zugehörige annehmen. In der Folge runden wir uns. Die Selbstheilungskräfte unseres Körpers schwingen im Takt des Mondes; wir selbst aber richten uns intuitiv nach demselben Maß.

Einen Zyklus körperlicher und seelischer Befindlichkeit, in dem sich das Maß des Mondes – zumindest als mittlere Kurve – widerspiegelt, stellt der sogenannte Fleißsche Biorhythmus. Er wurde zu Beginn des 20. Jahrhunderts von dem Berliner Arzt Wilhelm Fleiß und dem Wiener Psychiater Herrmann Swoboda erforscht. In den achtziger Jahren war er dank Computerberechnungen so gut wie in aller Munde, heute ist er vielen mittlerweile eine derartige Selbstverständlichkeit, daß er kaum noch Erwähnung findet und dadurch wiederum Gefahr läuft, in Vergessenheit zu geraten.

Der Fleißsche Biorhythmus besteht aus drei ineinanderlaufenden Intervallen, die die körperlichen und seelischen Hoch- und Tiefphasen vom Tag der Geburt an beschreiben. Das erste Intervall umfaßt 23 Tage. Es wird als männlicher Zyklus aufgefaßt, der die Befindlichkeit des Körpers, des motorischen Nervensystems und der nach außen gerichteten Lebenskräfte darstellt. Das zweite, weibliche und mittlere Intervall entspricht mit 28 Tagen annähernd einem anomalistischen Monat. Es verweist auf die seelische Befindlichkeit, das sensorische Nervensystem und die nach innen gerichteten Kräfte. Das neutrale Intervall währt 33 Tage. Die Aktivität des sympathischen Nervensystems und die Steuerung der geistig-intellektuellen Kräfte wird hierdurch dargestellt. Bedeutsam an den Kurven des Fleißschen Biorhythmus ist eine erkennbare Beziehung zwischen Mondphasen und Intervallen. So ergaben Untersuchungen, daß die wiederkehrende wie auch die entgegengesetzte Gestalt des Geburtsmondes auf den Wechsel von einer Hoch- zur Tiefphase und umgekehrt einwirken kann, sobald die biorhythmische Wechselphase mit der entsprechenden Mondphase zusammenfällt. Wobei die Einwirkung des Mondes die biorhythmische Phase verstärkt, was bedeutet, daß Tage im Übergang zum Tief gefahrenträchtig sind, während das Zusammentreffen von Mond- und beginnender Hochphase einen ungewöhnlichen kraftvollen Moment verspricht. Der Mondeinfluß kann sich zudem noch potenzieren, wenn zwei oder gar alle drei Intervalle einen Phasenwechsel zur Zeit des Geburtsmondes durchlaufen.

Der Heilsame

Die Vorstellung, mit dem Mond zu gesunden, beruht neben der beobachteten Wechselwirkung von Krankheitsverlauf und Mondphase im wesentlichen auf einer magischen Auffassung von Sympathie. Darunter versteht man seit altersher eine magische Wahlverwandtschaft zwischen einem Objekt und einer bestimmten Befindlichkeit; so gelten etwa den Geschlechtsteilen ähnlich sehende Pflanzen für gewöhnlich als Aphrodisiaka. Beim Mond sind es neben seiner sich wandelnden Erscheinung vor allem die ihm zugesprochenen Charaktere, die die Therapie von Krankheiten unterstützen soll, aber auch ebenso hemmen kann. Im simpelsten Fall wird dabei in einem magischen Ritual auf die Gestalt des Mondes abgehoben, wofür beispielsweise das Ritual spricht, das man auch heute noch bei der Behandlung von Warzen vollzieht.

Man sieht in den zunehmenden Mond, streicht sich dreimal über die unerwünschte Warze und spricht dabei folgenden Reim:

»Was ich abstreif, das verlier sich,
Was ich anseh, das vermier' sich.«

Bei dieser Form des Analogiezaubers wird die zunehmende Macht des Mondes beschworen, um das Kränkelnde schwinden zu lassen. Daß hierauf der wirkliche Mond keinen Einfluß hat, ist den meisten, die diesen oder einen ähnlichen Zauber ausüben, durchaus klar. Gleichwohl lassen sie sich davon nicht beeinträchtigen. Geht es ihnen doch dabei nicht um die magische Macht des faktischen Objekts, sondern um die des in ihm oder durch ihn gebundenen Geistes.

Nur wenn man einen solchen übergeordneten Zusammenhang erkennt, wird so manche sympathetische Gesundung mit Hilfe und Inanspruchnahme des Mondes verständlich. Werden doch bei solchem rituellen Vorgehen vornehmlich unbewußt psychische Kräfte und mit dem Mond verwurzelte Archetypen wie die Mutter, das Lebensrad oder das behütende Feuer im Dunklen angesprochen. Die solchermaßen geweckten Bilder sind von urgründiger und urmächtiger Seelenkraft. Von daher vermögen sie auf psychosomatische Weise Heilungsprozesse anzustoßen, denen, ohne zu übertreiben, eine kosmische Harmonie unterlegt ist. Solche Heilungen bedingen ein Urvertrauen in die Intelligenz unseres Körpers und verlangen zudem eine gewisse seelische Entkrampfung und Lösung in eine uns tragende Kraft; womit alles in allem eine seelische Verfassung umschrieben wird, die derzeit unter dem Stichwort Psychoimmunisierung zunehmend Beachtung in der Medizin findet.

Dieses sich Anvertrauen einer kosmischen Harmonie bewirkt zudem eine besondere Sensibilität für die heilenden Impulse unseres feinstofflichen Körpers respektive unserer Aura. In diesem Sinne kann man auch von einer aurasomatischen Gesundung sprechen. Denn die herbeigeflehte urmächtige Kraft ist gleichermaßen auch in der kausalen Hülle unserer Aura präsent. Von dort aus wirkt sie in die mentale wie auch in die physische Sphäre hinein, die ihrerseits wiederum Leib und Seele durchwirken. In diesem Zusammenwirken aber erscheint der Mond ohnehin nur als ein Symbol, das seine Bildkraft aus der Projektion unserer genuinen Einbildung erhält.

Aus diesem Blickwinkel heraus betrachtet, wirken vor allem grundlegende Empfehlungen keineswegs mehr so platt, wie sie uns ansonsten erscheinen würden. Sondern wir vermögen in uns selbst die tiefenpsychologischen Entsprechungen ergründen, wenn wir beispielsweise der Behauptung nachgehen, daß Krankheiten beim abnehmenden Mond besprochen werden sollen, bei Neumond und zunehmendem Mond aber um Gesundung gebeten und Krankes gebannt werden soll. Und ebenso scheint uns die Ansicht nicht mehr gar so fremd, daß Krankheiten, die im Vollmond beginnen, lange währen, während diejenigen, die im Neumond ihren Lauf nehmen, nur von kurzer Dauer sein können.

Von ähnlicher sympathetischer Wirkung ist auch die Iatromathematik, die Lehre von der astrologischen Disposition hinsichtlich dem Verlauf von Krankheiten. Wobei es hierzu auch eine eigenständige Betrachtung des

Mondes in Verbindung mit den Tierkreiszeichen gibt. Diese Einschätzungen der Mondeinflüsse beschreiben jedoch keine individuelle Disposition, da wesentliche astrologische Momente wie Häuser oder körperliche Aspekte anderer Planeten unberücksichtigt bleiben, dafür aber fußen die Beobachtungen auf dem tatsächlichen Mondlauf durch den Tierkreis. Durch sie wird im Grunde genommen ein allgemeines ganzheitliches Feld der heilsamen Mondkräfte umrissen. Hierdurch können die Tage ausgewählt werden, an denen therapeutische Maßnahmen besonders wirkungsvoll sein können oder an denen man aufgrund einer bestehenden Veranlagung achtsamer als sonst sein sollte. Darüber hinaus kann man so mancher Unpäßlichkeit vorbeugen, wenn man weiß, daß sie wiederkehrend mehr oder minder durch den Mond im Tierkreis bedingt wird.

Bei der Behandlung dieser *Mondeinflüsse* dominieren folglich die den einzelnen Tierkreiszeichen *zugewiesenen Körperregionen*. Daher nachstehend eine entsprechende Übersicht, ausgehend vom Sternzeichen Fische, in dem derzeit der Frühlingspunkt liegt. Die Tage, wann der Mond in welchem Sternzeichen steht, kann man mühelos den gängigen astronomischen Kalendern entnehmen.

Mond in den Fischen

Der Mond wirkt vor allem auf unsere Füße.
Im abnehmenden Mond ist eine Pediküre zu empfehlen, im zunehmenden Mond sollte man auf bequemes Schuh-

werk achten. Wer schnell kalte Füße bekommt, sollte mit einer Wärmflasche ins Bett gehen, so baut er Erkältungen vor. Flüssiges setzt zu dieser Zeit besonders an, vor allem wenn der Mond drei Tage in den Fischen steht, daher sollte man süße ebenso wie alkoholische Getränke meiden.

Mond im Widder

Augen, Gehirn und Haare werden durch den Mond angesprochen.
An diesen Tagen sollte man sein Augentraining nicht vergessen, wirkt es doch intensiver als sonst. Möglichst viel Tageslicht tut zudem sein übriges. Kopfschmerzen treten bei Wetterfühligen leichter auf; ausreichend Schlaf und Verzicht auf Koffein kann vorbeugend wirken. Auch Bildschirme jeder Art sollte man, sofern man kann, an diesen Tagen meiden. Wer ohnehin schon sprödes Haar besitzt, sollte es an Widdertagen nicht schneiden, es wird sonst sehr rasch splissig.

Mond im Stier

Der Hals-, Nasen- und Ohrenbereich wird vom Mond beeinflußt.
Wer schon lange zum Zahnarzt wollte, sollte sich jetzt aufmachen. Bei kaltem Wetter empfiehlt es sich, einen Schal umzulegen und eine Mütze über die Ohren zu ziehen. Wer ohnehin schon Probleme mit den Ohren hat, sollte Betätigungen, die den Druck auf die Ohren

erhöhen oder das Gleichgewichtsorgan besonders bean-
spruchen, vermeiden. Raucher sollten etwas weniger inhalieren und Nichtraucher verqualmte Räume meiden.
Und wer mit dem Rauchen aufhören will, sollte damit am
besten an Widdertagen beginnen.

Mond in den Zwillingen

Die Zwillinge wachen über unsere Schulterpartie, die
Arme, Hände und die Lunge.
Schwere Arbeiten gehen in dieser Zeit allgemein leichter
von der Hand. Probleme kann jedoch bekommen, wer
zu Verspannungen im Schulterbereich neigt. Entsprechende gymnastische Übungen sollten daher schon vorbeugend eingesetzt werden. Wetterfühlige dürfen sich
warm anziehen. Wer etwas für seine Schönheit tun will,
kann seine Hände einer Maniküre unterziehen. Durch
feine manuelle Tätigkeiten vermag man nunmehr auch
seine Sensibilität insgesamt zu schulen.

Mond im Krebs

In diesem Sternzeichen wirkt der Mond auf den Ober-
körper, insbesondere auf Brust, Lunge, Magen, Leber
und Galle.
Die Tage, an denen der Mond im Krebs steht, sollten
grundsätzlich als Ruhetage angesehen werden. Übersteig-
gerte Aktivitäten sollten daher vermieden werden, sie
könnten sich sonst auf den Magen schlagen. Um zu
fasten oder Diäten zu beginnen, ist die Zeit ideal, da sie

die Entschlackung des Körpers begünstigt. Wer sich jetzt viel an der frischen Luft aufhält, muß sich um Unpäßlichkeiten wenig sorgen. Einschneidende Vorhaben, wie etwa mit dem Rauchen aufzuhören, verschiebt man jedoch besser auf andere Tage.

Mond im Löwe

Herz, Wirbelsäule und Blutkreislauf sind durch den Mond betroffen.
Etwas Streß kann zu dieser Zeit niemandem schaden. Zuviel Aufregung wirkt allerdings aufreibender als sonst. Wer einen sitzenden Beruf ausübt, mag sich wieder seiner Rückengymnastik erinnern, denn entsprechende Dispositionen können jetzt schmerzhaft durchschlagen. Auch jede andere sportliche Betätigung scheint nunmehr angebracht. Stimulierende Getränke sollte man nur in Maßen zu sich nehmen.

Mond in der Jungfrau

Bauchspeicheldrüse, Milz und Darm als auch das Nervensystem werden vom Mond regiert.
In dieser Zeit sollte man ein wenig auf seine Ernährung achten und zu schwere Speisen meiden. Auch zu regelmäßigen Zeiten und nicht zu spät abends zu speisen ist ebenso ratsam. Jungfrauentage stellen jedoch keinen guten Termin dar, um eine Fastenkur zu beginnen. Von Hämorrhoiden, die man jetzt kuriert, kann man sich anhaltend befreien. Bürstenabreibungen wirken in die-

ser Phase besonders belebend und abhärtend. Impfungen werden jetzt am besten vertragen.

Mond in der Waage

Unterm Regiment des Mondes stehen nunmehr Becken, Hüften, Nieren und Blase.
Es ist daher eine gute Gelegenheit, in sich steckende Krankheiten durch Ausschwemmungen mittels Heiltee anzugehen. Auch sollte man darauf achten, daß man nicht auf kalten Flächen sitzt, Blasenentzündungen können sonst die Folge sein. Wer zudem schlecht sitzt und ohnehin Schwierigkeiten mit seiner Wirbelsäule hat, muß sich jetzt vor dem Hexenschuß fürchten. Entsprechende Gymnastik und Wärme auf das Kreuzbein können dem vorbeugen. Lange Wanderungen, ausgedehnte Ausstellungsbesuche oder Stadtbummel verschiebt man vorsorglich auf andere Tage.

Mond im Skorpion

Die Geschlechtsorgane sind in dieser Zeit dem Einfluß des Mondes zugänglich.
Wenn es zu vermeiden ist, sollte man sich an diesem Tag keinen neuen Sexualpartner wählen; lästige Pilzinfektionen etwa übertragen sich nämlich jetzt schneller als sonst. Hingegen schlägt eine entsprechende Therapie nunmehr besser als für gewöhnlich an. Auch auf mögliche Unterkühlungen ist streng zu achten, schmerzhafte Entzündungen könnten sich sonst einstellen. Wer geisti-

ge Getränke mag, darf jetzt auch mal einen über den Durst trinken.

Mond im Schützen

In diesem Zeichen wirkt der Mond auf die Oberschenkel und die Sehnen. Von daher steigt auch im bildhaften Sinne die Spannkraft.
Lockerungsübungen für die Muskulatur sind jetzt sehr zu empfehlen. Auch Massagen wirken nun besonders anhaltend. Ein Gang in die Sauna kann ebensowenig schaden. Vorteilhaft ist es auch, seine Kraft in kurzen intensiven Bewegungsabläufen zu trainieren. Schwimmen oder Laufen wirkt jetzt besonders geistig anregend. Auch manuelle Fertigkeiten sollten wieder eingeübt werden, will man sich seine Geschmeidigkeit erhalten.

Mond im Steinbock

Auf Knochen, Knie und Gelenke wirkt nunmehr der Mond ein.
Wer etwas Gutes für sich tun will, sollte in diesen Tagen seinen Fleischkonsum senken. Schwere Arbeiten sollten wenn möglich auf einen anderen Tag verschoben werden. Schmerzende Gelenke, mit Salben behandelt, beruhigen sich schneller als gewohnt. Chronische Leiden wie Arthritis können jedoch jetzt heftiger werden, sofern man sie nicht schon ein, zwei Tage vorher intensiver als sonst pflegt. Heilsam und verjüngend für die Haut können in dieser Zeit Bäder und Bürstenabreibungen sein,

anschließend sollte man seinen Körper mit einer Lotion salben.

Mond im Wassermann

Vornehmlich die Unterschenkel sind in dieser Verbindung vom Mond beeinflußt, und so stärkt er in bildhafter Weise unsere Sprungkraft.

Wer schlecht zu Fuß ist, darf lange Wege verschieben, und wer zu Krampfadern neigt, mag vorsorglich seine Stützstrümpfe anziehen und seine Beine salben. Diese Tage sind auch günstig, um sich von schlechten beziehungsweise ungesunden Verhaltensweisen zu trennen; jedenfalls werden Entzugsphasen gleich welcher Art jetzt besser überstanden als gemeinhin üblich.

Die angeführten therapeutischen Möglichkeiten beziehungsweise Belastungen sind an Tagen, zu denen der Mond im jeweils oppositionellen Sternzeichen steht, am wenigsten wirksam, weil dann das Sternzeichen seinen geringsten Einfluß aufweist. In *Opposition zueinander stehen die einzelnen Sternzeichen in folgender Weise:*

Fische – Jungfrau,
Widder – Waage,
Stier – Skorpion,
Zwillinge – Schütze,
Krebs – Steinbock,
Löwe – Wassermann.

Der Naturheilkundliche

Eine Sage erzählt, daß ein Ritter sich eine Nixe vom Niederrhein zur Frau nahm und mit ihr auf seine Burg in den Bergen zog. Da eine Ehe mit einer Nixe aber nur so lange Bestand hat, wie das Nixentum der Frau unentdeckt bleibt, bedang sich die Nixe, bevor sie dem Ritter folgte, aus, daß sie sich zu jeder Vollmondzeit ungestört zurückziehen durfte. Eine Zeitlang hielt sich der Ritter auch an sein Wort und ließ seine Frau ungestört. In einer Vollmondnacht jedoch übermannte ihn seine Neugier, er schlich seiner Frau nach. In der Tiefe des Wasserturms sah er sie zu seinem Erschrecken fischleibig im grünen Wasser schwimmen. Seine Frau freilich bemerkte ihn in demselben Augenblick. Entsetzt schrie sie auf, und mit einem Flossenschlag tauchte sie hinab in die Tiefe. Von da an ward sie nie mehr wieder gesehen.

Diese Sage mag uns daran erinnern, daß es nötig ist, sich mindestens einmal im Monat zu einer uns günstigen Mondphase zurückzuziehen, damit wir wieder zu uns selbst finden und uns an und in unserer Natur stärken können. Versäumen wir dies auf Dauer, so werden wir uns so weit verlieren, daß wir auch die Sensibilität für uns selbst, unsere Seele und unseren Körper verspielen. Womit meist auch ein mehr oder minder starkes Kränkeln seinen Anfang nimmt. Ganz allgemein gilt als günstige Mondphase für ein derartiges Zu-sich-Kommen der Neumond. Gleichfalls günstig ist aber auch der oppositionelle Geburtsmond. Man ermittelt ihn, indem man der Mondphase seines Geburtsmondes 14 Tage hinzurechnet. Und immer dann, wenn der Mond sich in dieser Erscheinung zeigt, sollte man sich einen Abend zurückgezogen mit sich selbst beschäftigen. Diese Stunden werden einsame und zugleich heilsame Stunden der Häutung sowie der geistigen und seelischen Erneuerung und Wiederbelebung sein.

Lassen wir uns auf die segensreiche Schwingung des Mondes ein, können wir einem verschütteten Rhythmus in uns nachspüren, der der unvergänglichen Kraft der Natur, dem zeitlosen Schöpfen, dem Werden und Vergehen, folgt. Und sobald wir uns dieser wogenden Bewegung bewußt werden und uns ihr überlassen, knüpfen wir auch an das Jahrtausende alte Wissen einer natürlichen *Heilkraft an, deren Impulsgeber der sich wandelnde Mond* ist. In der Folge erfassen wir den tieferen Sinn der uralten Rituale und erkennen das hinter der Symbolik liegende feinstofflich wirkende Potential.

❭ Dementsprechend unterstützen wir etwa die Zeit der Häutung und Besinnung durch Räuchern mit Wacholder. Wacholder gilt als reinigend, wobei seine spirituell klärende Wirkung besonders hervorzuheben ist. Eine Wacholderräucherung zum Neumond vertreibt ungute Schwingungen und verschafft unseren Räumlichkeiten wieder eine traute Atmosphäre.

❭ Hautausschläge sollte man im zunehmenden Mond behandeln. Neben wirksamen Salben und Umschlägen wird auch die Behandlung mit Eigenurin empfohlen. Hierzu fängt man etwas Urin vom Mittelstrahl auf und betupft damit anschließend die erkrankte Hautpartie.

❭ Warzen und Überbeine werden – wie bereits erwähnt – ebenfalls bei zunehmendem Mond besprochen. Das Besprechen ist ein uralter Heilzauber, durch den unser ursprünglicher Lebens- und Gesundungswillen angesprochen wird. Mittlerweile hat sich das »Besprechen« so gut wie in die Praxen der Psychologen und Lebensberater verlagert. Wir können diese alte Kunst aber auch wieder für uns neu entdecken, indem wir Gebete und Wunschformeln formulieren, um die Verbindung zu unserem Seelengrund aufzuspüren.

Die magische Kraft des Besprechens läßt sich zusätzlich durch die Heilkraft unserer Hände befördern. Über diese Heilkraft verfügt so gut wie ein jeder von uns; wir müssen sie nur als eine uns gegebene, selbstverständliche Fähigkeit anerkennen und sollten sie nicht überhöhen. Pickel und Warzen verschwinden beispielsweise, wenn man mit Daumen und Mittelfinger der rechten Hand einen Ring formt; die zusammengehaltenen Spitzen beider Finger hält man darauf gegen die betroffene Hautstelle und stellt sich vor, daß ein Energiestrahl die Unreinheit ausbrennt. Der Effekt ist augenblicklich zu spüren, meist kann man auch die übertretende Kraft gleich einer blauen Nadel in der Aura erkennen. Diese Übung sollte man an mehreren Tagen wiederholen; Steinbocktage sind besonders empfehlenswert.
Ist einem das Besprechen zu langwierig oder erscheint es einem zuwenig erfolgversprechend, kann man sich auch dem Messer des Hautarztes anvertrauen. Wobei dann im abnehmenden Mond der Erfolg am ehesten garantiert ist.

❭ Besondere Heilkraft wird auch der Mondmilch, dem Morgentau, zugesprochen. Pfarrer Kneipp knüpfte an dieses verschollene Wissen an, als er begann, barfuß durch die morgendlichen Wiesen zu wandern. Nicht nur erfrischend, sondern wie ein Jungbrunnen wirkt auch eine Abreibung des ganzen Körpers mit einem taubenetzten Handtuch. Um die Wirkung zu verstärken, sollte man das Tuch nach erfolgter Abreibung gen Osten in den Strahlen der aufgehenden Sonne auswinden. Ebenso verschwinden Hämorrhoiden, die mit »Mondmilch« gewaschen werden. Darüber hinaus wird auch dem Wasser, das um Mitternacht bei Vollmond geschöpft worden ist, Heilkraft zugesprochen.

❭ Als Wasserbringer ist der Mond auch dafür mitverantwortlich, daß Suchtstrukturen zyklisch immer wieder aufbrechen. Sich einer solchen zwanghaften Veranlagung beziehungsweise Störung zu entziehen, ist für den Betroffenen meist weder möglich noch vorstellbar. Folglich gibt es auch keine brauchbaren überlieferten Rezepte. Hilfreich kann es in solchen Fällen daher nur sein, diese dunkle Seite des Mondes für sich anzunehmen und alsdann der Macht des Wortes zu vertrauen und sich der Gemeinsamkeit der Leidenden in einer Selbsthilfegruppe anzuschließen.

❭ Daß man sich vom Mondlicht bezaubern lassen kann, ist jeder romantischen Seele selbstverständlich. In zauberhafter Weise wirkt scheinbar auch das Licht des Vollmonds auf unseren Körper ein. Jedenfalls verschaffen einem Lichtbäder im Mondenschein eine ungewöhnlich reine und milchige Haut. Auch sollten Nachtaktive sich vom Mond bescheinen lassen. So mildern sie unterschwelligen Streß, der durch die

Spannung zwischen geistiger Präsenz und körperlicher Müdigkeit entstehen kann. Das gleiche gilt für diejenigen, die zu bestimmten Mondphasen keinen Schlaf finden. Anstatt sich unruhig im Bett zu wälzen, sollte man sich bewußt dem Mondlicht aussetzen, was – paradoxerweise – beruhigend wirkt. Schlafwandler hingegen nehmen in der kritischen Zeit vor dem Zubettgehen ein warmes Fußbad und legen sich bei einer schwachen künstlichen Beleuchtung nieder.

❯ Hinsichtlich des besten Zeitpunkts, an dem man sich die Haare schneiden lassen sollte, gibt es die unterschiedlichsten Empfehlungen. Sammelt man sie, so kommt man zu dem Ergebnis, daß eigentlich kein Tag günstig ist, einen Friseur aufzusuchen. Friseure meinen ohnehin, daß die Beschaffenheit unserer Haare viel mehr über unser Inneres aussagt als über eine eventuelle Beziehung zum Mond. Fest steht nur, daß im abnehmenden Mond geschnittene Haare schneller wachsen. Und wer sich seine Haare färben möchte, sollte dies bei Neumond tun, dann hält die Farbe nämlich zuverlässig lange.

❯ Ganz von einer magisch sympathetischen Vorstellung erfaßt sind Empfehlungen, die Mondamulette als Schutz vor Krankheiten anbieten. Vor allem der Halbmond gilt – als Amulett – für äußerst wirkungsvoll. Symbolisch gesehen sind es die beiden Spitzen der Mondsichel, durch die mögliche Gefährdungen vorsorglich auf die Hörner genommen werden. Selbstverständlich sollte ein solches Amulett aus Silber gefertigt sein.

❯ Von magischer Auffassung ist auch die Empfehlung, Krankheiten an den sogenannten »Schwendtagen«

(Schwindetage) mit Hilfe und durch Anrufung des Mondes zu behandeln. Ansonsten gelten Schwendtage gemeinhin als Unglückstage. Übers Jahr werden gemäß eines Mondmonats 28 *Schwendtage* gezählt.

1., 2., 4., 6., 11., 20. und 22. Januar;
1. und 17. Februar;
14. und 16. März;
10., 16. und 17. April;
7. und 8. Mai;
17. Juni;
17. und 21. Juli;
20. und 21. August;
10. und 18. September;
6. Oktober;
6. November;
6., 11. und 15. Dezember.

❭ Der Mond stimuliert auch unsere sexuelle Kraft. Diese Einwirkung wird allzugern mit seiner schattenhaften Seite gleichgesetzt. Wobei bei einer derartigen Einschätzung geltende Sexualmoral und Triebhaftigkeit miteinander in Widerstreit geraten. Unsere Sexualität ist jedoch ein wesentliches, wenn nicht gar das Lebenselixier, durch das wir uns unsere körperliche und seelische Gesundheit erhalten können. Eine eigene ablehnende oder unterdrückende Einstellung zu Aspekten unserer Sexualität trennt uns von ihrem heilsamen Quell. Bevor wir daher sexuelle Neigungen unterdrücken, sollten wir uns darüber klar werden, daß die jeweilige Sexualmoral einem äußerst vergänglichen und den Zeitläufen unterworfenen Kodex unterliegt. Dazu muß man nicht einmal in die tiefe Vergangenheit schauen, der kurze Blick zurück genügt.

Wer bemüht ist, dem Takt des Mondes seiner Gesundheit zuliebe zu folgen, sollte auch seine Sexualität mit ihren Facetten bejahen, sie in Lust, Zuneigung und Liebe leben. In einer derartigen auf Vertrauen und gegenseitigen Respekt gegründeten Verbindung kann es auch keine verwerfliche Sexualpraktik geben, das Orgiastische wird auf einer derartigen Grundlage seinen schalen Beigeschmack verlieren und aus der spießig-pubertären Schmuddelecke heraus in lichtere Gefilde rücken.

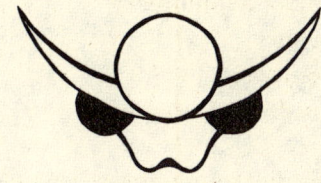

13

DIE SIEBENZAHL

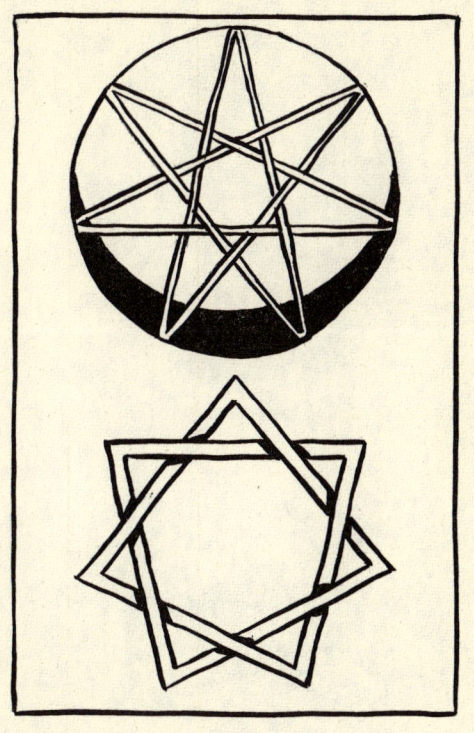

Des Mondes rund freundlich Angesicht
Es merkt's, und freudig bewegt sich der Hain
Streckt die Zweig' entgegen
dem Zauberlicht.[91]

Seit Menschengedenken gehören die Zahlen zur Magie. Die Menschen glaubten an einen kosmischen Zahlencode, dessen Lösung ihnen den Willen der Götter offenbarte. Das Wort *Zahl*, althochdeutsch *zala*, heißt eigentlich eingekerbtes (Merkzeichen). Etwas wurde in ein Kerbholz geritzt. Das Spiel mit den Zahlen, auch mit jenen des Mondes (wie bereits im Kapitel 5 angeklungen), war Bestandteil von Magie und Zauber, gehörte also zum täglichen Ritual der Menschen. Daran hat sich wenig geändert. Zahlen spielen noch immer eine große Rolle, auch wenn die Menschen sie heute nur noch benutzen, ohne sie wirklich zu »erkennen«.
Innerhalb der Zahlenmagie war die Sieben etwas Besonderes. Sie spielte in allen Kulturen eine außerordentliche Rolle.

Bei den Maya trug Chac balam, der rote Jaguargott der Unterwelt, die Zahl Sieben. In seiner Nachfolge ist der Gott L mit seinem Jaguargesicht und schwarzem Körper zu sehen. Auf seinem Hut thronte ein Oxlahun (Dreizehn) muan, der Muan-Vogel. Gott L war einer der Venusgötter, der als Morgenstern aus der Unterwelt auftauchte. Die Siebenzahl bezogen die Maya auch auf den Himmel, der für sie aus sieben Schichten bestand. Man könnte, aufgrund des Glaubens an eine Unterwelt und des gleichzeitigen Glaubens an die sieben Himmel, von

Antagonismus sprechen. Festgestellt werden kann, daß die Sieben eine Zahl der Ambivalenz war.

Schauen wir hinüber zu Euphrat und Tigris, so finden wir den babylonischen Mondkalender, der den siebenten, 14., 21. und 28. Tag des Monats als Unglückstage zählte. Andererseits trug der Lebensbaum der Babylonier sieben Äste mit sieben Blättern. Der Mond, stellten sie fest, bewegt sich in vier Phasen und verändert sich alle sieben Tage. Und sie sahen die Zahl Sieben in Form der sieben Planeten am nächtlichen Himmel.

Himmel und Hölle, Glück und Unglück, fanden sich in der Sieben, die uns auch bei den sieben fetten und sieben mageren Jahren begegnet.

Als Primzahl läßt sich die Sieben nur durch sich selbst oder durch die Eins teilen. Die Eins wurde mit Gott gleichgesetzt, sie war die Quelle, der Beginn. Seit dem europäischen Mittelalter galt sie als männlich, die geraden Zahlen als weiblich. Daraus ergab sich, daß der Gottzahl Eins als nächste männliche Zahl die Drei folgt, und dieser die weibliche Vier. Die männliche Drei und die weibliche Vier addieren sich zur Sieben. Übertragen könnte man sagen, daß die göttliche Drei und die erdverbundene Vier die heilige Sieben zeugten. In Mythologie, Mystik und Religion aller Kulturen hatte die Sieben ihren »heiligen« Platz, da man an die Einflüsse der sieben Planeten auf die Erde ebenso glaubte, wie an die Heiligkeit der Zahl Sieben durch ihre Entstehung aus der Drei und der Vier.

Buddha war kaum geboren, da machte er seine ersten Schritte, ging in alle vier Himmelsrichtungen, wobei er jeweils sieben Schritte vor und sieben Schritte zurück machte. Also lief er 14mal in jede Himmelsrichtung und machte dabei 56 Schritte.

Der siebenästige Baum aus der chinesischen Han-Zeit hat vielleicht nur zufällig Ähnlichkeit mit der Menora, dem siebenarmigen Leuchter, dem jüdischen Kultgerät, belegt aber, daß die Sieben vielerorts eine wesentliche Rolle spielte.

Konzentrieren wir uns auf die Ursprünge der drei großen Religionen, deren Geburtsort das Morgenland ist, so stellen wir fest, daß die ambivalente Sieben bei allen von Bedeutung war.

Für sieben Früchte (Weizen, Gerste, Weintrauben, Feigen, Granatäpfel, Oliven und Datteln) war das Land Israel berühmt. Ihren Kalender richteten die Juden nach dem Mond und rechneten den Monat mit 29 $1/2$ Tagen. Die Differenz zum Sonnenjahr beseitigten sie durch das Einschalten von sieben Monaten in einen 19jährigen Zyklus. Diese sieben Schaltjahre bestanden jeweils aus 13 Monaten. Im Talmud[92] steht geschrieben: »Verfinstert sich der Mond, so ist das ein böses Zeichen für die Hasser Israels, weil Israel nach dem Mond rechnet.« Die Rettung des Volkes Israel feiern die Juden mit dem Pesach-Mazzot-Fest, das daran erinnert, daß die ägyptischen Häscher am siebenten Tag der Verfolgung ertrunken sind. Aber auch das Hüttenfest im Herbst stand unter der Sieben, denn siebenmal wurde die Synagoge umrundet. Al-Fatiha, die erste Sure des Korans, hat sieben Verse. Die 97. Sure des Korans, die »Nacht des Schicksals«, sagt, »wir haben den Koran in der Nacht der Herrlichkeit und Macht (Al-Kadr) offenbart, in welcher der Engel Gabriel den Koran vom siebenten Himmel brachte.[93] Für den Moslem ist es wichtig, einmal in seinem Leben zu den heiligen Stätten zu pilgern. In der zweiten Sure des Korans gibt es dazu die Anordnung, den Mondwechsel zu beobachten, denn er diene dazu, den Menschen die Zeit und die Pilgerfahrt nach Mekka zu bestimmen. Die Kaaba in Mekka war siebenmal zu umkreisen. Sieben Fromme kennt der Koran, die sich nicht unterscheiden von jenen, die als Siebenschläfer, die Sieben Brüder, in die christliche Legende eingegangen sind. Die wohl exklusive Beziehung der Menschen zur Zahl Sieben, die uns bis heute bekannt ist, entstammt dem Gebot, »sechs Tage sollst du arbeiten, am siebenten Tag sollst du feiern.« Diese aus dem 2. Buch Mose kommende Anordnung befahl keine Feier im heutigen profanen Stil. Es ging nicht um das geistlose Nichtstun, ergänzt durch Essen und Alkohol. Der siebente Tag sollte der Tag der inneren Ruhe sein, des sich Besinnens auf den Lauf der Welt. Am siebenten Tag sollst du feiern, bedeutete zu ruhen, um sich wieder innerhalb der kosmischen Schöpfung zu begreifen, sich innerhalb der kosmischen Dimension zu empfinden. Wenn Gott ruhte und er die Schöpfung einen Tag sich selbst überließ, dann durfte der Mensch durch profane Tätigkeiten diesen Tag nicht entweihen. Im 3. Buch Mose[94] finden wir die Stelle: »Und Mose nahm das Salböl und salbet die Wohnung und alles was drinnen war und weihet es und sprenget damit siebenmal auf den Altar und salbet den Altar.«

Moses besprengte und weihte seinen Hausaltar siebenmal mit Salböl. Für Moses bestand kein Zweifel daran, daß er es tat, weil der Herr, Jahwe, ihm die Zahl Sieben befohlen hatte.

»Da brachten der Philister Fürsten zu ihr hin sieben Seile von frischem Bast«, lesen wir im Alten Testament.[95] Delila überredete Simson, sich fesseln zu lassen, doch er konnte sich noch einmal befreien. Simson hatte soviel Kraft, daß er sich *trotz* der siebenfachen Fesselung lösen konnte, was einem Wunder gleichkam.

Du sollst sieben Tage ungesäuertes Brot essen zur Zeit des Monds Abib, denn zur Zeit des Monds Abib wurdest du aus Ägypten vertrieben.

Ein Hinweis darauf, daß die Zeitrechnung auf dem Mondlauf beruhte. Gleiches gilt für das Gebot aus dem 2. Buch Mose, wo Gott Moses befiehlt, Hütten zum Wohnen zu errichten und zwar »am ersten Tag des ersten Mondes«.

Die Bibel spricht von sieben Engeln, die mit den letzten sieben Plagen[96] den Zorn Gottes vollenden, bis die Hure Babylon (Babel) besiegt ist, die auf den sieben Häuptern der sieben Berge sitzt, wo sieben Könige waren.

Womit sich der gefürchtete Aspekt der Sieben andeutet, die keineswegs nur den siebenten Himmel versprach. Jesus sprach noch sieben Worte am Kreuz, sagt das Neue Testament. Und sieben Sakramente spendete er zum Heil des Empfängers. »Die Weisheit baut ihr Haus, getragen von sieben Säulen«, so steht es in den Sprüchen König Salomons geschrieben. Das Christentum kennt die sieben goldenen Leuchter, die den himmlischen Menschensohn umgaben.

Von der Spitze des Berges rief Gott am siebenten Tag nach Moses, und dieser Berg war der Berg Sinai. Der Sinai war bereits in vorbiblischen Zeiten ein Wallfahrtsort. Dort soll Sin, der Mondgott der Babylonier, verehrt worden sein. Außerdem galt der Sinai den Nomadenstämmen der Midianiter als heiliger Platz. Auch Jahwe, der Herr, Gott der Israeliten, wurde auf dem Berg Sinai verehrt.

Den Sumerern, die sich mit den Zikkurat, den sieben-stöckigen Türmen, künstliche Bergspitzen bauten, galt die Bergspitze als der Berührungsort mit dem Kosmos, als der Platz der Götter. Aber nicht nur Jahwe wohnte auf einem Berg, und nicht nur Zeus regierte vom Olymp aus, daß ihre Götter auf Bergspitzen lebten, daran glaubten viele Stämme und Völker. Es kann keinen Zweifel geben, daß die Menschen an kosmische Einflüsse glaubten, die sie mit Göttern gleichsetzten. Für sie wölbte sich über der Erde das sichtbare und wohlgeordnete All. Alles Gute kam von oben, wo Gott auf seinem Thron saß, umgeben von sieben Himmeln. Die Ordnung des Alls, jene kosmi-sche Ordnung, meinte die sieben sichtbaren Sterne Son-ne und Mond, Mars, Jupiter, Saturn, Merkur und Venus. Die große Ordnung im Kosmos, die der großen Unord-nung im Jammertal Erde gegenüber stand, trug die Zahl Sieben. Womit die Menschen offenbar die Vorstellung verbanden, daß der siebente Himmel, der sich sozusagen am Ende des Himmelsgewölbes befand, das Paradies sein mußte. In dieses zu kommen sollte (nach urchristlicher Vorstellung) allerdings erst nach der Wiederkunft Chri-sti am Jüngsten Tag möglich sein, womit die gleichzeitige Zerstörung der Erde und die Errichtung des Paradieses im Himmel und auf Erden verbunden war.

Im 2. Brief an die Korinther spricht Paulus von einem Menschen, der in den dritten Himmel ent-rückt wurde: Derselbige ward entzücket bis in den dritten Himmel,[97] und weiter »er ward entzücket in das Paradies und hö-ret unaussprechliche Wort, welche kein Mensch sagen kann.«[98] Das persische Wort Paradies, *pairi-daēsa*, heißt eigentlich eingezäuntes (Stück Land) oder Einzäunung, die Griechen sprachen von *parádeisos*, (Tier)Park, so daß sich die sieben Himmel als Garten Eden deuten lassen.

Die Menschen um die Zeitenwende wähnten über sich eine riesige Glocke, in der sich die sieben Himmel befanden. Dies war ein begrenzter und geschützter Raum, und so sehnten sich die Menschen zurück zum Anfang allen Seins, definierten den Beginn des Lebens im Kosmos. Der Himmel, also das Reich Gottes, war Alpha und Omega, Anfang und Ende von allem. Wenn also bereits der dritte Himmel dermaßen entrückte Vorstellungen verursachte, welche Sehnsüchte mußte dann erst der siebente Himmel auslösen?

Gleichwohl bedeutete die Errichtung des Reiches Gottes auf Erden die Apokalypse. Die Zerstörung, so heißt es im Alten Testament, gehe mit kosmischen Erschütterungen einher: Wenn die sieben Himmel einstürzten, dann würde auf Erden kein Stein mehr auf dem anderen bleiben. Da niemand sagen konnte, wann dieses Ereignis eintreten würde, wurde der Blick zum Himmel zum nächtlichen Ritual. Solange die sieben Gestirne sich über den Himmel bewegten, solange ging das Leben weiter. Aber wie würde es weitergehen?

Und der Herr sprach zu Abraham: »Siehe gen Himmel und zähle die Sterne. Kannst du sie zählen? Also soll dein Samen werden.« Die Anzahl der Sterne zeigte Abraham die Anzahl seiner Kinder. Ist das, was im 1. Buch Mose gesagt wird, eine Aufforderung, in den Sternen die Zukunft zu lesen? Der Ursprung dieser Geschichte ist im Talmud zu suchen, wo es ähnlich heißt:

»Abraham sagte vor ihm: Herr der Welt, ich habe mein Sternbild erschaut, daß ich nur einen einzigen Sohn haben werde.«[99] Da er der Urvater seines Volkes wurde, hat er sich offensichtlich geirrt. An anderer Stelle heißt es, daß Abraham die Sternenkunde in seinem Herzen trage und alle Könige vor seiner Türe auf Nachrichten warteten. Sollte er deshalb seinen Sohn Isaak töten, um mit dessen Blut die geweihten Bäume zu bestreichen? Oder bestrich er sie mit dem Blut eines Opfertiers und gab dann Nachricht von den Sternen? Abraham, Abram oder Ibrahim, drei Namen für den gleichen Mann, stammte aus Babylonien, aus dem Land zwischen Euphrat und Tigris, wo das Sternedeuten zu den Wissenschaften zählte. Die Menschen ließen sich durchaus von den Sternen leiten, wie es uns die Geschichte von den drei Königen aus dem Morgenland erzählt, die sich vom Stern über Bethlehem führen ließen. Im Talmud wird gesagt, daß ein erwähltes Volk sich nicht an den Sternen orientieren darf, und auch im Alten Testament wird die Sterndeuterei verworfen. Auf diesen Glauben der Menschen an eine Verbindung der Sterne mit ihrem Leben zielt Petrus, wenn er den Menschen sagte, »ihr tut wohl, wenn ihr darauf achtet, als auf ein Licht … bis der Tag anbreche und der Morgenstern aufgehe in euren Herzen«.[100] Und wenn er mit den Worten fortfährt: Gott sprach, »dies ist mein Sohn, an dem ich Wohlgefallen habe«, wissen wir, wer mit dem Morgenstern gemeint war. Der Morgenstern unter den sieben Sternen war die Venus. Der Abendstern, der bis zu vier Stunden nach der Sonne untergeht, war ebenfalls die Venus. Der hellste Stern des Himmels, Morgen- und Abendstern, das war Jesus. Diese Textstellen belegen, daß die Sterne für die

Urchristen eine Rolle spielten. Auch der siebenarmige Leuchter des Judentums symbolisiert die sieben Sterne am Himmel. Wenn die Wiederkunft Christi am Jüngsten Tag und die gleichzeitige Vernichtung der Welt in kosmischen Ausmaßen mit den sieben Sternen in Verbindung standen, dann wird der Dualismus, die Polarität von Gut und Böse, die die Menschen mit der Sieben-Zahl verbanden, verständlich. Gleichzeitig könnte man vermuten, daß die Menschen über eine Ur-Erinnerung an die Zeit der Entstehung der Gestirne verfügen. Das klingt phantastisch. Aber woher kam die Angst vor einem Weltende, hervorgerufen durch eine kosmische Katastrophe, und warum glaubten die Menschen, daß die Sterne Einfluß auf ihr Leben hatten?

Wer wollte nicht unter einem »guten Stern« geboren sein? Es gehörte zu den täglichen Verrichtungen, sich mit den Sternen gut zu stellen. Der griechische Philosoph Anaxagoras sah seinen Lebenssinn nur darin, Sonne, Mond und Sterne anzuschauen. Und in Aristoteles' Metaphysik kann man lesen, »daß die Eigenschaften der Zahlen sich in der Harmonie finden und im Himmel und in vielen anderen Dingen.«[101]

Der innere Ausgleich des Menschen, der den Himmel anschaute, gründete in der Ordnung und Harmonie, die er dort oben sah. Die Zahlen gehören somit zu den Dingen, die für das innere Gleichgewicht des Menschen unentbehrlich wurden. Da der Mensch das tägliche Erdensein als Chaos begriff, wird er das himmlische Ordnungssystem für seine psychische Stabilität als überlebensnotwendig empfunden haben, und so war der Versuch, es auf die Erde zu übertragen, folgerichtig.

Der Mensch, sagen wir, ist ein Mikrokosmos. Das bedeutet nichts anderes, als daß der Mensch eine Verkleinerung des Kosmos ist. So wird er die Verbundenheit zu den kosmischen Kräften immer wieder suchen und versuchen, sie sich durch Zahlen, Sterne, Götter, die Unendlichkeit und andere metaphysische Erfahrungen aufzuschließen. Ohne diese Option auf die Metaphysik bliebe für viele Menschen nur das Gefühl des Ausgeliefertseins in einer Welt ohne Sinn, wobei sie befürchten müssen, in das ewige Chaos zurückgestoßen zu werden. Diese Ordnung kennt Sekunden, Minuten, Stunden, Tage. Diese bestehen aus Zahlen, ebenso wie die Woche, die Monate und Jahre, letztlich das ganze Leben, und alles richtet sich nach den kosmischen Ausgangspunkten. Die Siebenzahl gehört zu diesem Ordnungsprinzip, deren Magie sich nicht mathematisch umsetzte, sondern zum Erreichen der Zyklen Feste benötigte, als Säulen des kosmischen Systems auf der Erde. Es ist klar, daß nicht der Kosmos, sondern die Menschen die zyklischen Feste in ihrem Leben brauchten, um mit den Zahlen zurechtzukommen. Die Woche hatte fünf Tage, dazu einen Sonntag und einen Montag, also war die Zahl Sieben gegeben. Wenn der siebente Tag Gottes Ruhetag war, mußte auch der Mensch ruhen. Die Einhaltung der Ruhe am siebenten Tag sollte den Gläubigen Gott und somit dem kommenden Heil näher bringen. Das war »in (der) Ordnung«. Würde man einen Menschen isolieren, ihm das »Ordnungsprinzip der Zahlen« entziehen, würde er nach wenigen Tagen nicht mehr sagen können, welche Stunde, welcher Tag und so weiter gerade war. Er würde die Orientierung verlieren.
Zahlen wurden unentbehrlich für das Leben, und die

Menschen glaubten an ihre reale Wahrheit. Im alten Indien galten Zahlen als dem Göttlichen ähnlich.

Der Zauber, die Magie des Anblicks, der von Mond, Sonne und den fünf Sternen ausging, wurde als göttlich interpretiert. In der Urgemeinde der Jerusalemer Hellenen[102] bildete ein »Kranz« aus sieben Männern den Vorstand, wobei der Vorsitzende den Namen Stephanos bekam, denn Kranz heißt im Griechischen *stephanos*. Möglicherweise liegt hier der Ursprung der magischen Sieben, die wir als Sieben gegen Theben, die sieben Samurai, die sieben Weisen, als sieben Zwerge, um nur diese zu nennen, kennen. Ganz sicher lassen sich die Vornamen Stephan und Stephanie von dieser Tradition ableiten. Auch wenn diese Namen heute auf den heiligen Stephanus bezogen werden, steht der Stephanos, der Kranz aus sieben Männern, Pate.

Die frühen Griechen erblickten in den Sternen die sieben Titanen, die den Himmel eroberten. In der Nähe von Sparta errichteten sie sieben Säulen, die den Sternenhimmel symbolisierten und das Himmelsgewölbe trugen. Ranke-Graves[103] übersetzt die sieben planetaren Mächte der Griechen folgenderweise: Mars war das Wachstum, Merkur die Weisheit, Jupiter das Gesetz, Saturn der Friede, Venus die Liebe, die Sonne das Licht und der Mond die Verzauberung.
Wie die Babylonier, Juden und Ägypter kamen auch die Griechen zu der Erkenntnis, daß sich die Mondgestalt in einem Sieben-Tage-Rhythmus von Neumond zu Neumond veränderte. Sieben Tage sind ein Viertel der Umlaufzeit des Mondes um die Erde von Neumond zu Neu-

mond, das sind 28 Nächte. So wurde der 13. Mond im pelasgischen[104] Jahr gesehen, später durch die Griechen aber auf zwölf Monde reduziert. Obwohl sie erkannt hatten, daß sich der Mond nicht wirklich an den Zyklus der sieben Tage hielt, zählten sie die Woche weiterhin mit sieben Tagen.

Die Verbindung zwischen Volksglauben, Religion und Kult kosmischer Sieben war immer sehr stark, und so verwundert es nicht, daß die Zahl Sieben im Alltag der Menschen immer präsent blieb. Die Saturnalien, ein kultisches Fest, das die Römer von den Latinern oder Etruskern übernommen hatten und das zu Ehren des Gottes Saturnus veranstaltet wurde, feierte man am 17. Dezember und sieben Tage lang. An diesen Tagen galt das Prinzip der Gleichheit; alle Standesunterschiede waren aufgehoben, der Sklave aß am Tisch seines Herrn. Man feierte zusammen ein außerordentlich fröhliches Fest, bei dem man sich gegenseitig Kerzen und kleine Tonfiguren schenkte. Im Kern war das Fest eine Sonn-wendfeier und ein Fest der Wiedergeburt der Sonne. Aus ihm entwickelte sich wohl auch das Weihnachtsfest zu einem Fest der Geschenke.
Daß sich die Feste aller Kulturen immer noch nach dem kosmischen System ausrichten, ist kein Zufall, auch wenn sich die Inhalte geändert haben. Die Sehnsucht, sich von den kosmischen und/oder göttlichen Kräften leiten zu lassen, ist geblieben.

Nehmen wir die Tatsache, daß auch die Maya an sieben Himmel glaubten, in Japan, Indien, China und Persien die Siebenzahl als Ganzheitszahl gilt und auch bei Juden,

Mohamedanern und Christen als heilig, magisch angesehen wurde, muß man fragen: Gab es irgendwann eine irgendwie geartete Kommunikation zwischen den einzelnen Kulturen? Und wenn dem nicht so war, wovon wir ausgehen, wie erklärt sich dann diese Bedeutung der Sieben bei allen? Die schlüssigste Antwort geben die sieben Planeten und vor allem der mit der Sieben verbundene Mond. Der Glaube an die Verbundenheit der Siebenzahl mit den göttlichen Mächten war von starker Kraft.

Daß sich diese Mächte auch darstellen und schildern ließen, beweisen die vielen Sagen und Legenden. Unter gewissen Bedingungen konnte man mit der Sieben die »Anderswelt« betreten. So erzählt eine keltisch-irische Sage, daß derjenige, der einen Feenring betrat, für ein Jahr und einen Tag in der Anderswelt bleiben mußte, dann aber zu den Sterblichen zurückkehren konnte, wofür die Feen alle sieben Jahre einen Zins an die dunklen Mächte zahlten.[105]

In den keltischen Sagen und Dichtungen finden sich viele derartige Geschichten, die das Thema der Reinkarnation behandeln: Jemand geht in die andere Welt hinüber und kommt nach einiger Zeit zurück. Und wenn er für diese Reise ein Jahr und einen Tag benötigte, dann hatte er genau ein Mondjahr, also 13 Monate und einen Tag, in der anderen Welt verbracht.

Obwohl die Siebenzahl bei den Kelten keine außergewöhnliche Rolle spielte, begegnet sie uns doch immer wieder. Die Ausbildung zum Druiden dauerte sieben Jahre!

In der Welt der Feen und Druiden, der Figuren der

Anderswelt und der Magie, hatte die Sieben ihren Platz nicht zufällig. Tir nan Og, das Land der Jugend, lag ganz weit im Westen, dort, wo die Sonne starb. Dieses Land war ein Totenreich. »Land der Jugend« war die Bezeichnung für das Land des ewigen Lebens, aus dem man zurückkehren konnte. O'Brasil, ein anderes Land der Anderswelt, lag unter den Wellen der See und kam alle sieben Jahre nach oben ans Licht. An zwei Nächten im Jahr verließen die Feen ihr Totenreich, um auf der Erde ihr Wesen zu treiben; dies waren die Nächte zum 1. November und 1. Mai. Wer ihnen in diesen Nächten begegnete, mußte fürchten, in ihr dunkles Reich entführt zu werden. Andererseits konnte man aber auch seiner Glücksfee begegnen und für den Rest des Lebens ohne Sorgen leben.

Die Feenkönigin vereinigte alle Aspekte der dreifachen Göttin. Sie herrschte in der Dunkelwelt der Erdgeister, »hinter« dem weiten Meer, und auf den Feenhügeln. Die Dreiheit der Feenkönigin, potenziert zu den neun Schwestern, die im Totenreich über den »Kessel« (Heiliger Gral) der ewigen Jugend herrschten, verkörperte die Mondgöttin. Wer Feen tanzen sehen wollte, der mußte sich zur Zeit des Vollmonds bei einer heiligen Quelle in einem geweihten Hain der Mondgöttin aufhalten. Diese Beziehung zum Mond ermöglicht die Vorstellung von der Anderswelt »im Kosmos«. Es gab nie eine klare örtliche Bestimmung, wo die Anderswelt genau zu finden sei. Wie gesagt, wer ein Jahr und einen Tag in der Feenwelt verbrachte, der war »im Mond« gewesen. Die Insignie des Totenreichs war der Apfelbaumzweig, denn in der Anderswelt gab es Äpfel, von denen man einen Mond (Monat) essen konnte, ohne sie aufzuessen. Der Apfel symbolisierte die Unsterblichkeit, wofür auch der Name des Paradieses Avalon, Apfelland, steht.

Der Apfel symbolisierte aber auch die Fruchtbarkeit, und jahrhundertelang diente der Reichsapfel als eines der symbolischen Schmuckstücke bei der Krönung der Herrscher und als Attribut der Herrschaft in unseren Breiten. Die Inselkelten, die den Apfel auch zum Weissagen benutzten, veranstalteten zum Totenfest Apfelspiele, die sich im englischsprachigen Raum im heutigen Halloween wiederfinden lassen. In Norddeutschland gab es lange die Sitte, Apfelschalen hinterrücks in den Kuhstall zu werfen, um aus der Kringelung die Zukunft zu lesen. Weise Frauen schnitten den Apfel auf, um die fünf Sterne sichtbar werden zu lassen, die sich im Apfelkern verborgen halten sollten. Eine Handlung mit einer deutlichen kosmischen Komponente, denn diese magische Zeremonie erzählt etwas über die Unsterblichkeit.

Die Siebenzahl finden wir auch in Mythen, die sich um Tiere ranken. Sieben Leben hat die Katze, sagt der Volksmund. Durch ihr nächtliches Treiben, ihre Fruchtbarkeit und ihre Klugheit wurde sie den Hexen, die ursprünglich weise Frauen waren, zugesellt. Man erzählte sich, daß sie bis zum Mond gehen könne, wo man dann ihren Schatten sieht. Die Katze wurde ein Mondtier. Damit war sie aber ein Lebewesen, das vom Leben in die Anderswelt und wieder zurück wechseln konnte. Mit der Behauptung der Inquisition, Katzen wären Hexen vice versa, begann ihre gnadenlose Verfolgung.

Den Schwänen erging es besser. Sage und Märchen kennen viele Fähigkeiten und Schwan-Verwandlungen. Das keltische Märchen »Elioxe und die sieben Schwäne« ist eine von diesen. Nordische Sagen erzählen von Brunhildens sieben Zwergen, die in sieben Schwäne verwandelt wurden.

Der Schwan, der sich in Luft und Wasser bewegen kann, in beiden Elementen zu Hause ist, galt bei den Griechen der Antike wie bei uns als ein Vogel, der Wahrsagefähigkeiten besaß. Menschen mit dem Gefühl, daß sie etwas erahnen, sagen, ihnen schwane etwas. Die Iren, heißt es, glauben, daß es Gott und Jesus Christus gibt, aber auch die Feen, und so erzählen sie sich noch heute diese schöne Geschichte von den Schwänen, die zu Feen wurden. Häufig sind es drei Schwäne, die mit rauschendem Flügelschlag auf das Wasser niedergehen und sich am Strand ihres Schwanenhemdes entledigen und zu wunderschönen Feen werden. Und so geschah es einmal, daß ein junger Mann in der Nähe war und eines der Schwanenhemden stahl, so daß die Feenjungfrau nicht mehr fortfliegen konnte. Er nahm sie zu sich und heiratete sie. Als er ihr nach sieben Jahren das versteckt gehaltene Schwanenhemd zeigte, ergriff sie es schnell und flog davon. Der trauernde Mann starb kurz danach vor Kummer.

Die berühmteste nordische Schwanensage ist wohl die von Lohengrin, der einer bedrängten Königin, die um göttlichen Beistand flehte, zu Hilfe kam, das Wasser auf dem Rücken eines Schwanes überquerend. Niemand durfte ihn fragen, woher er kam. Lohengrin, der Schwanenritter, kam vom Heiligen Gral, kam aus der Totenwelt jenseits des Wassers. Die Schwäne stellten, wie die Feen auch, die Verbindung zwischen dem Jenseits und dem Diesseits her. Verwandeln sich die sieben Zwerge in Schwäne, ist das eine Allegorie des Todes, denn die

Schwäne nahmen sie mit in das Totenland. Brunhilde, die im altnordischen Mythos als Walküre erscheint, geleitete als Totenengel die Seelen der toten Helden in das Paradies. Wir hören auch von weisen Frauen, die sich in Schwanengewänder zu hüllen pflegten, wenn sie mit der anderen Seite Kontakt aufnahmen. Neben der Sieben, der Verbindung zur kosmischen Welt, finden wir bei den Walküren die Neun, denn drei mal drei Walküren ritten auf Wolkenrössern vom Himmel herab. Die Zahl Neun symbolisiert die Vollkommenheit. Sie ist ebenfalls eine Zahl der Mondgöttin. Wenn es zuträfe, daß es nicht neun, sondern 13 Walküren gegeben hätte, wäre die Verbindung zur Mondgöttin dennoch gegeben, denn das Jahr hatte 13 Monde.

Eine weitere Verbindung zur Anderswelt stellte die Himmelsleiter dar, der Regenbogen. Über ihn konnten die Götter vom Himmel auf die Erde gelangen. In allen Mythen und Religionen spielt der Regenbogen eine Rolle. Natürlich auch deshalb, weil seine sieben Farben nach altem Glauben die sieben Himmel symbolisierten. Die Menschen glaubten, solange ein Regenbogen sich über den Himmel spannte, würde die Erde nicht untergehen. Und wo der Regenbogen auf der Erde aufsitzt, läge ein riesiger Goldschatz, der das goldene Zeitalter für die Menschheit bedeutete. Bei den Kelten war der Goldschatz ein goldener Kessel: der Heilige Gral. So ist anzunehmen, daß der Weg ins goldene Zeitalter der Weg über den Regenbogen ins Paradies war, wo die Mondgöttin über die Seelen der Toten wachte.[106] Das hieß Reinkarnation, die Rückkehr »über die sieben Brücken« des Regenbogens zur Erde, vielleicht als Schwan oder als Fee.

Die Sieben blieb im Volksglauben als magische Himmelszahl fest verwurzelt und trat in vielfältiger Weise in Erscheinung. Wurde einem Paar ein siebenter Sohn geboren, so glaubten die Menschen, daß aus diesem Kind ein Wunderheiler würde. In den deutschen Landen übernahm der Fürst sogar die Patenschaft.[107] Allerdings konnte dieser Sohn ein Werwolf[108] sein. In vorchristlicher Zeit schrieb man diesem die Fähigkeit zu, sich mit den kosmischen Kräften verbinden zu können; damals war er noch kein Untier. Der lunare Aspekt des Wolfs, besonders zu Vollmondnächten, ist Bestandteil vieler Märchen und Sagen. So ist der Wolf, der die sieben Geißlein frißt, zwar nach der Christianisierung ein böser Wolf geworden, aber in dem Märchen steckt doch die ursprüngliche Geschichte der Wiedergeburt, der luneare Aspekt. Die Verfolgung der Werwölfe hatte mit der Angst der Menschen vor dem Tod bzw. dem Weltuntergang zu tun, denn der Werwolf holte Menschen in die Anderswelt. Andererseits galt der Wechsel der Person vom Mann zum Wolf, indem die Insignien des Wolfs angelegt wurden, als Weihung und Anrufung der Mondgöttin, die dem Werwolf die Fähigkeit zur Magie verleihen konnte. Es gab junge Männer, die ihre Leben der Mondwölfin weihten. Wollte man einem neugeborenen Knaben die Kraft des Wolfs und die Magie der Mondgöttin übertragen, so gab man ihm einen Wolfsnamen wie Wolf, Wolfdietrich, Wolfgang. Und Örtlichkeiten, mit einem Wolfsnamen versehen, wurden zu magischen und unheimlichen Plätzen.

Wenn das Besondere hervorgekehrt werden sollte, die Magie beansprucht wurde, gebrauchten die Menschen die Sieben. So finden wir die sieben Weltmeere, die sieben Weltwunder, das Buch mit den sieben Siegeln. Auch bei der Einteilung der Lebensreise des Menschen finden wir die Siebenzahl. So wurde das Leben in Zeiträume von sieben Jahren geteilt. Jedes Jahrsiebent galt als eigene Entwicklungsstufe. Der Feststellung, daß nach sieben mal sieben Jahren, also 49 Jahren, eine Zäsur im menschlichen Leben eintritt (z. B. Klimakterium), wird man zustimmen können. Die Zahl Siebzig, die Steigerung der Sieben, gilt immer noch als magische Schwelle: hinter ihr liegen Weisheit und die andere Seite.

Die dreifache Göttin trägt u. a. die Aspekte Vergangenheit, Gegenwart und Zukunft in sich. Diese und drei Lebensphasen analog, die jeweils 21 Jahre währen. Mit 63 Jahren hatte man das kritische Alter erreicht und nach weiteren sieben Jahren das in der Bibel verheißene siebzigste Jahr. Diese sieben Jahre wurden als Krönung eines langen Lebens betrachtet und galten bereits als ungewöhnlich. Die kosmische Sieben, der Mondbezug, gehört auch zur Reinkarnation.

Fragen wir über den Bezug der Sieben zum Mond hinaus – und mit Blick auf ihre Ambivalenz und Mondbeziehung –, treffen wir auf die 13. 13 Monde im Kalender, das bedeutete, das geschlossene System der Zwölf zu verletzen. Im babylonischen Horoskop hieß das 13. Haus »Rabe«. Nun ist der Rabe nicht nur im babylonischen Mythos ein Vogel des Unglücks und des Todes; wir kennen gleiches auch aus dem germanischen Mythos, was die bekanntlich noch heute herrschende Furcht vor der 13 ein wenig aufklärt. Keineswegs aber war die 13 immer eine Unglückszahl. Die drei großen Religionen aus dem Morgenland sahen in ihr durchaus göttliche, also positive

Bezüge. Jesus hatte zwölf Jünger, und nur er konnte das geschlossene Weltsystem der Zahl Zwölf als Dreizehnter durchbrechen. Die himmlische (männliche) Zahl Drei, multipliziert mit der erdverbundenen (weiblichen) Vier, ergibt Zwölf. Fügt man die Zahl des Einen, sozusagen den Ausgangspunkt aller Zahlen und somit des Herrn der Ordnung im Himmel und auf Erden hinzu, also die Eins, dann haben wir wieder die 13. Vielleicht kann man daraus schließen, daß die Furcht vor der 13 damit zusammenhängt, daß sie das Ordnungssystem der Menschen durchbricht und »den Weg zur anderen Seite« aufzeigt. Jesus starb als der 13. Die Menschen leben zweimal zwölf Stunden, einen Tag und eine Nacht. Auch der 13. Mond durchbrach das Harmonieprinzip der Zwölf. War es nicht möglich, daß er deshalb irgendwann mit der Sonne kollidierte und die Welt deshalb unterging? Ganz deutlich wird die 13 bei den Maya hervorgehoben, die 13 Himmelsgötter kannten.

Nach der 13 folgt die 14. 14 Tage benötigt der Mond bis zum Vollmond. Die Phase des Wachsens und Werdens. Die doppelte Sieben gilt als Zahl der Vernunft und Güte, sowie der Hilfe aus der Not (14 Nothelfer). Dreimal neun Nächte ist der Mond nach seinem ersten Aufscheinen sichtbar, also galt auch die 27 als Mondzahl. Und die vierfache Sieben, die 28, trägt die vier Mondphasen in sich. Der Fluch oder der böse Zauber wurde siebenmal gesprochen, damit er wirkte. Aber einzigartig für die Deutung der Siebenzahl wird wohl der Schöpfungsmythos bleiben: daß ein Gott (Jahwe, Gott, Allah) die Welt in sechs Tagen schuf und der siebente Tag die Vollendung sah.

14

SONNE, MOND UND STERNE

Mond fatale

Warum soll ein Gestirn, das die Macht hat, die Sonne zu verfinstern, nicht auch die Kraft besitzen, auf unser Schicksal einzuwirken?

Diese Frage konnte sich der Mensch freilich erst stellen, nachdem er bereits den Lauf des Mondes gründlich erforscht hatte. Bis dahin aber wurde der Einfluß des Mondes auf unser Geschick schon Jahrtausende lang beobachtet und von Generation zu Generation weitergereicht. Die Chaldäer, die als erste die Einwirkung des Mondes auf Sonnenfinsternisse berechnen konnten, rückten ihn ob dieser erkannten Mächtigkeit in den Mittelpunkt ihrer sternenkundlichen Betrachtungen und Analysen. Die babylonischen Könige ließen sich von ihren Gelehrten, die Priester waren, beraten, und letztendlich lenkten diese das Schicksal des Reiches. Da die Babylonier die Begründer unserer heutigen Astrologie waren, reichten sie auch die Tradition der hervorgehobenen Betrachtung des Mondes im Horoskop weiter. Arabische Astrologen verfeinerten im Mittelalter die Mondanalyse im Horoskop und entwickelten auch eine eigenständige Mondhoroskopie, die, da einfach zu berechnen, sehr populär wurde. Wohl ein Grund dafür, warum die professionellen Astrologen dem Mond lange Zeit nur untergeordnete Beachtung schenkten; war ihnen doch dergestalt volkstümliche Horoskopie stets ein Dorn im Auge. Heute indes wird der Mond von vielen Astrologen wieder als überaus starke schicksalsprägende Kraft eingestuft und in separaten Zusammenhängen analysiert.

Ein weiteres System, der Schicksalsmächtigkeit des Mondes nachzuspüren, bietet der Tarot.[109] Die Bildsprache des Tarot enthält neben der Beschreibung seelischer und charakterlicher Stimmungen sehr viele archetypische Momente. Von daher sind die einzelnen Karten in sich so weit gegliedert, daß sie vielfältige, der jeweiligen Problemstellung angepaßte Interpretationen erlauben. Der Tarot weist zwar ebenso wie die Astrologie weit in die Vergangenheit zurück, – vor allem was die Komposition seiner Bilder betrifft, die in ihren Bezügen in jedem Fall älter als die Erfindung der Karten selbst sind –, doch seinen Ursprung hat er erwiesenermaßen nicht im biblischen Ägypten, wie dies manche Kartenleger gerne behaupten. Allerdings ist dies keineswegs ein Manko, sondern bietet uns den Vorteil, auf einer entwickelten und verfeinerten Sicht und erweiterten Erfahrung bezüglich des metaphysischen Beziehungsgeflechts von Mond und Geschick zu gründen. Daß von den 78 Karten des Tarot 19 in ihrer Aussage auf den Mond beziehungsweise seine Eigenschaften verweisen, hat nichts mit Beliebigkeit zu tun, sondern zeigt seinerseits nur auf, welch dominante, schicksalsformende Kraft ihm von jeher zugedacht wurde. Zudem kann man annehmen, daß den 19 Mondkarten des Tarot der 19jährige Metonische Zyklus (Seite 72) zugrunde liegt.

Eine ungewöhnliche Form der Schicksalsdeutung stellt die Verbindung von Mond und Sirius dar. Sirius, der Hauptstern im großen Hund, ist der uns nächste mit bloßem Auge sichtbare Fixstern. Vor 5000 Jahren im alten Ägypten kündete sein Wiedererscheinen in der Morgendämmerung am 25. Juli von der jährlich einsetzenden Überflutung. Die Stellung des Mondes an diesem

Tag wurde darauf zu einer schicksalhaften Interpretation beider Gestirne herangezogen. Und da Sirius als eine außerordentliche schöpferische Kraft angesehen wurde, kann man auch heute noch den Siriusaufgang, der sich mittlerweile auf Ende August hin verschoben hat, als den schöpferischen Impuls der Mondkräfte deuten. Ein wesentliches Moment dieser Deutung ist dabei das Sternzeichen, in dem sich der Mond zur Zeit der ersten Erscheinung des Sirius befindet.

Mond und Tarot

Will man die 19 Mondkarten des Tarot zueinander gewichten, bieten sich zwei Möglichkeiten an. Die eine ist, die Karten nach ihrem Temperament zu gliedern. Dabei entstehen drei Gruppen, und zwar Karten mit überwiegend positiven, negativen oder neutralen Aspekten.

❭ *Positiv zu werten sind sieben Karten:*
XII Der Gehängte; König der Münzen; Münzen 9; Münzen 2; As der Münzen; Kelche 3; Stäbe 6.
❭ *Neutral zu werten sind fünf Karten:*
II Die Hohepriesterin; III Die Herrscherin; VII Der Wagen; X Rad des Schicksals; XVIII Der Mond;
❭ *Negativ zu werten sind wiederum sieben Karten:*
IX Der Eremit; XIII Der Tod; Kelche 8; Kelche 7; Schwert 10; Schwert 6; Schwert 2;

Die andere Möglichkeit ist, jedem Jahr eines Metonischen Zyklus eine Karte zuzuweisen. Dies soll nachstehend geschehen, wobei gleichzeitig der lunare Aspekt
jeder Karte und ihr Platz in diesem Kreislauf erläutert
wird. Die Interpretation folgt dem Tarot von Arthur
Edward Waite, das, als »Rider Tarot« bekannt, weltweit
am verbreitetsten ist.

1. Der Tod, Karte 13 der großen Arkana

Der Tod weist mit der weißen Lilie in seiner Standarte
auf den dunklen Mond, den Neumond, hin. Diese Karte
ist ein Zeichen des Übergangs und notwendigen Wan-
dels. In der Ferne erkennt man die beiden mächtigen
Türme, die auf der Karte Mond in die Bildmitte gerückt
sind. Dazwischen geht die Sonne auf. Somit versinnbildlicht die Karte auch die geforderte Loslösung vom Erreichten und Dinglichen, auf daß wir wahrhaft leben
können. Denn solange wir dem Vergangenen anhaften,
können wir das Gegenwärtige nicht erfahren. In diesem
Sinne ist der Tod auch der Hort des Neubeginns und
steht folglich am Beginn dieses Zyklus.

2. Der Gehängte, Karte 12 der großen Arkana

Diese Karte kündet davon, daß jeder von uns den Mond
in sich trägt. Sind wir doch alle unentrinnbar in das
himmlische Getriebe eingebettet. Der Gehängte auf der
Karte ist kein Leidender, sondern ein in sich Gelöster,
dem ein wenig Erstaunen anzusehen ist. Die Forderung

314

der ersten Karte mag er für sich vollzogen haben, gleichwohl ist er an einen grünenden Galgen gebunden. Dies soll besagen, daß wir trotz innerlicher Freiheit unseren irdischen Verpflichtungen nicht entgehen können. Kommen wir ihnen jedoch nach, so wird es unsere innere Ungebundenheit sein, die unser Tun grünen läßt. Wer die Welt mit neuen Augen sehen will, sollte sie wie der Gehängte einmal aus verkehrter Perspektive betrachten; aus diesem Grunde auch liegt diese Karte auf dem zweiten Platz.

3. Schwerter 2

Mit verbundenen Augen hält eine Frau zwei Schwerter in die Höhe. Der zunehmende Mond ruht am Bildrand. Diese Frau ist allerdings keine Göttin der Gerechtigkeit, sondern eine Zweifelnde, die um Einsicht ringt. Einsicht aber ist ein begnadetes Geschehen, für das wir die Tugend der Vorurteilslosigkeit pflegen müssen. Geläutert und wiedergeboren stehen wir nun also am Scheideweg. Daß wir jedoch dort stehen, zeigt uns andererseits, daß wir den Weg bereits verloren haben. Finden wir ihn wieder, vermögen wir vielleicht auch über die See im Bildhintergrund zu schreiten. Im Grunde ist dies nämlich nur eine Frage des Zutrauens. Haben wir es, treffen wir auch intuitiv die richtige Wahl. Da diese Karte der Karte des Neulichts folgt, wird der Mond alltäglich, und vor der Gefahr der Alltäglichkeit warnt uns diese Karte.

4. As der Münzen

Haben wir unseren Zweifel, den die vorangegangene Karte darstellt, überwunden, wird uns der Mond zum Segen. Gleich einer göttlichen Hand wird auf diesem Bild ein Pentakel[110] im Rund getragen. Es ist in dieser Gestalt ein altes weißmagisches Zeichen, durch das das Böse gebannt wird. Entsprechend erblühen unter seinem Schein Lilien und Rosen, die Blumen der Reinheit und der irdischen Freuden.

5. Kelche 7

Das Traumhafte, das in der vorplazierten Karte bereits angedeutet wurde, übermannt uns hier. Die sieben Kelche auf dieser Karte sind gefüllt mit unseren Sehnsüchten und Wünschen. Sie zeigen die ganze wandelbare Fülle des Mondes: Schönheit, Reichtum, Traumschlösser, Ruhm und Verderben, die Suche nach dem höchsten Glück, Lüge und lasterhafte Lust. Diese Karte verheißt uns nichts Dauerhaftes, dafür mahnt sie uns, unseren Blick nach innen zu kehren und die Urgründe unserer Träume zu erhellen; worauf sich das melancholische Sehnen in greifbare Ziele verwandeln mag.

6. Schwert 6

Verlassenheit und Trennung versinnbildlicht diese Karte. Sie zeigt die schmerzende Ernüchterung an, die unseren hochfliegenden Träumen folgt. Andererseits kann diese Ernüchterung sich zur heilsamen Enttäuschung wandeln, indem wir uns auf uns selbst und unsere Möglichkeiten besinnen und uns zugleich davor hüten, uns ein weiteres Mal zu täuschen. Denn am anderen Ufer, dem wir zustreben, liegt Neuland und liegen damit wieder neue Träume. Machen wir uns also auf in einer stillen Mondnacht, lassen unsere Wünsche frei und bitten um einen klaren Blick.

7. Kelche 3

Drei tanzende Mädchen halten drei goldene Kelche in den Himmel. Der Bezug zu den drei Mondlichtern wird somit hergestellt. Geerntete Früchte liegen zu ihren Füßen und deuten auf den fruchtbringenden Mond hin. Die Karte zeigt in diesem Zyklus, daß die Besinnung auf uns selbst uns auch unserer irdischen Kraft wieder versichert. Was wir demnach bedacht angreifen, das können wir schließlich auch zum Erfolg führen. Der Mond offenbart sich hier in seiner lebensfrohen hellen Fülle.

8. König der Münzen

Auf einem mit vier Stierköpfen gezierten schwarzen Thron sitzt der König der Münzen. Neben diesen Mondsymbolen hält er noch ein mit dem vollen Mond geschmücktes Zepter und ein lunares Pentakel. Sein mit reifen Trauben geschmückter Mantel und die mit Lilien und Rosen gezierte Krone deuten auf eine gesammelte, in sich ausgeglichene Person hin. Daß sein linker Fuß auf einem Totenschädel ruht, zeigt, daß er sich bis in seine seelischen Tiefen hinein erkannt hat und es versteht, sich mit all seinen Facetten zu verwirklichen. Sein Realitätsbezug ist demnach eindeutig und frei von jeglicher Illusion. Was in der Karte zuvor noch Aufgabe war, wird hier zum gelebten Resultat.

9. Die Hohepriesterin

Die Priesterin auf dieser Karte dient zweifellos einem Mondkult. Dies zeigt die Mondsichel zu ihren Füßen ebenso wie ihre lunare Mitra oder die beiden Säulen, die den zunehmenden und abnehmenden Mond symbolisieren. In dieser Karte wandelt sich die reale Verwirklichung unserer ganzen Person, wie sie der König der Münzen darstellt, zu einer geistigen Verfassung. Dieserart spirituelle Befindlichkeit bedeutet seelische Teilhabe am Irdischen und die intuitive Erfassung seiner kosmischen Durchwirkung. Liebe und Weisheit sind die Eigenschaften einer derartigen Seelengröße. Menschen, die die Symbolik dieser Karte leben, wissen um die Macht der Magie.

10. Der Mond, Karte 18 der großen Arkana

Der Charakter der Karte Mond wurde bereits ausführlich beschrieben (Seite 187). Sie steht in der Mitte dieses Zyklus und beherrscht ihn somit. Sinnigerweise erscheint einem in dieser Reihung die Karte aus zwei Hälften zusammengefügt, welche aus den beiden Türmen sowie dem Hund auf der einen und dem Wolf auf der anderen Seite bestehen. Folglich regt auch der Mond in dieser Reihe Bewußtes und Unbewußtes an und verwirkt es miteinander. Flankiert wird die Karte Mond von den Bildern »Hohepriesterin« und »Herrscherin«, die beide eine höchste Verkörperung lunarer Mächtigkeit zum Ausdruck bringen. Ferner mag man in der Zahl 18 eine Anspielung auf den chaldäischen Finsterniszyklus (Seite 69) erkennen.

11. Die Herrscherin, Karte 3 der großen Arkana

In einem mit Granatäpfeln, dem Attribut der Weiblichkeit, übersäten Gewand ruht die Herrscherin vor einem reifen Kornfeld und hält ein Mondzepter in die Höhe. Ihre sternengeschmückte Krone weist sie als Nachtregentin aus. Ein Flußlauf ergießt sich zu ihren Füßen. Die Herrscherin ist eine Göttin der Fruchtbarkeit und demonstriert Anmut und Lebensweisheit. In ihr mag man die Sehnsucht nach der großen Mutter vermuten, offenbart sie sich doch in ihrer weiblichen Vollkommenheit als eine überirdische Gestalt.

12. Münzen 9

Auch diese Karte ist ein Zeichen der Fülle und des friedvollen Aspektes weiblicher Kraft. Eine Frau steht in einem Weinberg und trägt einen bemützten Falken. Ruhe und emotionalen Reichtum versinnbildlicht diese Karte, wobei die Ruhe aus einer innerlichen Ausgeglichenheit herrührt. Der bemützte Falke deutet auf die Beherrschung der männlichen Kraft hin und ist zugleich ein Zeichen der begründeten Hoffnung auf Erhellung. Insofern erfaßt die Karte auch jenen Moment, der uns widerfährt, nachdem wir die Türme auf der Karte Mond passiert haben, nämlich innere Bestätigung für den gewählten Weg des Lernens am Leben.

13. Stäbe 6

Dies ist die einzige Karte der Stäbe in diesem Zyklus. Ein lorbeerbekränzter Reiter hält einen Lorbeerkranz auf einem Stab gleichsam wie auf einer Lanze in die Höhe. Der Kranz versinnbildlicht den grünen Mond im Rund des göttlichen Krautes, das Reinheit und Unsterblichkeit verheißt. Diese Karte verkündet einen Sieg. In Verbindung mit dem Mond ist es jedoch die stille Ahnung eines möglichen Sieges über sich selbst beziehungsweise ein Ausbrechen aus dem karmischen Kreislauf, der in den einzelnen Mondphasen vorgezeichnet wird. Daher auch die Weltabgewandtheit des Reiters und die unspektakuläre Stimmung, in der er seinen Triumph auskostet.

14. Kelche 8

Ein Mann in einem roten Umhang wandert in der Finsternis entlang eines Flusses auf einen dunklen Berggipfel zu. Dies ist ein Sinnbild des Zauderns, der Bange, aber auch der Beharrlichkeit. Was wir in der Karte zuvor intuitiv erfahren haben, wollen wir nun verfestigen. Also setzen wir unseren Weg fort, obwohl er uns in eine Finsternis führt. An diesem Punkt verlangsamt sich unser Schritt, und wir betreten die Schwelle unbenennbarer Furcht. Doch richten wir unseren Blick beharrlich auf das verdunkelte Ziel, werden wir am Ende der Finsternis gleich dem Mond am Firmament der jungen Sonne in uns selbst begegnen.

15. Der Wagen, Karte 7 der großen Arkana

Ein junger Mann mit dem Zodiak gegürtet und mit dem Mond gewappnet macht sich auf. Sein Wagen wird von einer weißen und einer schwarzen Sphinx, dem Sinnbild der Initiation, gezogen. Er scheint den Gipfelpunkt der zuvor beschriebenen Karte erreicht und überwunden zu haben. Doch die durch ihn verkörperte Kraft ist eine weltliche Kraft. Die Geheimnisse, die er enträtselt hat, versucht er durch seinen Aufbruch in die Welt zu manifestieren. Der Weg, auf den er sich aufmacht, wird daher kein spiritueller sein, sondern der Pfad des Idealismus und des weltlichen Glücks. In jedem Fall besitzt er die Stärke, sein Anliegen in fruchtbarer Weise durchzusetzen und in der dinglichen Welt zu verankern.

16. Schwerter 10

Niedergestreckt und von zehn Schwertern durchbohrt, liegt ein Jüngling am Boden. Alles, wonach wir in diesem Zyklus bislang gestrebt haben, scheint nunmehr verloren. Und so offenbart die Karte jene abgrundtiefe Traurigkeit, die wir erleben, sobald wir erkennen, daß all unsere hochfliegenden Träume, unser Wirken und Schaffen und all unsere Vorstellungen vom Gefüge der Welt sich als dürftige Illusionen und spröde Täuschungen erweisen. Eifrig haben wir nach der letzten Erkenntnis gesucht, um schließlich erfahren zu müssen, daß wir sie uns durch uns selbst verstellt haben. Folglich kündet diese Karte, sofern wir nicht zu Zynikern werden, vom Beginn einer abgeklärten Bescheidenheit.

17. Der Eremit, Karte 9 der großen Arkana

Einsam auf einem Gipfel stehend, hält ein gealterter Pilger eine Laterne in die Dunkelheit. Nach der dargestellten Niederlage auf der zuvor liegenden Karte treten wir nun wieder in eine Phase der Verinnerlichung. Dabei folgen wir jetzt unserem eigenen Stern, dem göttlichen Funken in unserer Seele. In dieser Weise wiederholen wir den in diesem Zyklus beschrittenen Weg in stiller Selbstbescheidung. Die Weisheit und der innere Reichtum, die wir daraufhin erlangen, werden uns allerdings auch einsam machen, da sie uns ein unaussprechliches Mysterium bleiben werden. Folglich ist die Karte ein Sinnbild höchster Reife und Begnadung. Fallen wir jedoch zurück in die alte Eitelkeit, werden wir Verlorene bleiben.

18. Münzen 2

Ein Gaukler jongliert mit zwei Pentakeln, die durch einen Ouroborus, dem Symbol der Unendlichkeit, verbunden sind. Im Hintergrund tanzen zwei Schiffe auf den Meereswogen. Dieses Bild erinnert an den Kreis Mu im Zen, den der Erleuchtete lächelnd durchschreitet: Er kommt zurück als ein Gewandelter und bleibt gleichwohl derselbe. Dieses Spiel mit dem Paradoxen, das nur der Weise durchschauen und als übergeordnete Einheit erfassen kann, wird hiermit verkündet. Wir sind nicht mehr von dieser Welt, und doch stehen wir mit Herz und Seele in ihrer Mitte. Das beständige Auf und Ab aber, das wir in diesem Zyklus durchwandert haben, liegt hinter uns. Wir haben unsere Furcht verloren und sind heil geworden.

19. Rad des Schicksals, Karte 10 der großen Arkana

Mit dieser Karte endet der Zyklus. Ihre Bedeutung wurde bereits ausführlich erklärt (Seite 153). Sie steht für das Altlicht des Mondes. Nun wird das Schicksalsrad wieder in das Wasser des Styx' eintauchen und erneut Schwung nehmen. Wir haben unseren Weg vollendet und das ewig Wiederkehrende erfaßt. Behalten wir es in unseren Herzen, rücken wir in die Kreismitte und werden zusehen, wie andere unserem Weg folgen. Dabei mögen wir ihnen vielleicht voranschreiten, doch führen muß sich auf diesem Pfad letztlich ein jeder selbst.

Neben der üblichen Verwendung der 19 Mondkarten unter besonderer Betonung ihrer lunaren Aspekte beim regulären Kartenlegen, läßt sich allein mit den Karten dieses Zyklus' durchaus auch eine eigenständige Befragung durchführen. Dabei sollte man allerdings beachten, daß materielle Schicksalsfragen kaum eine zufriedenstellende Antwort finden werden. Statt dessen verhelfen einem diese Mondkarten vielmehr dazu, seine emotionale Befindlichkeit zu erforschen. Auch können sie uns Auskunft über befruchtende Momente geben, die wir erhoffen, oder über unser kreatives Potential, aus dem wir schöpfen wollen. Darüber hinaus können wir die Karten auch als spirituelles Orakel verwenden, indem wir unserem Seelenstreben und unserem Transzendenzverlangen nachspüren. Bei der Ausdeutung der Kartenbilder können wir je nach Fragestellung die übliche divinatorische Festlegung heranziehen oder uns an Hand der oben aufgelisteten lunaren Interpretation orientieren.

Beim Legen der lunaren Karten empfiehlt sich häufig eine Einzelziehung. Um widersprüchliche Aspekte herauszuarbeiten, kann man auch zwei Karten ziehen. Außerdem besteht noch die Möglichkeit, vier Karten zu ziehen und sie zu einem Kreuz auszulegen. Die vier Karten bedecken daraufhin in bildhafter Weise die vier Mondphasen, wobei die Deutung, entsprechend dem Himmelslauf des Mondes, von oben nach unten und gegen den Uhrzeigersinn läuft. Der Neumond steht demzufolge oben im Licht der Sonne. Der zunehmende Halbmond liegt links im Westen. Der Vollmond besetzt die Nacht und liegt folglich unten, und der abnehmende Transitmond behält die rechte Seite im Osten inne. Die grundsätzlichen Eigenschaften der vier Mondphasen können infolgedessen in die Deutung miteinbezogen werden.

Karmische Mondknoten

Die Kreuzungspunkte der Mondbahn mit der Ekliptik werden Mondknoten genannt (Seite 68). Die Mondknoten wandern gegenläufig zum Mond (rückläufig) durch die Ekliptik. Dabei passieren sie in etwa alle eineinhalb Jahre ein Tierkreiszeichen. Bis sich ein voller Mondknotenumlauf durch den Tierkreis wiederholt, vergehen 18,61 Jahre.

Diese eigenwillige Bewegung der Mondknoten veranlaßte die Astrologen, nach ebenso eigenen Charaktermerkmalen beim Menschen zu suchen. Diese mußten neben allgemeinen Wesenszügen ein zusätzliches Potential umreißen. Da die Spanne von eineinhalb Jahren, die der Mondknoten von einem Tierkreiszeichen dominiert wird, relativ lang ist,[111] wurden dementsprechend hintergründige treibende Kräfte dafür dingfest gemacht; wobei dem aufsteigenden Mondknoten eine deutlich stärkere charakterprägende Macht zugesprochen wurde als dem absteigenden Knoten. Die gefundenen astrologischen Aussagen beziehen sich im wesentlichen auf ein inneres Selbstverständnis, das ursächliche Qualitäten für unser Handeln und unsere Selbstdarstellung hat wie auch formende Kräfte für die Ziele und Anliegen, die wir in der Welt für erstrebenswert halten. Nachstehend eine Beschreibung dieser Wesenszüge, die als grundsätzliche Anlagen und karmische Aufgaben zu verstehen sind und von daher vom Stand des aufsteigenden Mondknotens zum Zeitpunkt der Geburt bestimmt werden (Berechnung des individuellen Mondknotens: Anmerkung 112).

Mondknoten im Wassermann

Verliebt in den eigenen Verstand und seine Art, die Welt zu ordnen, scheint ein Mensch mit dem Knoten im Wassermann zu sein. So wird es seine erste Aufgabe sein, seine subjektive Weltauffassung an den objektiven Gegebenheiten zu messen. Ist er doch allzugern geneigt, sich bei seiner Weltauffassung eher von seinen Gefühlen und Empfindungen leiten zu lassen als von rationalen Einschätzungen. Folglich kollidiert er mit seinen idealistischen Ansätzen häufig mit seiner Umgebung. Unangenehme Besserwisserei und entsprechende Vereinsamung beziehungsweise der Rückzug in sektiererische Zirkel können die Folge sein. Gelingt es ihm jedoch, zwischen emotionaler Sicht und objektivem Eindruck zu unterscheiden, kann er recht unorthodoxe Ansätze von entsprechender Triebkraft entwickeln. Und ebenso ist er dann auch imstande, ein allgemeingültiges Gefüge über den Tag hinaus zu entwerfen.

Mondknoten in den Fischen

Seltsam verloren und über seine Grenzen hinaus mit der Welt verbunden, empfindet sich dieser Mensch in seiner Seelentiefe. Und so strebt er nach Erkenntnis und möchte verstehen, was die Welt in ihrem Innersten zusammenhält. Transzendentes Verständnis und den Sinn des Lebens für sich selbst zu erkennen sind sein eigentliches Anliegen, wobei er sich vornehmlich von religiösem Empfinden leiten läßt. Hierbei ist er durchaus bereit, seinen egozentrischen Kern so weit zu verleugnen, daß er sich gelöst und mit den kosmischen Weiten schwingend erfährt. Infolgedessen fühlt er sich mit seinen Mitmenschen in mitfühlender Weise verbunden und vermag sie darob in ihrer eigentlichen Wesenheit zu erkennen. Da es jedoch nur selten gelingt, sich selbst bis in die letzte Tiefe zu klären, besteht die Gefahr, daß die wirkliche Erkenntnis einem missionarischen Eifer geopfert wird, um anderen Seelentrost zu spenden. Allerdings bleibt dann solches Tun letztlich nur Stückwerk.

Mondknoten im Widder

Menschen mit dieser Konstellation sind in einer selbstverständlichen Weise von sich selbst überzeugt. Selbstbehauptung ist daher ihr Anliegen, und die Auseinandersetzung mit anderen wird demgemäß zum fortwährenden Ringen um Anerkennung. Diese Anerkennung wird indes instinktiv in einer schöpferischen Leistung gesucht. Wobei weniger reproduzierendes, als vielmehr innovatives Schaffen wahre Befriedigung verspricht. Die Einmaligkeit wie auch die Erstmaligkeit wird angestrebt. Dies kann sich in kreativer, wissenschaftlicher Leistung ebenso wie im Wettbewerb ausdrücken. Größer und stärker, höher und weiter ist die Maxime. Dabei spielt der materielle Wert der Leistung nur eine untergeordnete Rolle, ausschlaggebend für die Motivation zum Handeln bleibt lediglich das Herausragende. Schließlich ist für einen Menschen mit dieser Konstellation nichts bedrückender als Gleicher unter Gleichen zu sein. Im ungünstigsten Fall führt dieser Antrieb zu inhaltsleeren Aktivität beziehungsweise zur versessenen Beschäftigung mit absonderlichen Wissensgebieten oder zur Pflege einer bizarren Sammelleidenschaft.

Mondknoten im Stier

Die Sorge, etwas zu verlieren, ist dem Stier eigen, und so läuft er lieber mit der Masse mit, als auf sich selbst gestellt zu sein. Indes ist es gerade letzteres, das als Forderung in einem Menschen mit dieser Konstellation wirkt. Sich nicht in den vielen zu verlieren und seine Kraft zu verschwenden wird hier zur Aufgabe, die zunächst darin besteht, sich selbst seiner Mächtigkeit zu versichern. Hat sich dieser Mensch darauf so weit in sich gefestigt, fügt er sich bereitwillig in größere Zusammenhänge; wobei er sich bewußt ist, daß er ein mächtiges Zahnrad im großen Getriebe ist. Um diesem Anspruch zu genügen, nimmt er jede Mühe auf sich, das eigene Potential zu vergrößern und die erlernten Fähigkeiten weiter zu verfeinern. Dabei versteht er sich darauf, ein stabiles Gleichgewicht zwischen Nehmen und Geben zu erhalten. Gerät aber diese Balance in Schieflage, kann dies sehr rasch als existentielle Krise aufgefaßt werden.

Mondknoten im Zwilling

Die Eigenheit des Zwillings, beständig die Kommunikation mit seiner Umwelt zu suchen, dominiert auch diese Konstellation. Hier aber versteht sich der Betroffene im wesentlichen als Katalysator, der Energien aufnimmt und in gewandelter Form wieder zurückgibt. So unterwirft er sich der Mühe eines fortgesetzten Lernens und Aufnehmens. Die so erworbenen Anschauungen und Erkenntnisse reiht er seinem Erfahrungsschatz ein, vergleicht und korrigiert sie, um sie schließlich als neues Wissen wieder kundzutun. Hierbei weiß er scharf zwischen Gefühl und Verstand zu trennen. Freilich basiert diese Trennung nicht auf kalter Vernunft, sondern auf Bedachtsamkeit und Lebenserfahrung. Über letzteres verfügt dieser Mensch mehr als andere, darf er doch, um seiner innersten Forderung gerecht zu werden, Erworbenes nicht um seiner selbst willen ansammeln, sondern muß es im Erfahrungsaustausch an seine Nächsten weitergeben. In ihrer überspitzten Ausformung geriert sich dieser Mensch jedoch allzugern als Hansdampf in allen Gassen. Wird ihm dies darauf bewußt, neigt er dazu, sich zurückzuziehen und sich damit aber auch seinen ureigensten Anliegen zu entziehen.

Mondknoten im Krebs

Manchmal würde sich ein solcher Mensch gerne verkriechen, aber eine urgründige Macht drängt ihn immer wieder dazu, die Gemeinschaft anderer zu suchen. Nur in einer größeren Gruppe Gleichgesinnter kann er sich seinem Vermögen gemäß verwirklichen. Gelegentlich mag dieser Hang zur Gemeinsamkeit seiner oberflächlichen Natur widersprechen, und es kostet ihn darauf einige Überwindung, diesem Widerspruch gerecht zu werden. Gelingt es ihm jedoch, so übernimmt er gerne die Mutterrolle und macht es sich zum Anliegen, die Gemeinschaft zusammenzuhalten, wobei er dann auch jede Bürde auf sich nimmt. Freilich betrachtet er solche Verbindungen nicht als Selbstzweck, sondern als Mittel zur Verwirklichung individueller wie auch kollektiver Ziele. Seine Vorstellung, auch emotionalen Gleichklang mit der Gruppe zu teilen, kann ihm allerdings, insbesondere bei materiellen Interessengemeinschaften, zum Handicap werden und womöglich den Bruch herbeiführen, den er eigentlich verhindern wollte.

Mondknoten im Löwen

»Mehr sein als scheinen«, mag das Motto für einen Menschen sein, dessen Mondknoten im Löwen liegt. Jedenfalls wird er von seiner Umwelt oft stärker eingeschätzt, als er sich selbst wahrnimmt. Diese Unsicherheit versteht er jedoch, eher unbewußt als bedacht durch eine offensive Präsenz und Hinwendung an die äußere Welt zu bemänteln. Wobei dieses Nach-außen-Gehen und Sich-in-die-Welt-Stellen sein innerstes Anliegen wie auch die karmische Forderung an ihn ist. Und so erlebt er sich vornehmlich in der Auseinandersetzung mit seiner Umwelt, egal, ob in Harmonie oder im Zerwürfnis. Demzufolge wird das Sich-Auseinandersetzen zu den Prüfsteinen, die er benötigt, um wachsen und sich verwirklichen zu können. Im Extremfall kann dies entweder zu einer selbstherrlichen und herrischen Haltung führen oder zur verqueren Selbsteinschätzung, ein Ritter ohne Furcht und Tadel zu sein. In beiden Fällen sind Blessuren unvermeidbar.

Einem Menschen mit dieser Gestirnskonstellation scheint es aufgegeben worden zu sein, in die Welt hinein zu lauschen, damit er vernimmt, was von ihm gefordert wird. Da dies sehr schwierig ist und eines gewissen Maßes an Demut bedarf, steht er häufig im Konflikt zwischen dem, was er verwirklichen will, und dem, was ihm vom Schicksal angetragen wird. Entwickelt er jedoch ein Gefühl für seinen Schicksalsfaden und kann ihn infolgedessen aufnehmen und nachspüren, wird er ein reiches und beglückendes Leben führen. Verstümmelt er indes sein Feingefühl in dieser Richtung, wird er sich häufig an Orten finden, die ihm in jeder Hinsicht widersprechen. Sein in ihm verwurzelter Anpassungssinn hält ihn dazu in derartigen widrigen Situationen noch unerquicklich lange fest. Dabei ist Selbstverleugnung gerade nicht der Weg, der ihm bestimmt ist. Vielmehr lautet die Forderung an ihn: Lauschen, Einfügen, Teilhabe und Vermittlung.

Mondknoten in der Waage

»Hoppla, jetzt komm ich, und freut euch alle mit mir«, mag die Stimmung sein, die diesen Menschen vorwärtstreibt. Sein Bestreben ist es dabei nicht unbedingt, jedermann zu gefallen, sondern viel eher ist er in dieser Weise bemüht, sich ein entsprechend positives Umfeld zu schaffen, in dem er agieren und sich selbst zur Entfaltung bringen kann. Aufgrund dessen ist er um Harmonie und Interessenausgleich bemüht. Gelingt ihm dies, so kann

er in der Tat zum ruhenden Pol und zum weisen Ratge-
ber und Mittler werden, was seiner ursprünglichen Inten-
tion entspricht. Dabei aber das notwendige Gleichgewicht zu halten erfordert ein gehöriges Maß an Selbsterkenntnis. Schließlich scheint es häufig der leichtere Weg
zu sein, allen anderen nach dem Mund zu reden und so
jedermanns Liebling zu werden. Solche Neigung entspricht vor allem jenen Charakteren, die am liebsten um
sich selbst kreisen; exakt dies widerspricht jedoch der
Forderung, die durch diese Konstellation wirkend in
diesen Menschen gepflanzt wurde. Ist doch die Rolle des
ehrlichen Mittlers die eigentliche Aufgabe, an der er
seine Egozentrik überwinden kann.

Mondknoten im Skorpion

Ein Mensch, der in diese Zeit hineingeboren wurde,
strebt nach gesellschaftlicher Anerkennung. Dabei ist es
nicht die ureigenste Leistung, durch die er sich auszeichnen möchte, viel lieber ist es ihm, an der Leistung anderer teilzuhaben, indem er sich bemüht, sie zu veredeln.
So drängt es ihn dazu, andere zu beobachten und ihre
Qualifikationen zu taxieren, um sie schließlich durch Rat
und Tat zu noch größerer Leistung anzuspornen. Die
graue Eminenz zu spielen ist dabei sein eigentliches
Bestreben. Denn am liebsten sieht er sich als der Puppen-
spieler hinter der großen Weltenbühne, der die Fäden in
den Händen hält. Wird ihm hierzu im größeren oder
kleineren Rahmen die Möglichkeit gegeben, kann dies
sehr wohl allen Beteiligten zum Vorteil geraten; ist dieser
Mensch doch grundsätzlich auch ein begnadeter Regis-

seur. In seiner negativen Ausformung allerdings kann er sich zum Schaumschläger entwickeln, der am Tisch der anderen Seite Brosamen sucht.

Mondknoten im Schützen

Geistige Autonomie zu erlangen ist das innerste Bestreben eines von dieser Konstellation betroffenen Menschen. Er will sich die Welt nicht nach vorgefertigten Mustern erklären, sondern sucht nach eigenen Einsichten und Deutungen. Erst durch solchermaßen erworbenes Wissen steht er sich selbst Eigenständigkeit zu und gewinnt an Selbstvertrauen. Folgt er diesem Drängen nicht, so wird er sich innerlich stets als unzulänglich erfahren und dementsprechend dazu neigen, sich zurückzuziehen. Die hierdurch erlangte Autonomie der Vereinzelung aber wird seinem Wesen nicht gerecht werden. Vielmehr sucht er im Grunde seines Herzens den Gedankenaustausch, wobei er allerdings eher darauf bedacht ist, Bestätigung als Korrektur zu erfahren. Berechtigte Kritik nimmt er daher nur so weit an, als daß er sich mit ihr zwar auseinandersetzt, die folgenden Berichtigungen aber als eigene Erkenntnis wertet. Dies hemmt ihn gelegentlich unnötig in seiner Entwicklung. In krassen Fällen kann eine solche Verzögerung die Entwicklung hin zu Intoleranz und Fanatismus begünstigen.

Den Steinbock drängt es nach Führerschaft. Demgemäß ist es einem Menschen mit diesem Mondknoten zur Aufgabe gemacht, sich die entsprechende Autorität zu erwerben. Er mag sie vielleicht, was häufiger vorkommt, in seinem Wesen bereits verankert haben und zum Ausdruck bringen, doch ohne eine angemessene materielle oder geistige Basis wird er sein ihm aufgegebenes Ziel nicht erreichen können. Er bliebe dann nämlich nur ein immer wieder Gestürzter, ein Ritter von der traurigen Gestalt. Von daher wird ein solcher Mensch sein wahres Lebensglück meist erst nach der Mitte seines Lebens empfinden, wenn Erfahrung, Reife und Wissen ihn auszeichnen. Denn dann erst ist seine Autorität nicht nur Führungsanspruch, sondern auch eine wirkende und befruchtende Kraft für alle, die bereit sind, ihm zu folgen. Eine derart ausgeübte Führungsrolle aber ist auch unabdingbar mit der Übernahme von Verantwortung verknüpft. Folglich muß dieser Mensch, will er seinem karmischen Potential gerecht werden, für sich auch das erforderliche Selbstvertrauen erwerben. Dirigiert er indes aus der zweiten Reihe heraus, scheut er vor der ihm aufgegebenen Verantwortung zurück und hemmt demzufolge auch seine zwingende Entwicklung.

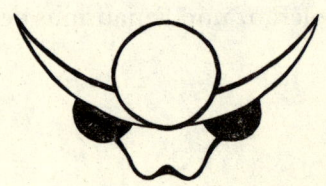

A N H A N G

Anmerkungen

1 Arno Schmidt: Aus dem Leben eines Fauns. Hamburg 1953.

2 Carl Gustav Jung: Synchronizität, Akausalität und Okkultismus. München 1990.

3 Das Gilgamesch-Epos. Stuttgart 1958: Kurz-Epen nach 2000 v. Chr. verfaßt; das eigentliche Gilgamesch-Epos ist eine ninivetische Fassung in 12 Tafeln und entstand zu Beginn des 1. Jahrtausends vor Christus, bezieht die ursprünglich selbständige Sintflut-Sage mit ein; das größte literarische Werk der Babylonier. Gilgamesch, ein frühgeschichtlicher sumerischer König (um 2600 v. Chr.) von Uruk, lebte als Mythos weiter.

4 Auch Zikurrat [akkadisch]; von den Sumerern entwickelter Baugedanke.

5 Babel, hebräischer Name für Babylon.

6 Petra Eisele: Babylon. München 1980.

7 Die später eingewanderten Semiten haben die sumerischen Götter übernommen oder ihrem Verständnis angeglichen.

8 Griechisch hōroskopeion, eigtl. = Stundenseher, -schauer

9 Weissagung, auch Stätte, an der Seherinnen oder Priester Weissagungen verkündeten oder Aussagen machten; lat. oraculum, eigtl. = Sprechstätte, zu: orare = beten, sprechen.

10 Der oberste Reichsgott Marduk, der Stadtgott von Babylon, trug die 10, die Göttin Ischtar die 15, der Gott Schamasch die 20 …

11 L. Abel: Die geheimnisvollen Kräfte des Mondes. München 1976.

12 Christian Rätsch (Hg.): Chactun. Die Götter der Maya. Köln 1986.

13 L. Abel: Die geheimnisvollen Kräfte des Mondes. München 1976.

14 Pierre Grimal: Mythen der Völker. Frankfurt 1967.

15 Robert von Ranke-Graves: Griechische Mythologie. Hamburg 1960.

16 Herbert Hunger: Lexikon der griechischen und römischen Mythologie. Hamburg 1983.

17 Griech. selen = Mond.

18 Griech. eidōlon = Gestalt; Gottes-, Götzenbild (in Menschengestalt).

19 Lat. = Mond.

20 Mhd. lūne, urspr. = Mondphase, -wechsel

21 Griech. dryas = Eiche; wahrscheinliche Bedeutung: Hochweiser.

22 Gaius Julius Caesar: Der gallische Krieg. Hamburg 1965.

23 Tacitus: Germania. Stuttgart 1985.

24 Jakob Grimm: Deutsche Mythologie. Berlin 1875.

25 Griech. kataklysmós = Überschwemmung; Geol. Katastrophe.

26 Ital. lava = Schlammassen, viell. zu lat. labes = Erdrutsch; bei Vulkanausbrüchen austretendes Magma und das daraus entstehende Gestein.

27 Griech. katáklasis = das Zerbrechen, der Bruch.

28 Ganz oder teilweise verflüssigt.

29 Griech. ékleipsis = das Verlassen, Verschwinden, Ausbleiben. Man bezeichnete damit das Verschwinden von Sonne und Mond bei Finsternissen. Die

scheinbare Bewegung der Sonne ist Abbild der wahren Bewegung der Erde.

30 Zone am Himmel, die von 12 Tierkreissternbildern besetzt ist. Diese werden für uns scheinbar von der Sonne im Laufe des Jahres auf einer Bahn, Ekliptik, um die Erde durchwandert. Die Ekliptikzone ist astrologisch gesehen in 12 Abschnitte, Tierkreiszeichen, von je 30 Grad eingeteilt. Die Sonne hält sich von der Erde aus gesehen jeweils einen Monat lang in einem Sternbild des Tierkreises auf. Astronomisch gesehen wird der Zodiak in 13 Tierkreiszeichen (13. Zeichen = Schlangenträger) unterteilt, die nach ihrer wahren Ausdehnung am Firmament gemessen werden.

31 Astron.: Durchgang eines Gestirns durch den höchsten oder tiefsten Punkt seiner Bahn in bezug auf den Beobachter; lat. culminare = gipfeln, zu: culmen = Gipfel.

32 Saru [griech. saros], das babylonisch-chaldäische Zahlwort für 3600; eine mystische Zahl, die in der damaligen Vorstellung ein Äon symbolisierte; griech. aion: langer Zeitraum; Weltalter, Ewigkeit.

33 Eine aramäische Stammesgruppe im süd-westlichen Mesopotamien, die mehrere kleine Staaten gründete; Chaldäer; hebr. Kasim, babylonisch-assyrisch Kaldajin; ein Chaldäer kam 626 v. Chr. auf den babylonischen Thron; unter den Chaldäern nahm die Astronomie einen gewaltigen Aufschwung. Auch Bezeichnung für die Weisen in der Bibel und in der Antike für die Gelehrten, Wahrsager wie Stern- und Traumdeuter (Astrologen), die in der babylonischen Astrologie firm waren.

34 Spätlat. synodicus = auf die Stellung von Sonne und Erde zueinander bezogen.

35 Annette von Droste-Hülshoff: Mondesaufgang. München 1967.

36 Jakob Grimm: Deutsche Mythologie. Leipzig 1875.

37 M. Raoult: Les Druides. Monaco 1983.

38 Rudolf Karl Bultmann: Das Urchristentum. München 1949.

39 Ebenda.

40 Seneca: Ausgewählte Schriften. o. O. o. J.

41 Christian Thomasius: Vom Laster der Zauberei: Weimar 1702.

42 Ebenda.

43 In diesem alten deutschen Volkslied wird eine Sonnenfinsternis besungen. Die deutschen Erläuterungen hierzu wurden in Klammern in die Verse gefügt.

1. Es waren zwei Königskinder, *(Sonne und Mond)* / die hatten einander so lieb, / sie konnten zusammen nicht kommen, / das Wasser *(der blaue Himmel)* war viel zu tief.

2. Ach Liebster, kannst du nicht schwimmen, / so schwimm doch herüber zu mir! *(spricht die Sonne zum Mond)* / Drei Kerzen *(die drei hellen Mondphasen)* will ich dir anzünden, / und die sollen leuchten dir.

3. Das hört eine falsche Nonne, *(vermutlich das Altlicht)* / die tat als wenn sie schlief; / sie tät die Kerzen auslöschen, *(Neumond)* / der Jüngling ertrank so tief.

4. Ein Fischer wohl fischte lange, *(Mondknoten in den Fischen)* / bis er den Toten fand: / Sieh da, du liebliche Jungfrau, / hast hier deinen Königssohn!

5. Sie nahm ihn in ihre Arme *(Beginn der Finsternis)*

/ und küßt seinen bleichen Mund: / Ach Schätz-
chen, könntest du reden, / so wäre mein Herz
gesund.

6. Sie schwang um sich ihren Mantel *(Totale Finsternis)* / und sprang wohl in den See: *(der Himmel)* /
Ade, mein Vater und Mutter, *(Himmel und Erde)* / ihr
seht mich nimmermehr!

7. Da hörte man Glocken läuten, / da hörte man
Jammer und Not: *(Das böse Omen »Sonnenfinsternis«
wirkt auf den Menschen)* / Da lagen zwei Königskinder, / die waren beide tot.

44 Griech. epaktai: Anzahl der Tage vom letzten Neumond des alten bis zum Beginn des neuen Jahres,
Schalttage.
Die Epaktenrechnung, die Aloisius Lilius, ein italie-
nischer Arzt, Mitte des 16. Jahrhunderts entwickelte, wurde zur eigentlichen Grundlage der Kalender-
reform durch Papst Gregor XIII. Durch die Epaktenrechnung wurde es möglich, den Ostertermin,
der nach dem Frühjahrsmond berechnet wird, für
die nächsten 3000 Jahre in Übereinstimmung mit
Kalender und Sonnenlauf zu bringen. Die Epaktenrechnung ermöglicht die Berechnung des Mondalters zu Neujahr. Wobei von einem mittleren
Neumond, also ohne Berücksichtigung der Bahn-
schwankungen, ausgegangen wird. Durch Ergän-
zung des Mondalters auf 30 Tage erhält man den
Neumond im Januar. Für die Neumonde des laufen-
den Jahres addiert man dann abwechselnd 29 und
30 Tage hinzu. Dadurch lassen sich die jeweiligen
Mondphasen auch ohne Kalender bestimmen. Die
Epaktenrechnung verbindet den metonischen Zy-

klus von 19 Jahren mit zwei weiteren Mond- und Sonnenzyklen von 300 und 400 Jahren. In diesen Abständen muß die Rechnung um 1 korrigiert werden. Derzeit wird die Epakte folgendermaßen berechnet, wobei nur mit ganzen Zahlen, also ohne Kommastellen, gerechnet wird:

1. Schritt: (Jahreszahl + 1) : 19. Der verbliebene Rest gilt als goldene Zahl. Fällt kein Rest an, ist die goldene Zahl 19.

2. Schritt: (Goldene Zahl - 1) x 11 : 30. Der verbliebene Rest ergibt das Mondalter zum 1. Januar.

Die Epakten wiederholen sich alle 19 Jahre. 1995 war die Epakte 0 (= Neumond zum 1.1.), die weiteren Epakten sind der Reihe nach 11; 22; 3; 14; 25; 6; 17; 28; 9; 20; 1; 12; 23; 4; 15; 26; 7; 18; 0; usf.

45 Zur Wahrnehmung von Phänomenen, die der normalen sinnlichen Wahrnehmung nicht zugänglich sind, fähiges Bewußtsein.

46 Jemand, der schlafwandelt; lat. somnus = Schlaf und ambulare = umhergehen.

47 Leuchten eines Stoffes; lat. lumen = Licht.

48 Johann Wolfgang Goethe: Sämtliche Gedichte. München 1961.

49 Peter Michael Spangenberg: Maria ist immer und überall. Frankfurt 1987.

50 Beschönigende Umschreibung; griech. euphémismós.

51 Jean Merkale: Die keltische Frau. München 1984.

52 »Die Unbefleckte«, lat. maculare = beflecken; im = un –.

53 Christian Thomasius: Vom Laster der Zauberei. Weimar 1967.

54 Peter Michael Spangenberg: Maria ist immer und
    überall. Frankfurt 1987.

55 Maßeinheit von 100 Pascal; nach dem französischen
    Physiker und Philosophen Blaise Pascal (1623–
    1662): Einheit des Drucks.

56 Griech. syzygía, eigtl. = Gespann: Stellung von Son-
    ne, Mond und Erde in annähernd gerader Linie.

57 Griech. chthónios: der Erde angehörend; unterir-
    disch.

58 Kreisförmige Verlagerung der Kreiselachse; von
    spätlat. praecessio = das Vorangehen.

59 Ludwig Tieck: Gedichte, 1821–1823.

60 Jakob Grimm: Deutsche Mythologie. Berlin 1875.

61 Barbara Walker: Das geheime Wissen der Frauen.
    Frankfurt 1993.

62 Als Airglow wird das Leuchten bezeichnet, das
    durch Zusammenstoß von Atomen und Molekülen
    mit elektrisch geladenen Teilchen sowie durch die
    ultraviolette Strahlung der Sonne entsteht.

63 Zodiakallicht, Tierkreislicht, ist ein Streulicht der
    Sonne, längs der Ekliptik. Es ist in Mitteleuropa
    vornehmlich zur Zeit der Tagundnachtgleichen im
    Frühjahr am westlichen Himmel nach Sonnenun-
    tergang und im Herbst am östlichen Himmel vor
    Sonnenaufgang wahrzunehmen. Das Nachthim-
    melslicht bewirkt etwa 30 Prozent der nächtlichen
    Helligkeit. Der Name ist darauf zurückzuführen,
    daß der Lichtstreifen fast ganz in den Tierkreis
    (griech. zodiakus) fällt.

64 Vermutlich im 13. Jahrhundert von Mose ben Sem
    Tob de Leon (1240–1305) verfaßt.

65 Malkuth ist der unterste Punkt im zehnknotigen

Lebensbaum. Er steht für das Reich. Manche Deutungen erkennen in ihm jedoch die Erde und weisen dem Mond den nächsthöheren Punkt Jesodh zu, was Fundament bedeutet.

66 Meissner: Mich wundert, wie die Wolken fliegen. 13. Jahrhundert. o. O. o. J.

67 Ebenda.

68 Lat. septem = sieben; mensis = Monat.

69 D. Martin Luther: Die gantze Heilige Schrifft. München 1974. Im weiteren Text als Luther-Bibel.

70 Reclams Bibellexikon. Stuttgart 1978.

71 Jürgen Schwebe: Volksglaube und Volksbrauch im Wendland. Köln 1960.

72 Richard Kieckhofer: Magie im Mittelalter. München 1992.

73 Aristophanes: Komödien. München 1976.

74 Robert von Rancke-Graves: Griechische Mythologie. Hamburg 1960.

75 Ein Hinweis für alle Zahlengläubigen sei am Rande noch erlaubt. Die Zahl 13 kommt als Unglückszahl in der Bibel nicht vor. Es ist reine Spekulation, die böse 13 deshalb in Beziehung zu Judas zu setzen, weil die anderen elf Jünger Jesus nicht verrieten.

76 Durch eine Katalyse oder einen Katalysator bewirkt. Katalysator: Stoff, der chemische Reaktionen herbeiführt oder beeinflußt, dabei selbst unverändert bleibt; griech. katálysis = Auflösung.

77 HIOMT (Hydroxyl-Indol-O-Methyl-Transferase).

78 Mit Kundalini wird ein sich körperlich manifestierender Erleuchtungsprozeß umschrieben; dabei fließt ein Kraftstrom entlang der Körperachse vom Geschlecht bis zum Schädeldach.

79 Spätgriechisch sympathētikōs: eine geheimnisvolle Wirkung ausübend.

80 Friedrich von Matthisson: Hexenfund. Musenalmanach 1796–1799.

81 Griech. ienai = gehen, wandern; ion = Gehendes, Wanderndes; Io wurde in Ägypten als Isis verehrt.

82 Wer die Geschichte von Zeus und Io anders erzählt kennt, der sollte daran denken, daß wir es mit Mythen und Legenden zu tun haben. Eine letzte und absolute historische Wahrheit kann es nicht geben.

83 Friedrich Panzer: Bayerische Sagen und Bräuche. Göttingen 1956.

84 Auch Epiphanienfest; griech. epiphániea: Erscheinung einer Gottheit unter den Menschen.

85 Ahd. unholdo = böser Geist; mhd. unholde = Teufel; ahd. hold = günstig, gnädig, treu.

86 Jakob Grimm: Deutsche Mythologie. Berlin 1875–1878.

87 Eine der trefflichsten Darstellungen eines »genius cucullatus« ist das berühmte Münchner Kindl; lat. genius = (angeborener) Schutzgeist, göttliches Wesen, cucullus = Kapuze; hier: Partizip: mit Kapuze versehen.

88 Barbara Walker: Das geheime Wissen der Frauen. Frankfurt 1993.

89 Jakob Grimm: Deutsche Mythologie. Berlin 1875–1878.

90 Ebenda.

91 Ludwig Tieck: Mondscheinlied. Berlin 1798.

92 Hebr. talmud, eigtl. = Lehre: Sammlung der Gesetze und religiösen Überlieferungen des Judentums nach der Babylonischen Gefangenschaft.

93 Koran. München 1959.

94 Luther-Bibel. München 1974.

95 Ebenda.

96 Spätahd. plāga, mhd. plāge = Strafe des Himmels,
    Qual, Not; griech. plagá (plege) = Schlag.

97 Luther-Bibel. München 1974.

98 Nach der Einheitsübersetzung, 1980: 2. Kor 12,2
    und 3. Ich muß mich ja rühmen; zwar nützt es nichts,
    trotzdem will ich jetzt von Erscheinungen und Of-
    fenbarungen sprechen, die mir der Herr geschenkt
    hat. Ich kenne jemand, einen Diener Christi, der vor
    vierzehn Jahren bis in den dritten Himmel entrückt
    wurde; ich weiß allerdings nicht, ob es mit dem Leib
    oder ohne den Leib geschah, nur Gott weiß es. Und
    ich weiß, daß dieser Mensch in das Paradies entrückt
    wurde; ob es mit dem Leib oder ohne den Leib
    geschah, weiß ich nicht, nur Gott weiß es. Er hörte
    unsagbare Worte, die ein Mensch nicht ausspre-
    chen kann.

99 Talmud. München 1963.

100 Luther-Bibel. München 1974.

101 Aristoteles: Metaphysik. Hamburg 1966.

102 Es ist anzunehmen, daß sich aus dieser Gemeinde
     die christlich-griechische Orthodoxie entwickelte.

103 Robert von Ranke-Graves: Griechische Mythologie.
     Hamburg 1960.

104 Nach den Pelasgern, einer Bevölkerung der ägäi-
     schen Welt; Pelasger wurden auch griechische Stäm-
     me, besonders die Bewohner der nordthessalischen
     Landschaft Pelasgiotis genannt.

105 Fredrik Hetmann: Irische Zauberharfe. München
     1994.

106 Barbara Walker: Das geheime Wissen der Frauen. Frankfurt 1993.

107 Meyers Lexikon. Leipzig 1897.

108 Ahd. wer = Mann: Mannwolf.

109 Ein Satz von 78 Karten, die oft als Vorläufer unserer Spielkarten angesehen, vor allem für die Divination verwendet werden.

110 Auch Pentagramm [griech. pentágrammos = mit fünf Linien]: fünfeckiger Stern, der in einem Zug mit fünf gleich langen Linien gezeichnet werden kann und aufrecht stehend (auf zwei Spitzen) als Zeichen gegen Zauberei gilt; Drudenfuß; gelegentlich Symbol für Christus und dessen fünf heilige Wunden.

111 Die äußeren Planeten von Saturn an bewegen sich ähnlich langsam, bzw. noch langsamer durch den Tierkreis. Beispielsweise verschieben sich die Mondknoten um 19 Grad 21' pro Jahr durch den Tierkreis, Uranus hingegen zieht nur um 4 Grad 28' voran.

112 Die nachstehende Liste führt den Stand der aufsteigenden Mondknoten für einen Mondknotenzyklus von 18,61 Jahren oder 6793 Tagen nach astrologischen Ephemeriden an. Er beginnt mit dem 11.8.1995 und endet mit dem 22.3.2014. Sofern der Stand der Mondknoten für ein Datum außerhalb dieses Zyklus gesucht wird, sind diesem Datum 18 Jahre und 7 $^1/_2$ Monate so oft hinzuzurechnen, bis das Ergebnis in den notierten Zyklus fällt. Nur dann, wenn das Ergebnis nahe einer Datumsbegrenzung liegt, sollte man zur zweifelsfreien Ermittlung mit 6793 Tagen rechnen. Bei der charakterlich

karmischen Wertung der Mondknoten empfiehlt es sich zudem, neben dem astrologischen Knoten auch den astronomischen oder wahren Mondknoten zu berücksichtigen. Dieser liegt um 28 Grad zurückversetzt. Das bedeutet in der Praxis, daß das Sternzeichen vor dem astrologischen Tierkreiszeichen mitbewertet werden sollte. Hierdurch erlangt man ein noch differenzierteres Bild von den karmischen Grundzügen einer Person. Die Interpretation der astrologischen Mondknoten beschreibt dabei mehr das introvertierte Wesen, während der wahre Mondknoten eher die extrovertierten Züge anzeigt.

Waage	11.8.1995 bis 27.2.1997
Jungfrau	28.2.1997 bis 16.9.1998
Löwe	17.9.1998 bis 5.4.2000
Krebs	6.4.2000 bis 24.10.2001
Zwilling	25.10.2001 bis 13.5.2003
Stier	14.5.2003 bis 30.11.2004
Widder	1.12.2004 bis 16.6.2006
Fische	17.6.2006 bis 7.1.2008
Wassermann	8.1.2008 bis 26.7.2009
Steinbock	27.7.2009 bis 13.2.2011
Schütze	14.2.2011 bis 1.9.2012
Skorpion	2.9.2012 bis 22.3.2014

Literatur

Abel, E. L.: Die geheimnisvollen Kräfte des Mondes. München 1976.

Andrieu, Irene: Karma im Horoskop. München 1991.

Aristophanes: Komödien. München 1976.

Aristoteles: Metaphysik. Hamburg 1966.

Avalon, Arthur: Die Schlangenkraft. Die Entfaltung schöpferischer Kräfte im Menschen. München 1988.

Bächtold-Stäubli, Hanns und Hoffmann-Krayer, Eduard: Handwörterbuch des deutschen Aberglaubens. Berlin 1987.

Becker, Udo: Lexikon der Symbole. Freiburg 1992.

Berendt, Joachim-Ernst: Das Dritte Ohr. Vom Hören der Welt. Reinbek 1990.

Biedermann, Hans: Lexikon der magischen Künste. Die Welt der Magie seit der Spätantike. München 1991.

Bretterbauer, Kurt: Die Rolle der Zeit in Astronomie und Geodäsie. Das Phänomen Zeit (M. Horvat, Hrg.). Wien 1984.

Bultmann, Rudolf Karl: Das Urchristentum. München 1949.

Cäsar, Gaius Julius: Der gallische Krieg. Hamburg 1965.

Droste-Hülshoff, Anette von: Mondesaufgang. München 1967.

Eisele, Petra: Babylon. München 1980.

Gath, Goswin Peter: Das Naturgeisterbuch. Gestalten und Sagen. Köln 1941.

Gilgamesch-Epos: Stuttgart 1958.

Goethe, Johann Wolfgang: Sämtliche Gedichte. München 1961.

Gravelaine, Joelle de: Lilith, der schwarze Mond. Die große Göttin im Horoskop. Wettswill 1990.

Greene, Liz und Sasportas, Howard: Sonne und Mond. Die Bedeutung der großen Lichter in der Mythologie und im Horoskop. München 1994.

Grimal, Pierre: Mythen der Völker. Frankfurt 1967.

Grimm, Jakob: Deutsche Mythologie. Leipzig 1875–1878.

Heiler, Friedrich: Die Religionen der Menschheit. Neu herausgegeben von Kurt Goldhammer. Frankfurt am Main 1991.

Heller, Eva: Wie Farben wirken. Farbpsychologie, Farbsymbolik, Kreative Farbgestaltung. Reinbek 1989.

Herrmann, Joachim: Bertelsmann Lexikon Astronomie. Gütersloh 1993.

Hetmann, Fredrick: Irische Zauberharfe. München 1994.

Huber, Bruno und Louise: Mondknoten-Astrologie. Adliswil 1991.

Hunger, Herbert: Lexikon der griechischen und römischen Mythologie. Hamburg 1983.

Jung, C. G.: Archetypen. München 1990.

Jung, C. G.: Synchronizität, Akausalität und Okkultismus. München 1990.

Kieckhefer, Richard: Magie im Mittelalter. München 1992.

Koneckis, Ralf: Mythen und Märchen. Was uns die Sterne darüber verraten. Stuttgart 1994.

Luther, D. Martin: Die gantze Heilige Schrifft. München 1974.

Lüschen, Hans: Die Namen der Steine. Das Mineralreich im Spiegel der Sprache. Thun 1979.

Mala, Matthias und Gardein, Uwe: Walpurgisnacht und

Zungenreden – Ursprung und Belebung unserer Feste und Bräuche. München 1994.

Mala, Matthias: Esoterisches Handlesen – Karma, Geisteskraft, Schicksal. München 1992.

Mala, Matthias: Handenergie. Seelisches Gleichgewicht und geistiges Wachstum durch die Kraft unserer Hände. München 1993.

Matthisson, von Friedrich: Hexenfund. Musenalmanach. 1796–1799.

Meissner: Mich wundert wie die Wolken fliegen. 13. Jahrhundert. o. O. o. J.

Merkale, Jean: Die keltische Frau. München 1984.

Nichols, Sallie: Die Psychologie des Tarot. Tarot als Weg zur Selbsterkenntnis nach der Archetypenlehre C. G. Jungs. Interlaken 1984.

Orff, Carl: Der Mond. Textbuch. Mainz 1939

Panzer, Friedrich: Bayerische Sagen und Bräuche. Göttingen 1956.

Papp, Desiderius: Was lebt auf den Sternen. Ein Buch über die Bewohner anderer Welten. Wien 1931.

Ranke-Graves, Robert von: Griechische Mythologie. Hamburg 1960.

Raoult, M.: Les Druides. Monaco 1983.

Reclams Bibellexikon. Stuttgart 1978.

Riethe, Peter: Hildegard von Bingen. Das Buch von den Steinen. Salzburg 1986.

Roscher, Michael: Der Mond. Astrologisch-psychologische Entwicklungszyklen. Eine Einführung in die Transpersonale Astrologie. München 1992.

Schwebe, Jürgen: Volksglauben und Volksbrauch im Wendland. Köln 1960.

Seneca: Ausgewählte Schriften. o. O. o. J.

Spangenberg, Peter Michael: Maria ist immer und überall. Frankfurt 1987.

Tacitus: Germania. Stuttgart 1985.

Tieck, Ludwig: Gedichte 1821–1823.

Taylor, G. Jeffrey: Ursprung und Entwicklung des Mondes, Spektrum der Wissenschaft. Heidelberg 1994.

Thomasius, Christian: Vom Laster der Zauberei. Weimar
1702.

Tripp, Edward: Lexikon der antiken Mythologie. Frankfurt am Main 1991.

Waite, Artur Edward: Der Bilderschlüssel zum Tarot.
Waakirchen 1978.

Walker, Barbara: Das geheime Wissen der Frauen. Frankfurt 1987.

Wendorff, Rudolf: Tag und Woche, Monat und Jahr –
Eine Kulturgeschichte des Kalenders. Opladen 1993.

Wimmer, Otto und Melzer, Hartmann: Lexikon der Namen und Heiligen. Innsbruck 1988.

Zulley, Jürgen: Schlafen und Wachen als biologischer
Rhythmus. Regensburg 1993.

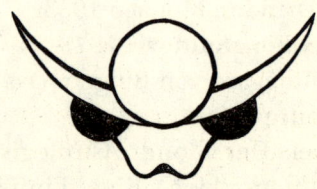